国家社科基金一般项目"小农户有效融入乡村特色产业的增收路径研究（21BJY175）"
兰州大学人文社会科学类高水平著作出版经费资助

# 乡村特色产业赋能小农户增收

## 理论与实践

梁海兵 著

社会科学文献出版社
SOCIAL SCIENCES ACADEMIC PRESS (CHINA)

# 前　言

党的十九大报告提出，应当培育新型农业经营主体，实现小农户和现代农业发展有机衔接。我国是小农户作为主要农业经营主体的国家，据第三次全国农业普查数据，经营耕地 10 亩以下的农户约有 2.1 亿户，98%以上的农业经营主体仍是分散化的小农户。克服小农户的禀赋缺陷，实现小农户和现代农业发展有机衔接，帮助农民走向富裕，是一项长期而艰巨的任务，也是党一直以来常抓不懈的中心工作。

考虑到现实中小农户与现代农业发展之间存在诸如要素禀赋、融资能力、风险管理能力和市场议价能力等方面的衔接障碍，两者之间处于事实上的相对隔离状态，本书拟借助乡村特色产业这一重要载体破解小农户和现代农业发展之间的衔接障碍，实现两者之间由相对隔离走向互利共生。之所以选择乡村特色产业这一载体是基于乡村振兴战略背景下，产业振兴是乡村振兴的关键，而乡村特色产业无论是从产业属性还是从赋能效果来看都是衔接小农户和现代农业发展的优质载体，同时发展乡村特色产业也是涉农产业政策的主要内容之一。

因此，本书拟重点探讨如何借助乡村特色产业实现小农户和现代农业发展有机衔接，并落脚到小农户的有效增收上。具体包括三个问题。一是何为乡村特色产业？本书拟分析乡村特色产业这一衔接载体的内涵与外延、特色之辩，以及转向与反思等问题。二是小农户如何有效融入乡村特色产业？本书拟从利益共同体视角探索小农户如何有效融入乡村特色产业。三是如何通过发展乡村特色产业促进小农户增收？本书拟在探讨乡村特色产业赋能小农户增收困境与机理的基础上，从纵向一体化视角考察如何通过发展乡村特色产业促进小农户增收。

研究发现包括但不限于以下四个方面。第一，乡村特色产业是有机衔接小农户和现代农业发展的重要载体，地方政府重视通过新型农业经营主体的培育促进乡村特色产业的规模化发展，但乡村特色产业赋能小农户增收的效果欠佳，甚至出现脱钩现象。

第二，在"小农户+合作社"生产模式中，乡村特色产业的主体利益联结不仅具有两层监督的稳定机制，而且具有农民增收与乡村特色产业高质量发展双向赋能的重要功能：一方面，在小农户、合作社与基层政府互动共进中，合作社通过发展乡村特色产业实现联农带农、促农增收；另一方面，农民增收也能依托合作社的资源集聚和市场优势促进乡村特色产业高质量发展。然而，在实际发展过程中小农户与合作社利益分配扭曲，多元农业经营主体构建利益共同体存在现实困境，乡村特色产业只能助力小农户摆脱贫困而无法帮助他们实现共同富裕。

第三，乡村特色产业纵向一体化发展是实现乡村特色产业延链、补链和强链的重要手段，也是增加产业增值收益，并促进小农户更多分享产业增值收益的有效途径。然而，乡村特色产业在纵向一体化的发展上面临较多现实障碍，进而赋能小农户增收的效果较差。这里既有生产环节的土地租金与机械化问题，也有加工环节的本地加工粗糙、缺乏精深加工的原因，同时还存在低价收购与延期支付等销售环节的现实问题。

第四，为了促进小农户和现代农业发展有机衔接，在推进乡村特色产业发展过程中仍需要注意两个问题：一是关注多元主体的嵌入性与产业发展的"链—群—系统"立体图景问题；二是应当在全过程视角下重新审视小农户分享更多产业增值收益的实现路径与主体建构。

相较于既有研究，本书的边际贡献包括以下几点。第一，研究深入剖析乡村特色产业赋能小农户增收的内在机制，并重点分析基于乡村特色产业的延伸产业链条与提升产业附加值对小农户增收的重要影响，这或将为探讨如何有效促进现代农业可持续内生发展提供重要启示。第二，研究并不局限于对新型农业经营主体的探索，而是针对小农户与新型农业经营主体合作失范，试图从利益共同体视角探寻两者之间可能存在的合作空间与合作模式，以期完善乡村特色产业发展的利益联结机制。第三，研究在遵循以往横向规模化研究方向的同时，适度瞄准以延伸产业链条为导向的纵向一体化的研究取向，探寻小农户在乡村特色产业纵向一体化中既能获得更多就业机会又能更多分享产业增值收益的可行路径。

# 目 录

## 第一章 导论 …………………………………………………… 1
第一节 研究概况 ………………………………………… 1
第二节 数据来源与典型案例 …………………………… 7

## 第二章 乡村特色产业的内涵外延、特色之辩与转向反思
……………………………………………………………… 20
第一节 乡村特色产业的内涵外延 …………………… 20
第二节 乡村特色产业的特色之辩 …………………… 25
第三节 乡村特色产业的转向反思 …………………… 29

## 第三章 乡村特色产业赋能小农户增收的困境、机理与检验
……………………………………………………………… 47
第一节 乡村特色产业赋能小农户增收困境与反思 …… 48
第二节 乡村特色产业赋能小农户增收的作用机理 …… 54
第三节 乡村特色产业赋能小农户增收的实证检验 …… 56

## 第四章 小农户有效融入乡村特色产业：利益共同体视角
……………………………………………………………… 81
第一节 乡村特色产业利益共同体：理论构想与实践成效 …… 81
第二节 合约安排与小农户增收：基于三种典型模式的比较 … 90
第三节 乡村特色产业主体利益联结：脱钩逻辑与复联路径
…………………………………………………………… 116

第四节 乡村特色产业利益共同体建构：刍议农村股份经济
合作社 ……………………………………………… 130

## 第五章 乡村特色产业赋能小农户增收：纵向一体化考察 …… 135

第一节 乡村特色产业纵向一体化：理论构想与实践成效 …… 135
第二节 乡村特色产业的有限规模化：土地租金与机械化 …… 142
第三节 乡村特色农产品的加工缺位：本地加工与精深延伸
……………………………………………………… 153
第四节 乡村特色农产品的销售困境：低价收购与延期支付
……………………………………………………… 159
第五节 农业产业化经营的产品瞄准与主体联结模式略论 …… 166

## 第六章 乡村特色产业发展的反思与小农户增收的再思考
……………………………………………………………… 174

第一节 乡村产业高质量发展：嵌入视角与立体发展构想 …… 174
第二节 全过程视角下小农户分享产业增值收益的逆向判定
与主体建构 ………………………………………… 192

**参考文献** ……………………………………………………… 200

**附录　调研问卷** ……………………………………………… 218

# 第一章 导论

## 第一节 研究概况

### 一 引言

据第三次全国农业普查数据,经营耕地10亩以下的农户约有2.1亿户,98%以上的农业经营主体仍是分散化的小农户。小农户大量且长期存续是我国农业发展必须面对的基本事实(黄宗智,2020;陈军亚,2019;张露和罗必良,2018)。当前,小农户增收乏力与增收模式的不可持续性不仅影响农村脱贫的质量和可持续性,而且事关打赢脱贫攻坚战、决胜全面建成小康社会的战略全局(魏后凯,2020;叶敬忠和贺聪志,2019)。因此,接续促进小农户增收具有持续巩固拓展脱贫攻坚成果的重要作用。然而,小农户增收在现代农业发展进程中虽然受到学术界的广泛关注,但受大国小农的国情农情约束尚存在诸如缺乏长效扶贫产业(魏后凯,2020)、小农户与新型农业经营主体合作失范(黄祖辉,2020),以及小农户在现代农业产业增值收益中分享较少(Zhang,2020)等需要进一步解决的问题。《全国乡村产业发展规划(2020~2025年)》明确指出,乡村特色产业是乡村产业的重要组成部分,立足乡村特色产业,延伸产业链条和提升产业附加值是促进农民增收的重要渠道。2021年"中央一号文件"进一步提出要依托乡村特色优势资源,打造农业全产业链,让农民更多分享产业增值收益。

因此，本书拟探讨的问题是：乡村特色产业如何赋能小农户增收。全书以小农户为研究主体，预期考察乡村特色产业增值的内在机制（依托乡村特色优势资源）、小农户如何有效融入乡村特色产业（完善利益联结机制）和小农户在乡村特色产业中如何更多获得产业增值收益的利益分配（让农民更多分享产业增值收益）三个序列关联的问题。不仅是对分析如何巩固脱贫攻坚成果的有益尝试，而且是对"三农问题"的核心问题——农民增收——的回归与聚焦。

## 二 文献梳理

与本书研究内容相关的文献主要包括但不限于以下三个分支。

分支一：巩固拓展脱贫攻坚成果的讨论。经历从互助式扶贫、开发式扶贫到精准扶贫，依据现行标准我国已于 2020 年底基本实现绝对贫困的消除，脱贫攻坚取得阶段性胜利。而如何巩固拓展脱贫攻坚成果则成为学术界目前讨论的热点话题，总结起来，主要包含以下两个主题：一是关于巩固脱贫攻坚成果与推进乡村振兴有机衔接的目标导向、重点领域与关键举措等的讨论（梁海兵和姚仁福，2023；黄祖辉和钱泽森，2021；樊增增和邹薇，2021；魏后凯，2020；胡祎，2020；涂圣伟，2020）；二是关于相对贫困有效治理的贫困标准修正、治理群体与区域、财政支持转向等的讨论（崔宝玉和孙倚梦，2020；燕继荣，2020；王雨磊和苏杨，2020）。

分支二：小农户与现代农业发展有机衔接的讨论。该讨论（如表 1-1 所示）主要涉及四种衔接路径，其中培育新型农业经营主体以带动小农户、建立农业社会化服务体系以服务小农户和促进小农户组织化以赋能小农户渐趋主流，而小农户与现代农业发展自发衔接则亦有散论。每一种衔接路径的讨论内容相当丰富，涉及具体的衔接模式、可能的内在机制、成功的实践案例等。

表 1-1　小农户与现代农业发展有机衔接路径的讨论概览

| 衔接路径 | 衔接模式 | 文献 |
| --- | --- | --- |
| 培育新型农业经营主体以带动小农户 | 农（民）业合作社 | 梁海兵和姚仁福（2023）、廖晓明等（2023）、邓衡山等（2022）、邓宏图等（2020）、黄祖辉（2020）、万俊毅和曾丽军（2020）、张益丰和孙运兴（2020）、刘同山（2018）、苑鹏（2017）、Bellemare（2010） |
| | 家庭农场 | 郭熙保和吴方（2020）、陈志刚和严海成（2020）、郭熙保和冷成英（2018） |
| | 农业产业联合体 | 邓宏图等（2020）、尚旭东和吴蓓蓓（2020）、王志刚和于滨铜（2019） |
| | 公司+农户 | 吴曼等（2020）、何宇鹏和武舜臣（2019）、Ochieng 等（2017）、Schipmann 和 Qaim（2011） |
| | 新农人+小农户 | 叶敬忠等（2018） |
| | 企业+农村集体经济组织+农户 | 周娟（2020） |
| 建立农业社会化服务体系以服务小农户 | | 李宁等（2021）、钟真等（2021a）、谢地和李梓旗（2021）、罗必良（2020）、钟真等（2020）、李宁等（2020，2019）、张晓山（2019）、孔祥智（2017）、蔡键等（2017） |
| 促进小农户组织化以赋能小农户 | 发展新型集体经济 | 郑淋议（2020）、王亚华和臧良震（2020）、贺雪峰（2019）、周娟（2020）、杨团（2018）、Abebe 等（2013） |
| | 发展三位一体的农民综合合作或农协 | 陈林（2018）、杨团（2017） |
| 小农户与现代农业发展自发衔接 | | 刘闯等（2019） |

分支三：乡村特色产业与农民增收的讨论。该讨论通过分析不同的乡村特色产业案例（如桃产业、蔬菜产业、陈皮产业、苹果产业、刺梨产业、罗汉果产业、茶产业、蚕丝业、黄果柑产业等）明确农业产业链条的整合机制与增值路径，及其促农增收效应，同时考虑到这些乡村产业具有产业本土性与农民主体性而主张据此探寻实现现代农业可持续发展的有效路径（仝志辉等，2023；王星和周重礼，2023；张继焦和崔钰卿，2023；万俊毅，2022；邓衡山等，2022；林万龙和纪晓凯，2022；唐煜金和唐重振，2022；谢宗藩等，2021；杨亚东等，2020；张德海

等，2020；陈超和徐磊，2020；陈航英，2022；杨可，2021；吴曼等，2020；刘蓝予和周黎安，2020；卢青青，2021；张文明，2019）。

既有研究成果一方面为本书的研究提供了两个基本农情依据：（1）小农户大量且长期存续是我国农业发展的客观事实；（2）探讨小农户和现代农业发展衔接问题时，需要坚持农民主体性原则。另一方面为本书的研究提供了三点重要的拓展性启示。第一，乡村特色产业作为兼具内生性和差异性的乡村产业而具有与小农户对接的天然优势，但现有研究在此领域的贡献还存在一定的完善空间。本书拟从延伸产业链条和提升产业附加值两个视角深入探究以小农户为主体的乡村特色产业增值的内在机制，以期补充这一领域的研究成果。第二，小农户与新型农业经营主体的衔接实践中尚存在两个值得改进的地方，即：（1）小农户与新型农业经营主体之间因双方无法开展有效合作而致大多数衔接模式呈现不可持续性；（2）农产品选择因部分没有顾及本地性而致产业发展缺乏内生性，这或将为本书探讨小农户有效融入乡村特色产业，进而完善利益联结机制提供重要启示。第三，已有研究充分肯定了产业横向规模化对农民增收的显著作用，但同时也意识到"人多地少"的禀赋结构对这一增收路径的限制。因此，本书在遵循以往横向规模化研究方向的同时，适度瞄准以延伸产业链条为导向的纵向一体化的研究取向，探寻小农户在乡村特色产业纵向一体化中既能获得更多就业机会又能更多分享产业增值收益的可行路径。

## 三 研究框架

立足乡村特色产业，以小农户为研究主体，本书预期通过研究乡村特色产业增值的内在机制、小农户如何有效融入乡村特色产业和小农户在乡村特色产业中如何更多获得产业增值收益的利益分配三个序列关联的问题（框架思路如图1-1所示），力图回答"乡村特色产业如何赋能小农户增收"这一研究问题。具体而言，本书主要包括以下五个板块内容。

第一，"乡村特色产业的内涵外延、特色之辩与转向反思"板块。

## 第一章 导论

```
                  乡村特色产业赋能小农户增收：理论与实践
                                    │
        ┌───────────────────────────┼───────────────────────────┐
   研究主体：小农户          研究可能的拓展空间           研究客体：乡村特色产业
        │                           │                           │
   缺乏长效扶贫产业的支撑    小农户与新型农业经营主体合作失范    农民农业产业增值收益较少
        │                           │                           │
   立足当地资源特色          完善利益联结机制           让农民更多分享产业增值收益
        │                           │                           │
   乡村特色产业：内涵外延、   小农户如何有效融入乡村特色产    乡村特色产业如何赋能小农
   增收机理与发展进路        业：利益共同体视角            户增收：纵向一体化视角
```

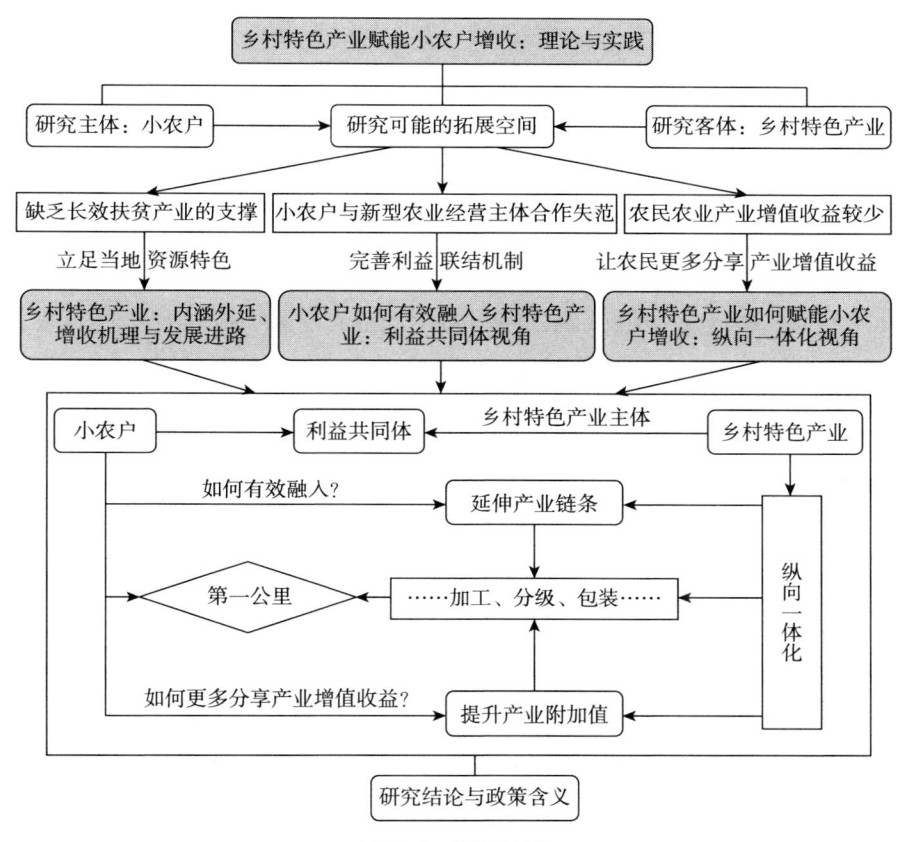

图 1-1　框架思路

乡村特色产业是带动小农户增收的重要载体，本板块试图：一是给出乡村特色产业的内涵阐释与外延边界，并基于此锁定本书所探讨的乡村特色产业的内涵与外延；二是明晰乡村特色产业的特色之辩，即讨论乡村特色产业的禀赋优势，特别是特色与市场的作用差异；三是强调乡村特色产业的发展转向与发展反思。

第二，"乡村特色产业赋能小农户增收的困境、机理与检验"板块。实地调研发现，样本区域虽然种植马铃薯、苹果、蔬菜等乡村特色农产品，但是尚未形成富有活力的能够带动小农户增收的乡村特色产业，特别是小农户与当前乡村特色产业是基本脱钩的，这意味着试图通过发展乡村特色产业有效带动小农户增收的设想在实践当中可能面临巨

大挑战。因此，对标乡村特色产业发展的实际情况，本板块着重考察如下关乎乡村特色产业这一载体的基本属性的三个方面：一是反思在"小农户+合作社"生产模式下合作社赋能小农户增收在实践中可能存在的现实困境；二是针对这一现实困境，明晰合作社赋能小农户增收的作用机制与可能限度；三是针对合作社赋能小农户增收的作用机制与可能限度开展实证检验。

第三，"小农户有效融入乡村特色产业：利益共同体视角"板块。考虑到乡村特色产业的发展困境，基于利益共同体视角小农户有效融入乡村特色产业的理论构想的最优合作模式——股份合作模式——在调研之中并未发现对标的实践案例，但"小农户+合作社"的生产模式较为普遍，在一定程度上，这也是一种重要的"利益共同体"表现模式。因此，本板块拟开展的工作包括但不限于以下两点。一是重点梳理乡村特色产业利益共同体的理论构想与实践成效。二是对"小农户+合作社"这一生产模式展开深入考察，具体包括：第一，全面分析并比较"小农户+合作社"这一生产模式下的三种典型模式的增收效果；第二，回归"小农户+合作社"生产模式下乡村特色产业主体利益联结问题，重点考察乡村特色产业主体利益联结机制及相应脱钩逻辑与复联路径；第三，针对目前地方政府比较推崇的农村股份经济合作社，特别是赋予它的新属性展开详细分析，并基于此启发式探讨乡村特色产业利益共同体建构的关键问题。

第四，"乡村特色产业赋能小农户增收：纵向一体化考察"板块。针对乡村特色产业并没有形成富有竞争力的完备产业链，而是大部分只有生产环节的规模化、部分粗加工，以及以本地低价销售为主等实际情况，本板块试图考察如下更为具体的产业链问题：一是乡村特色产业纵向一体化的理论构想与实践成效；二是乡村特色产业的有限规模化（涉及土地租金与机械化）；三是乡村特色农产品的加工缺位（包含本地加工与精深延伸）；四是乡村特色农产品的销售困境（比如低价收购与延期支付）；五是农业产业化经营的产品瞄准与主体联结模式。

其中，第一个问题涉及阐释乡村特色产业纵向一体化的理论构想，并呈现该构想与实践存在的具体冲突。第二至第四个问题主要是基于第一问题所做的相应调整，既然乡村特色产业没能在样本区域形成纵向一体化，那么就应当针对产业链的不同环节（包括生产环节、加工环节和销售环节）进行深入的考察，以期厘清乡村特色产业纵向一体化在实践中难以形成的关键节点与重要原因。针对乡村特色产业纵向一体化存在的现实困境可能与产品属性和主体存在紧密联系，也应当从产品瞄准和主体联结模式两个视角开展深入思考（第五个问题），以期寻找到实现乡村特色产业链式经营的有效路径。

第五，"乡村特色产业发展的反思与小农户增收的再思考"板块。考虑到理论构想与实际情况的反差，本板块在实地调研过程中形成对乡村特色产业发展的反思与小农户增收的再思考，主要思考包括如下两个方面：一方面，"乡村产业高质量发展：嵌入视角与立体发展构想"基于小农户与乡村产业脱钩的客观事实，进一步剖析了乡村产业发展的现实困境，提炼了如何实现乡村产业高质量发展的关键问题，并形成一幅由产业链到产业集群，再到产业生态系统的立体发展图景；另一方面，"全过程视角下小农户分享产业增值收益的逆向判定与主体建构"指出，在合作社等新型农业经营主体联农带农时小农户主体性严重不足，可能是通过乡村特色产业有机衔接小农户和现代农业发展成效甚微的重要原因。因此，应在全过程视角下采用逆向判定方式重新评估小农户在乡村特色产业链当中的价值贡献与增值收益分配问题，以有效解决小农户主体性不足与增收困难的双重难题。

## 第二节 数据来源与典型案例

### 一 调研数据

#### （一）样本选择

在乡村特色产业发展实践中，诸如西北地区这样的经济欠发达地区，往往面对的并不是一个比较成熟的产业，而是一个产业链较短——可能只有产业链的生产环节——的产业，这样的产业结构导致这些地区的乡村特色产业发展存在如下现实困境：一方面，产业链前端的初级产品价值大多较低，因而经济收益较差；另一方面，以初级产品为原料的加工、销售等产业链中后端往往分布在其他地区，导致产品附加值及增值与原产地分离，产品附加值及增值不能被本地农民有效分享。乡村特色产业作为国家政策大力支持的促进小农户和现代农业发展有机衔接的重要载体，是以地域特色资源禀赋和独特历史文化资源为基础，植根于农业农村、具有乡村价值的乡土经济活动，以及以乡村元素作为融合发展条件的新产业、新业态。

本书基于甘肃省乡村特色产业的比较优势，选择"牛羊菜果薯药"六大特色优势产业中的"菜果薯"作为研究样本。究其原因包括但不限于以下两个方面。第一，尽管西北地区经济发展状况较差，但西北地区具有较为丰富的生态资源，从而产出诸多的特色优势产品，具备形成特色优势产业的基本条件，如果当地政府能够因势利导地为特色优势产业发展提供政策支撑，那么西北地区发展特色优势产业将大有作为——这是笔者的一个基本看法。以甘肃省为例，事实上，甘肃省委省政府很早就注意依托本地特色优势产品，做大做强特色优势产业以破解经济发展的困境。2008年，甘肃省委省政府出台了《关于启动六大行动促进农民增收的实施意见》（省委发〔2008〕32号），其中第一行动就为特色优势产业提升行动：实施"特色优势产业增产增收计划"，重点培养马铃薯、果蔬、中药材、现代制种、酿酒原料等具有明显竞争优势的产业。针对该实施意见，甘肃省农牧厅、发改委、财政厅、林业厅、水利厅、科技厅、扶贫办于2017年联合制定《甘肃省特色优势产业增产增收计划实施方案》。计划通过5年时间使甘肃马铃薯、蔬菜、果品、制种、中药材、酿酒原料等六大特色优势产业种植面积达到2940万亩，对农民年人均纯收入的贡献由2017年的592元增加到2022年的933元，特色优势产业收入占家庭经营性收入的比重由2017年的25%提高到2022年的31%。特别是2021年甘肃省农业农村厅进一步将推动特色产业发展作为巩固拓展脱贫攻坚成果和全面实施乡村振兴战略的主攻方向和着力重点，着重构建产业体系，持续做大做强"牛羊菜果薯药"六大特色产业。这些持续推进的特色优势产业实现了产业链就近就地延长，进而产品附加值获得提升并将价值增值留在原地，为甘肃省其他特色优势产业的发展提供了重要参考样本。

第二，甘肃省涵盖山水林田湖草沙，拥有除海洋、岛礁以外所有地形地貌类型。从农业发展环境来看，甘肃省农业发展是中国农业发展，尤其是特色农业发展的缩影。其中"菜果薯"产业在"牛羊菜果薯药"中更是具有代表性和典型性。首先，与其他乡村特色产业一样，"菜果薯"都是基于地理环境的比较优势而形成的地方主导产业；其次，"牛羊菜果薯药"产业布局离不开政府的引导。从定西马铃薯、天水花牛苹果和张掖蔬菜的发展历程来看，三大特色产业都是在政府引导下发展壮大的乡村特色产业。在"菜果薯"产业发展的各个阶段，定西市、天水市和张掖市都基于市场和比较优势制定了有效的产业政策，对"菜果薯"产业发展产生了重大影响。因而，可以从甘肃省"菜果薯"产业的发展脉络中看出乡村特色产业的发展历程以及小农户在乡村特色产业发展中的主体地位。此外，选择"菜果薯"三大特色产业作为研究样本还有其他考虑，后文"乡村特色产业的外延边界"部分会有说明。

**(二) 样本概况**

为了更好地掌握乡村特色产业发展的实际情况，依据对甘肃省"菜果薯"三大特色优势产业的甄别与调研地点选取，课题组对定西市安定区（马铃薯产业）、天水市麦积区（花牛苹果产业）和张掖市甘州区（蔬菜产业）开展三次调研，其中包括两次预调研和一次正式调研。

第一次预调研于2022年5月29日~6月5日开展。分三个小组分别赴定西市安定区、天水市麦积区和张掖市甘州区开展第一次入户预调研。初步了解各地相关特色产业的基本情况，总结问题并完善调研问卷。

第二次预调研于2022年7月1~15日开展。分别赴定西市安定区和天水市麦积区开展第二次入户预调研，后因天水市当地疫情被迫中止，且未能赴张掖市甘州区开展相关入户预调研。进一步了解各地相关特色产业的基本情况，并有条件地咨询当地农业农村局关于乡村特色产业的情况，后根据反馈情况进一步完善调研问卷和适应性调整相关研究计划。

正式调研于2023年7月11~23日开展。分别赴天水市麦积区、定西市安定区和张掖市甘州区开展正式入户调研。为了解情况并提高效率，在前期对当地特色产业有了了解的基础上，在天水市麦积区、定西市安定区和张掖市甘州区分别获得花牛苹果产业84份问卷、马铃薯产业111份问卷和蔬菜产业105份问卷，共计300份有效调研问卷。

调研区域和样本分布情况如表1-2所示。

表1-2 调研区域和样本分布情况

| 调研区域 | 调研村镇 |
| --- | --- |
| 天水市麦积区 | 九峪村、闫家庄、吴家崖、杜家庄、龙槐村、安庄村、云雾村、安家庄 |
| 定西市安定区 | 南家川、寇家门、李家堡、鲁家沟、东川村、安家坡、李家坪、董家坡、鲁家川、贾家坡、李家嘴、张家河滩、下石崖 |
| 张掖市甘州区 | 梁家墩五号村、刘家沟、上头闸、康宁村、大湾村、天乐村、杨家墩、党寨村、余家湾 |

**1. 定西安定区马铃薯产业发展概况**

作为巩固脱贫成果、助推经济转型的优势主导产业发展模式，安定区马铃薯全产业链发展模式入选全国乡村产业高质量发展"十大典型"，安定区先后荣获"全国马铃薯产业知名品牌创建示范区""全国马铃薯全产业链典型县"等国家级荣誉称号。截至目前，安定区已经形成以青岚山乡和西巩驿镇、鲁家沟镇和称钩驿镇2个万亩马铃薯绿色标准化示范基地为依托，围绕东河、西巩河等流域建立万亩以上基地9

个、5000 亩以上基地 17 个，依托 137 个农民专业合作社建立 1000 亩以上马铃薯核心示范区 93 个（面积达 24 万亩）的产业发展布局以及"温室生产原原种、基地扩繁原种、田间应用一级种"的梯级种薯繁育推广体系。2022 年，全区马铃薯种植面积 88.86 万亩，产量 189 万吨，形成了北部乡镇主推陇薯 10 号、新大坪，搭配种植陇薯 7 号、青薯 9 号、庄薯 3 号、冀张薯 8 号、陇薯 15 号；东南部、西南部乡镇主推青薯 9 号、陇薯 7 号，搭配种植陇薯 10 号、冀张薯 8 号、冀张薯 12 号、庄薯 3 号的品种种植格局。

#### 2. 天水麦积区花牛苹果产业发展概况

麦积区是甘肃省和天水市的"东大门"，也是驰名中外的花牛苹果的故乡，被誉为"优质苹果生产重点县区"和"中国果品产业龙头县区"。在麦积区的"果、畜、蔬、药、菌、蜂、游"特色优势产业中，花牛苹果荣膺"中国优质农产品"金奖、被评为"中国驰名商标"，获"中华名果"和"中国知名特产"称号。截至目前，麦积区苹果产业形成了以天水南部山区 15 万亩花牛苹果乡村振兴示范园（以花牛镇、马跑泉镇、甘泉镇为主）和九龙山 2 万亩花牛苹果标准化示范基地（以中滩镇为主）为主的产业发展格局。2022 年，全区种植苹果 41 万亩，产量 70 万吨。

#### 3. 张掖甘州区蔬菜与制种玉米产业发展概况

张掖市甘州区位于河西走廊中部，具有独特的走廊地形和荒漠绿洲景象，走廊绿洲盆地是该区主要的农耕区，地势平坦、土地肥沃。截至目前，甘州区建成万亩蔬菜乡镇 7 个，千亩蔬菜村 25 个，形成了"城郊乡镇为主、中部交通干道沿线乡镇为辅、沿山冷凉乡镇为补充"的蔬菜产业集群，并重点建设以党寨、梁家墩、上秦为核心的 20 万亩高原夏菜设施蔬菜基地，乌江、沙井一线 10 万亩供粤港澳大湾区蔬菜基地，以巴吉滩为核心，辐射明永、甘浚的 10 万亩戈壁农业基地，花寨、安阳、龙渠等沿山乡镇冷凉灌区 5 万亩高品质高原夏菜基地。2023 年，全区蔬菜种植面积达 41.79 万亩，其中设施蔬菜 9.79 万亩、露地蔬菜

32万亩，产量达121.91万吨，成为全国五大商品蔬菜生产基地之一，蔬菜产业成了当地农民的"致富密码"。甘州区作为全国最大的杂交玉米制种大县，立足打造"百亿元现代种业"体系，系统谋划玉米制种"五化"基地建设，以产业培育为重点，打造玉米制种特色优势产业集群。2022年，甘州区制种玉米种植面积67.41万亩，产量30.2万吨，占全国用种量的1/3。目前，玉米制种产业已成为全区产业化程度最高、联系农户最广、增收效益最大的支柱产业。

**（三）值得关注的样本现象**

通过实地调研定西马铃薯产业、天水花牛苹果产业和张掖蔬菜产业的发展实际，梳理出以下四个值得关注的样本现象，这些现象在一定程度上也是本书研究内容的现实基础。

**1. 宏观层面的产业发展与微观层面的农民增收在一定程度上脱钩**

在乡村振兴战略背景下，政府期望发展乡村特色产业，通过农业产业化经营促进农村经济发展和农民有效增收，以期迈向共同富裕。然而，现阶段政府推动农业产业化经营往往采取项目制形式，并将其作为资源配置的重要手段。而囿于小农户生产的分散性，项目资源最终向资本倾斜，并更加强调市场的分配逻辑。结果是，资本是农业产业链的主导者，小农户仅仅是原料、土地和劳动的提供者，因此资本与小农户在利益分配上是失衡的。

从宏观结果来看，"高投入、大规模、组织化"的农业产业化经营提高了农业的整体盈利能力，但小农户在产业中因处于依附地位而缺失主体性，最终呈现产业发展繁荣与小农户增收模式不可持续并存的产业化经营模式。换句话讲，该发展模式能够解决农业规模化发展问题，但不能有效解决农民增收问题。与此同时，从产业链和价值链的视角来看，资本并没有按照理论逻辑将小农户引入现代农业发展轨道，缺乏带动小农户进入农产品加工和销售环节的生产动机，并表现出"与民争利"的实践逻辑。小农户在乡村特色产业价值链中的地位只不过是土地要素和劳动要素的贡献者，以及原料供应者，农业产业链的价值增值获益者始终是资本,此时小农户与资本的合作关系是以合作表象包装的劳动雇佣关系、要素租赁和产品买卖关系,双方存在不平等的利益分配格局。因此,不能因宏观层面的产业繁荣而回避小农户与资本利益分配失衡的现实困境,需要回归以乡村特色产业联农带农,促进农民增收的本质问题。

**2. 乡村特色产业本地纵向一体化薄弱,产业链异地布局:产业增值流失**

从农业产业链的纵向延伸来看,乡村特色产业纵向一体化发展将外部市场交换关系转换成内部交易管理关系,将随机市场关系转换为商品契约和要素契约关系,改变了上下游市场的竞争特性,可以促进分工和专业化,在增强比较优势的同时从内部选择和获取竞争力,进而形成防御性市场力量,提升乡村特色产业的属性价值、形态价值和经济价值。然而,乡村特色产业表现出"本地纵向一体化薄弱,产业链异地布局"的发展逻辑,最终导致产业增值流失,并不符合"推进农产品加工向产地下沉,把二三产业留在乡村,把就业创业机会和产业链增值收益更多留给农民"的顶层设计。一方面,乡村特色产业链从生产环节到加工环节,再到销售环节的链式表现较为松散,产业链侧重在生产环节,虽有加工环节但都比较分散且粗放,销售环节主要是初级产品和部分粗加工产品。另一方面,乡村特色产业发展呈现"本地粗加工与异地精加工并存"的产业发展模式。以天水苹果为例,当地缺乏完备的苹果产业链,加工环节只有少量的苹果汁或苹果醋等加工产品,而销售环节更多的是苹果原产品的直接销售,相关企业在细分苹果原产品(依据苹果直径大小)的基础上主要依靠品牌效应提高价格进而获得较高收益,相关产品附加值仍然有待提升。与此同时,部分苹果汁和苹果醋等终端产品也主要产自佛山、中山、烟台等市,不能将产业增值留在当地。

**3. 小农户与新型农业经营主体联结松散:农民增收的重要阻碍**

小农户以什么样的方式参与乡村特色产业以及如何从中获益是一个重要的政策和实践问题。理论上讲,新型农业经营主体能够解决"小农户与大市场"的匹配困境，进而克服小农户面临的市场缺陷。然而，现实情况是小农户与新型农业经营主体利益联结较为松散，可持续性差。从定西和天水的调研情况来看，当地政府以基地形式大力发展乡村特色产业虽然能够扩大乡村特色产业的规模，并实现显著的经济效应，同时也能解决小农户"土地流转收租金、基地打工拿工资"等增收问题，但是小农户与新型农业经营主体的利益联结模式仅仅是"租地+雇工"，小农户难以获得更多的产业增值收益。其中，小农户收益来源主要有三个：第一，通过土地流转、基地打工融入乡村特色产业生产环节，获得土地租金和打工工资；第二，通过提供劳动进入加工环节，获得打工工资；第三，通过提供原材料或简单的粗加工产品进入销售环节，获取经营性收入。

4. 产业特色并不是小农户的特色：特色产业难以持续赋能小农户增收

根据定西、天水和张掖的调研情况，乡村特色产业的特色并不能成为小农户在市场竞争中的"特色"，即乡村特色产业难以持续赋能小农户增收。理论上讲，乡村特色产业与常规产业不同的地方在于具有更强的市场竞争力和盈利性，并成为农民增收致富的有效载体。但实际情况是乡村特色产业的"区域特色"无法传导并成为小农户的"市场特色"。毫无疑问，马铃薯产业、苹果产业和蔬菜产业已分别成为定西市、天水市和张掖市农业发展促农增收的主导产业和支柱产业，并且已经形成一定的产业格局、集群优势和区域品牌。然而，即便原产品是小农户供应的，地方性的知识和资源也是小农户实践和创造的，但乡村特色产业并没有为小农户带来应有的溢价效应，反而出现了"定西小农户不种马铃薯种玉米，天水小农户不种苹果种花椒"的产业发展转向行为。

## 二 数据补充

除自调数据外，本书在研究中还引入了中国乡村振兴综合调查（China Rural Revitalization Survey，简称CRRS）和中国土地经济调查（China Land Economic Survey，简称CLES）两个大型微观数据库。引用的原因主要有两个。其一，实地调研虽然对乡村特色产业的发展情况进行深入访谈，并有比较详细的现实了解和比较深刻的问题理解，但样本量问题可能会导致部分实证检验难以获得支持。其二，地区发展差异及个案局限性等因素限制了本书相关研究结论从个体推断总体的可靠性，全国层面的大型微观数据可克服调研数据与案例在理论推广上存在的弊端。

（1）CRRS概况。中国乡村振兴综合调查（CRRS）依托中国社会科学院重大经济社会调查项目"乡村振兴综合调查及中国农村调查数据库建设"，围绕"农村人口与劳动力""农村产业结构""农民收支与社会福祉""农村居民消费""乡村治理"和"农村综合改革"等农村发展的重要内容展开。第一期大规模农户和村庄调查于2020年在广东省、浙江省、山东省、安徽省、河南省、黑龙江省、贵州省、四川省、陕西省和宁夏回族自治区开展，覆盖50个县（市）、156个乡（镇），共获得300余份村庄调查问卷和3800余份农户调查问卷，搜集了1.5万余人的家庭成员信息。该调查综合考虑了经济发展水平、区域位置以及农业发展情况，首先在东部、中部、西部、东北地区的省份中随机抽取样本省份；其次根据全省县级人均GDP采用等距随机抽样方法抽取样本县并且考虑在空间上尽量覆盖整个省份；再次采用相同的抽样方法，根据样本县各乡镇和村庄经济发展水平随机抽取样本乡（镇）和样本村；最后根据村委会提供的花名册随机抽取样本户。CRRS数据库作为全国代表性大型微观数据库，包含收支信息以及家庭和个人信息等专题信息，能够为相关学术研究提供质量较高的数据支撑。

（2）CLES概况。中国土地经济调查（CLES）由南京农业大学人文社科处于2020年创立，金善宝农业现代化发展研究院协助实施。CLES数据库基于江苏省农村固定观察点的建立与调查，全面分析江苏省农村社会经济发展现状。调研区域以江苏省为起点逐步拓展至长三角地区乃至全国。调查采用PPS抽样，在江苏省13个地级市中抽取26个调查区县，在每个区县分别抽取2个样本乡镇，每个乡镇抽取1个行政村，每个村随机抽取50户农户。样本共计52个行政村和2600户农户。CLES数据库是以小农户家庭为调查对象的综合数据库，包含个体、家庭和村庄三个层次的三期（2020年、2021年和2022年）追踪数据，调查问卷内容涵盖土地市场、农业生产、乡村产业、生态环境、脱贫攻坚、农村金融等方面，可为实证导向的理论研究和政策研究提供高质量的基础数据。

上述两个大型微观数据库主要为本书中相关问题的实证检验提供数据支撑。具体而言，主要体现在两个研究问题中。一个是"小农户+合作社"生产模式下小农户增收的机制与限度（见第三章第三节）。建立合作社体系、提升小农户组织化程度是促进小农户和现代农业发展有机衔接的重要途径，这也赋予了合作社重塑"小农户与大市场""小生产与社会化大生产"关系的重要使命。本书考虑使用CRRS数据从众多真假合作社的发展差异中厘清合作社赋能小农户增收的机制与限度，以期为推进现代农业经营体系建设与持续巩固拓展脱贫攻坚成果提供理论支撑。另一个是"合约安排与小农户增收：基于三种典型模式的比较"（见第四章第二节）。基于利益共同体视角，小农户与合作社等乡村特色产业经营主体存在不同的合作模式。因此，本书拟使用CLES数据探寻合约安排与小农户增收的因果关系，以期对不同利益联结模式赋予小农户的增收效应进行比较，并考察能否实现共同富裕。

### 三　典型案例

在对小农户进行调研的基础上，课题组对经营"菜果薯"三个产业的新型农业经营主体开展了深度访谈，主要为了厘清两个问题：一个是小农户在乡村特色产业中的增收路径与现实困境；另一个是乡村特色产业纵向一体化的实现路径及小农户在这一路径中的收益分享机制。对于乡村特色产业纵向一体化，考虑到目前乡村特色产业（指定西马铃薯产业、天水花牛苹果产业和张掖蔬菜产业）存在产业链较短、延伸不足、带动能力较弱等现实问题，难以开展有效的实证检验，但为了提炼这些产业链延伸困难的背后原因，本书采用多案例研究的方法进行分析和讨论。深度访谈对象包括天水长城果汁集团股份有限公司、甘肃蓝天马铃薯产业发展有限公司和甘肃新乐连锁超市有限责任公司三家涉农企业，访谈内容主要包括企业的联农带农情况、产业链延伸情况和产品销售情况。

**（一）天水长城果汁集团股份有限公司**

天水长城果汁集团股份有限公司（以下简称"长城集团"）是研发、生产和销售浓缩苹果汁、"陇上花牛"苹果汁、果渣饲料及农牧药品的国家级农业产业化重点龙头企业，是甘肃省农业产业化大型企业集团15户骨干企业之一，现为甘肃省国有资产投资集团有限公司控股子公司。长城集团实行集团化管控模式，下辖5户全资子公司（天水长城果汁饮料有限公司、秦安长城果汁饮料有限公司、陇南长城果汁饮料有限公司、兰州长城农业科技发展有限责任公司和天水家园生物饲料有限公司）。截至目前，该公司生产经营规模位居行业第五位，是甘肃省最大的浓缩苹果汁加工企业，年产浓缩苹果汁6万吨、"陇上花牛"苹果汁7000多万包，生产线全套设备均从德国、意大利、瑞士等国引进。其主导产品浓缩苹果汁主要销往美国、加拿大、欧盟、澳大利亚、日本、俄罗斯、非洲和东南亚等30多个国家和地区，是雀巢、可口可乐、亨氏、卡夫等跨国公司的合格供应商之一。

**（二）甘肃蓝天马铃薯产业发展有限公司**

甘肃蓝天马铃薯产业发展有限公司（以下简称"蓝天集团"）由上海福景堂农业集团有限公司全资出资控股，是集马铃薯种植、加工、购销等于一体的国家级农业产业化重点龙头企业。目前，公司已发展成为全国领先的马铃薯、淀粉、蛋白、膳食纤维生产加工及销售企业，在产能、质量、技术和设备等方面做到了全国第一，是多家食品加工领军企业的长期供应商。近年来，蓝天集团在继续推广实施"蓝天模式"的基础上，结合不同乡镇实际，进一步探索产业扶贫的生动实践。"政府+企业+农户"模式解决了群众"种什么、卖给谁、保收入"等问题，最终实现了"农户得收入、联合社（合作社）得收益、企业得原料、政府得民心"的目标。"全程托管"模式把农户从繁重的劳作束缚中解放出来，全身心投入第二和第三产业，从根本上解决了当前农村"人到哪里去、地由谁来种、钱从哪里来"的问题。"联合社+非成员合作社+基地+农户"模式以保护价向农户收购，以高于市场价格运送到企业，既保护了农民群众和企业的共同利益，也促进了合作社的发展及其纽带作用的发挥。

**（三）甘肃新乐连锁超市有限责任公司**

甘肃新乐连锁超市有限责任公司（以下简称"新乐超市"）有着"西北最美超市"的美誉，现有新乐连锁超市、国茂大厦、市场租赁服务、物流配送、商业房地产开发、新乐大酒店、商学院、新乐食坊、西宁分公司、兰州分公司、武威分公司、民乐分公司、餐饮管理公司等16家分公司、102家连锁超市、2个专业市场，从业人员3000多人，是张掖市规模最大、经营商品品项最全、从业人员最多、消费者最信赖的新型民营商贸流通企业。目前，已实现张掖城区3公里一家店的密度渗透。①

**（四）案例总结**

从长城集团、蓝天集团和新乐超市的基本情况来看，新型农业经营主体和小农户之间的利益联结关系较为松散，要么是"租地+雇工"模式，要么小农户只是原料的提供者，不能享受产业链增值收益。进一步延伸发现，如果将产业链划分为生产环节、加工环节和销售环节，则不同的产业链环节对农户的带动作用存在差异：生产环节带动能力最强，加工环节较弱，销售环节最弱。究其原因在于，对于生产环节而言，小农户和新型农业经营主体存在要素互补关系，主要表现在耕地、劳动和初级产品三个要素上；从加工环节来看，一方面因加工的自动化程度

---

① 之所以选择新乐超市作为访谈对象，主要原因在于问卷调研时很多小农户反映他们种植的蔬菜可以直接卖到新乐超市自建的果蔬基地（共8个），实现农超对接。该模式对小农户种植蔬菜的销售起到重要作用，而且销售作为产业链的最后一环直接决定乡村特色产业发展的基本成效。

高，连接小农户的就业岗位少；另一方面是"岗位-能力"不匹配，即小农户因人力资本水平较低，难以胜任技术性岗位，而且小农户的基本技能容易被机器取代。

按照一般的看法，如果乡村特色产业在本地通过延链、补链和强链实现纵向一体化，则小农户会有更多机会参与到产业链的各个环节，进而实现增收。然而，通过提升产业附加值促进小农户增收是有前置条件的。（1）加工环节的自动化程度直接关系连接小农户的岗位数量，而如果自动化程度过低，则会限制乡村特色产业的规模经济性；如果自动化程度较高，则连接小农户的就业岗位较少。（2）如果小农户是原料的提供者，那么交易价格如何商定？如果价格只是随行就市，则只是改变了小农户的产品销售渠道，而小农户无法获取产业增值收益。（3）如果小农户将土地流转给新型农业经营主体并进入新型农业经营主体的基地务工，则"租地+雇工"模式只能带来小农户的有限增收。小农户何以获得更多产业增值收益？从市场效率来讲，小农户与新型农业经营主体利益联结模式松散是市场竞争的结果、是有效率的结果。基于此，如何在尊重市场逻辑的基础上通过政府"看得见的手"赋予小农户更多产业增值收益应该是需要重点考虑的问题。

# 第二章 乡村特色产业的内涵外延、特色之辩与转向反思

乡村特色产业是有机衔接小农户和现代农业发展的重要载体,那么到底什么样的产业才是乡村特色产业?同时,对于乡村特色产业而言,特色的是不是市场的?此外,面对调研样本选取区域的乡村特色产业发展现状与转向事实,政府引导下的乡村特色产业发展转向以及小农户在此过程中的自我选择的可能原因值得反思,这有助于寻找促进乡村特色产业发展的可行路径。

## 第一节 乡村特色产业的内涵外延

党的十九大报告指出,实施乡村振兴战略。其中,产业振兴是关键,产业兴旺是乡村振兴的重要基础,是解决农村一切问题的前提。国务院 2019 年发布的《关于促进乡村产业振兴的指导意见》(国发〔2019〕12 号)要求突出优势特色,培育壮大乡村产业;同时,要求加快全产业链、全价值链建设,健全利益联结机制,把以农业农村资源为依托的第二和第三产业尽量留在农村,把农业产业链的增值收益、就业岗位尽量留给农民,实现乡村产业的融合发展、联农带农。2020 年印发的《全国乡村产业发展规划(2020~2025 年)》(农产发〔2020〕4 号)明确指出,乡村特色产业是乡村产业的重要组成部分,立足乡村特色产业,延伸产业链条和提升产业附加值是促进农民增收的重要渠道。2021

年"中央一号文件"进一步提出要依托乡村特色优势资源,打造农业全产业链,让农民更多分享产业增值收益。那么,到底什么是乡村特色产业?

## 一 乡村特色产业的内涵阐释

为了更好地阐释乡村特色产业的内涵,本小节拟首先阐释乡村、乡村产业和乡村特色产业三个关键词的文件解释;其次梳理既有研究中乡村特色产业的概念讨论;再次分析政府发展乡村特色产业的理论逻辑;最后界定本书研究中的乡村特色产业的内涵。

### (一)若干概念的文件解释

在此重点梳理乡村、乡村产业与乡村特色产业三组概念的文件阐释。

首先,什么是乡村?按照《国家乡村振兴战略规划(2018~2022年)》中的界定,乡村是指具有自然、社会、经济特征的地域综合体,具有生产、生活、生态、文化等多重功能,与城镇互促互进、共生共存,共同构成人类活动的主要空间。事实上,乡村亦称为农村,是与城市相对应的概念,是承担乡村功能且具有自身独特性的地域综合体(魏后凯,2023)。

其次,什么是乡村产业?按照国务院2019年发布的《关于促进乡村产业振兴的指导意见》里的解释,乡村产业根植于县域,以农业农村资源为依托,以农民为主体,以农村三产融合发展为路径,地域特色鲜明、创新创业活跃、业态类型丰富、利益联结紧密,是提升农业、繁荣农村、富裕农民的产业。从涵盖内容来看,乡村产业立足农村大地,根植农村社会,不仅包含农业,也包含乡村加工业和服务业(万俊毅,2022)。

最后,什么是乡村特色产业?政府文件里没有专门界定乡村特色产业,但有一些具体指向,比如《关于促进乡村产业振兴的指导意见》里提及产业发展要"因地制宜、突出特色"。进一步的解释是"发展优势明显、特色鲜明的乡村产业，更好彰显地域特色、承载乡村价值、体现乡土气息"。乡村哪些产业符合这个条件？在"突出优势特色，培育壮大乡村产业"部分提及"发展特色食品、制造、手工业和绿色建筑建材等乡土产业"。当然，这里的分类依然比较笼统，包含的种类也是相当的多。相对比较清晰的界定是，乡村特色产业系指依托县域内的传统种养业、丰富物种资源、美丽田园风光、独特绿水青山、独有乡土文化和多样气候类型等，以农民为主体、以市场需求为导向、以农村三产融合发展为路径所发展形成，彰显鲜明地域特色、体现浓厚乡土气息、挖掘乡村多元价值、推动城乡共同富裕的乡村产业（肖卫东，2023）。

**（二）既有研究中乡村特色产业的概念讨论**

既有研究对乡村特色产业的理解往往依据自身限定的范围，因此对它的界定较为多样化，包括桃产业（陈超和徐磊，2020）、蔬菜产业（陈航英，2022；吴曼等，2020）、陈皮产业（张德海等，2020）、苹果产业（卢青青，2021）、刺梨产业（张继焦和崔钰卿，2023）、罗汉果产业（唐煜金和唐重振，2022）、茶产业（陈云和朱莹莹，2021；王星和周重礼，2023）、蚕丝业（杨可，2021）、黄果柑产业（仝志辉等，2023）等。将各地以农村独特资源禀赋和历史文化为基础、突出区域竞争力和独特优势的产业界定为乡村优势特色产业（王艺明，2022），后者是一种具有特色、显著经济效益和强大竞争力的乡村产业体系（王伟，2019），是基于特定资源要素发展形成的产业链长、附加值高、产品辨识度高、形态丰富且能带动区域发展的产业（杨亚东等，2020）。这些研究虽然并未就乡村特色产业的具体内涵加以清晰表述，但是就所选取的案例及其分析内容可知，这些"特殊"的产业基本符合《关于促进乡村产业振兴的指导意见》里的解释，比如选取的案例当中的产业在本地发展优势明显、特色鲜明，能够彰显地域特色、承载乡村价值和体现乡土气息。

既有研究中一个比较统一的认识是：乡村特色产业必须立足地方禀赋优势，符合生产地域性、产品优质性条件且具备市场优势（孔祥智，

2003)。更为确切地说,乡村特色产业具有一般产业的规定性,通常产品品类特殊、品种出色、品质优良,与最适宜的地域环境分不开,承袭独特的种养农艺、加工技艺和地方文化,是被赋予品种、地域和文化特色的产业(万俊毅,2022)。它既包括传统的农业产业,也包括非农业产业,如乡村旅游、农产品加工、乡村文化创意等产业。

**(三) 政府发展乡村特色产业的理论逻辑**

乡村特色产业的发展有助于促进农村经济的转型升级,提高农民收入,改善农村居民生活质量,推动乡村振兴战略的实施。同时,乡村特色产业的发展也需要政府的支持和引导,以及农民的积极参与和创新精神。从乡村振兴战略的提出,到产业振兴的规划,再到各个地方政府依托各自的禀赋优势发展因地制宜的乡村特色产业,乡村特色产业是中央政府制定发展政策并由上而下贯彻实施的具体政策对象,发展乡村特色产业是为了实现乡村产业融合发展,联农带农最终实现共同富裕。从乡村特色产业与农民增收致富的内在关联中可以看到:乡村特色产业兴旺,农民务工机会增多,增加工资性收入的机会就多;特色产业带旺地方种养业,农民增加经营性收入的机会增多;特色产业带动农村资源价值提升,农民获得财产性收入的机会增加;特色产业兴旺还会带来更多项目投资机会,农民直接或间接获得的转移性收入可能增加。因此,乡村特色产业是农民增收致富的有效载体,但关键前提在于产业自身要获得高质量发展(万俊毅,2022)。

**(四) 乡村特色产业的内涵界定**

基于上述对乡村特色产业的分析,本书认为乡村特色产业必须满足两个要件。一是具有乡村特色,也就是具有本地特有属性,比如口感、色彩、形状、营养价值等特有属性。以苹果为例,全国很多地方种植苹果,苹果并非某个地方所特有的农产品,但是某个地方的具有某种特有属性的苹果是可以称为乡村特色农产品的,比如天水花牛苹果,其口感具有地方特有属性,与甘肃静宁苹果、陕西延安苹果口感存在差异。二是符合产业条件。产业是指由利益相互联系的、具有不同分工的、由各个相关行业所组成的业态总称。尽管它们的经营方式、经营形态、企业模式和流通环节有所不同,但是它们的经营对象和经营范围是围绕共同产品的,并且可以在构成业态的各个行业内部完成各自的循环。从这个角度而言,一个产业应该具有明确的共同产品和完整的产业链。

因此,本书所提及的乡村特色产业系指植根于乡村,并且围绕具有本地某种（些）特有属性的共同产品,能够形成完整产业链的产业。之所以将乡村特色产业界定得如此狭义是因为以下两点。一是排除一些主观上认为是乡村特色产业,但事实上可能没有满足某些条件而不是乡村特色产业的情况。二是方便对具体的案例进行分析,达成明确现状、找出问题和探讨出路的研究目的。

## 二 乡村特色产业的外延边界

我国乡村特色产业具有类型多样、业态丰富的显著特征。从肖卫东（2023）的研究来看,主要有以下五类乡村特色产业。一是特色种养业,包括特色粮油、杂粮杂豆、特色果蔬、食用菌、棉麻蚕桑、茶叶、道地中药材、林特花卉苗木、特色畜禽、特色水产等。二是特色食品加工业,包括豆制品、面制品、乳制品、卤制品、酱制品、果制品、腊肉腊肠和火腿等。三是特色手工业,包括纺织、印染、竹编、草编、剪纸、石刻、银饰、风筝、陶艺、木雕、木器、木工、刺绣、服饰等。四是特色文化产业,包括茶文化、酒文化、竹文化、枣文化、蚕桑文化、葡萄文化、游牧文化等农业文化产业,稻作文化、稻鱼共生文化、水田文化、旱作文化、节气文化、梯田文化等农耕文化产业和农业景观文化产业。五是新兴产业,以休闲农业与乡村旅游、农业科普教育、乡村康养、农村电商、创意农业、智慧农业、共享农业等为代表。

但囿于我国乡村地形地貌多样和资源禀赋迥异,不少纯农区和多数偏远乡村不具备发展加工业和服务业的条件,只能因地制宜地发展特色种养业,同时随着功能拓展和链条延伸,乡村特色产业并不单单指种养业，也表征为利用种养资源"接二连三"融合发展的产业（万俊毅，2022）。

本书研究依托甘肃省地方禀赋优势，在乡村特色产业的选取与界定中遵循甘肃省的顶层设计。甘肃省积极响应乡村振兴战略号召，努力谋划产业发展规划，因地制宜，把培育产业作为推动脱贫攻坚的根本出路。第十三次党代会以来，甘肃省从贫困地区农业资源比较优势出发，坚持市场导向，尊重市场规律，构建起带动脱贫攻坚作用大的"牛羊菜果薯药"六大特色优势产业体系。据统计，2022年甘肃省六大特色产业全产业链产值逾4300亿元。在甘肃省六大特色优势产业当中，"牛羊"属于养殖类产业，而"菜果薯药"属于种植类产业，两类产业不管是就产品属性还是就产业发展而言均存在较大的差异。因此，本书拟以分析"菜果薯药"种植类产业为例，选取具体的案例，开展相应的调研和分析；同时考虑到甘肃省中药产业与"菜果蔬"产业仍存在一定的差异性（详见第五章第五节内容），最终选取甘肃省"菜果蔬"三大特色优势产业作为研究对象，分析小农户如何有效融入乡村特色产业，以及乡村特色产业如何通过纵向一体化赋能小农户有效增收等问题。

## 第二节 乡村特色产业的特色之辩

在中央文件的顶层设计与具体实施规划下，地方政府通过新型农业经营主体大力发展乡村特色产业，但实地调研时农户反映在发展乡村特色产业的过程中，政府只是开了个头，并没有解决好后期产品销售等市场问题，这可能是乡村特色产业发展面临困境的重要原因。那么，这是不是意味着乡村特色产业的成长可能是政府产业政策的阶段性结果而非市场自发形成的？这里引发的值得深入讨论的问题是：乡村特色产业的特色属性到底是政府引导的特色还是市场自发的特色？进一步地，就乡村特色产业而言，特色的与市场的能否融通？政府与市场在资源配置当中的差异，及其引致的结果的差异如何兼容？

## 一　乡村特色产业的"特色"内涵

既有研究基于不同的乡村特色产业，均对乡村特色产业的"特色"给出了相应的阐释。例如，肖卫东（2023）认为对于乡村特色产业的发展，只有有"特色"才能有市场、有优势、有竞争力。从本质上看，乡村特色产业是指把乡村地域空间中的"特色资源"转化为"特色产品"，满足"特定需求"。他进一步认为乡村特色产业的"特色"是其本质的规定性和发展的本有属性，"特色鲜明"是乡村特色产业的本质特征，主要表现为以下五个方面：一是鲜明的地域特色或者地方特色；二是鲜明的自然资源与田园风光特色；三是鲜明的地质资源和物种资源特色；四是鲜明的农业气候类型与气候特色；五是鲜明的乡村文化资源与乡土文化特色。

相比较而言，本书更加认可万俊毅（2022）从经济学视域给出的"特色"界定，他认为乡村特色产业的本质属性（即"特色"内涵）可以归纳为产品相对稀缺性、投入要素专用性和社会行为嵌入性。首先，产品相对稀缺性。乡村特色产品的稀缺性有限，呈现相对稀缺性。其次，投入要素专用性。乡村特色产业投入要素的资产专用性较强，一旦产品不能获利出售，则生产者面临较大亏损。乡村特色产品经营主体面临的交易不确定性较大。最后，社会行为嵌入性。乡村特色产业根植于乡土社会中，血缘、亲缘、族缘等村庄社会因素难免嵌入其中，而嵌入的村庄社会因素必然影响特色产业生产、加工、销售活动以及再生产过程。

## 二　乡村特色产业之辩：特色的是不是市场的？

若要明晰乡村特色产业的特色内涵，需要进一步厘清如下两个问题：一是乡村特色产业的特色与市场之间的关系？二是政府的"内容特色"与小农户的"市场特色"是什么关系？

### (一) 乡村特色产业的特色与市场关系

乡村特色产业的"特色"类似于一种生产力。理论上讲，乡村特色产业与常规产业不同的地方在于前者具有更强的市场竞争力和盈利性。然而，就定西马铃薯产业与天水花牛苹果产业而言，一旦种植规模扩大，在短期收益增加的同时长期收益受损，主要表现为长期产量增加将导致市场供给过剩，价格顺势下降，小农户收益下滑进而种植积极性减弱，从而种植规模缩减，甚至出现产业转型困境，这就形成乡村特色产业的"特色性"与"市场性"之间的矛盾。基于该种认识，需要重点考虑乡村特色产业的发展如何兼顾产品特色与市场特性的问题。

一方面，乡村特色产业通常与特定的地域环境和资源密切相关，利用本地的自然条件、气候、土壤等特点，培育出独特的农产品。例如，某地的乡村特色产业可能是茶产业，因为该地的气候和土壤适合茶叶生长，而且所出产的茶叶具有独特的风味和品质。事实上，大部分乡村特色农产品是政府引导种植的，从农产品的自然禀赋来说，具备特色条件，但受地区市场容量影响，加之政府规模化引导种植，供给充足的特色农产品缺乏足够的市场需求，导致该农产品的"特色"在市场之中显得较为"普通"，这里理论上充斥着规模经济与范围经济之间的矛盾。另一方面，受土地权利、组织属性和"为农兴农"政策导向等影响，涉农企业、农民专业合作社等新型农业经营主体和农户在乡村特色产业生产、加工、销售诸多环节的分工优势不同，仅仅依靠单类型主体很难在特色产业经营上取得优势，必须在产业链上开展有效合作，如此才能获得多主体产业协作的合作剩余（万俊毅，2022）。乡村特色产业可以通过注重社区居民的参与和共享，借助涉农企业、农民专业合作社等新型农业经营主体，将农产品的生产和销售纳入社区居民的共同利益范围。例如，某地的乡村特色产业可能是农家乐旅游，可以通过农家乐的经营与管理，吸引游客到乡村体验农业生活，促进农民增收和社区发展。

## (二) 政府的"内容特色"与小农户的"市场特色"

在市场经济场域中，政府作为行动者之一，面临一定的结构性约束（符平，2018），尤其是对于发展乡村产业而言，政府主要通过制定以弥补市场失灵为目标的功能型产业政策和以培育特定产业为目标的选择型产业政策支持乡村产业发展。无论何种产业政策，都离不开政府的财政投入，然而财政投入总量的有限性导致难以实现普惠性，政府需要在"抓典型"和"项目戴帽"的政绩导向下对公共资源进行合理分配与使用以实现自身政绩最大化，即农业产业化和规模化。由此可知，政府在制定地方产业政策时可能基于"打造亮点"的逻辑突出地方产业发展的特色以获取上级政府的注意力配置。

与此同时，在政绩导向下，基层政府的产业政策往往不连续，一届政府一个"特色"产业，然而此时的特色产业可能是政绩上的"特色"，而非"市场"上的特色。原因主要有以下两个方面：一方面，如果往届基层政府主导的乡村特色产业已经形成一定的产业化和规模化，本届基层政府在有限的任期内往往难以依托原本的乡村特色产业做出预期的政绩，在时间压力和内容特色的叠加下，本届基层政府往往选择更加容易突出政绩亮点并且与前任迥然不同的新产业，并将其"特色化"；另一方面，如果往届基层政府主导的乡村特色产业发展低迷或以失利收场，本届基层政府则可以顺势另辟蹊径，不仅能从往届基层政府中吸取失败的经验，也有足够理由上马容易突出政绩亮点的特色产业。然而，即使是基层政府努力推动的乡村特色产业，也容易受到外部经济环境的冲击，依然要尊重价值规律，否则有可能导致政府的"内容特色"并不能成为小农户的"市场特色"。

除了政府的"内容特色"外，乡村特色产业发展还夹杂着小农户的"市场特色"。在以农为业、以农为生的农户中，各类资本相对丰富的农户或者创业成立公司，或者牵头组建农民专业合作社，或者以家庭农场方式比较自主地从事特色产业经营活动。他们往往就是农村能人，理论上可以成为其他农户的致富带头人。土地、劳动、技术、资金等投入要素相对有限的农户，通常会被市场化主体挟裹进入特色产业经营体系。而资源禀赋贫瘠和人力资本不足的农户则不被市场化主体所青睐，只能分散从事特色农业和粮食作物种植。优胜劣汰的市场逻辑总体上使得小农户因获得的挤出效应超过溢出效应而遭受排挤，涉农企业和农民专业合作社等市场化主体主动联结的多是资源禀赋较优或者经营能力较强的农户（万俊毅，2022）。

## 第三节 乡村特色产业的转向反思

在地方政府推进乡村特色产业发展的过程中，尽管乡村特色产业初具规模，但是它赋能小农户增收的任务依然艰巨。其中，规模效应源于本地特色资源禀赋，加之地方政府的主动配给；而小农户可能基于自身的成本收益权衡选择退出，自选发展项目。这就是乡村特色产业发展存在产品特色与市场特性往往难以兼顾的问题的具体体现，也是目前乡村特色产业发展所面临的普遍问题。因此，需要思考的问题有两个：一是以农民为主体的乡村特色产业为何出现小农户退出甚至产业发展转向的现象？二是如何反思这种现象并进而提出可行的发展路径？

### 一 乡村特色产业的发展历程：以"果薯"为例

#### （一）定西马铃薯产业的发展历程

定西是中国乃至全世界马铃薯最佳适种区之一，种植马铃薯已有200多年的历史。"定西马铃薯"不仅是"富民强县"的支柱产品，也是中国国家地理标志产品。甘肃省马铃薯种植地域较为广泛，涉及省内13个市（州）的60多个县。其中，定西作为"中国薯都"，是马铃薯的主要种植区域。从20世纪90年代提出的"洋芋工程"项目，到21世纪初的马铃薯良种工程，再到"中国薯都"战略，直到当前的"马铃薯主粮战略"，经过20多年连续有效的产业政策，定西马铃薯产业形成如今的规模（如表2-1所示）。

表2-1 定西市马铃薯种植面积及产量汇总（1978~2022年）

单位：万亩，万吨

| 年份 | 马铃薯种植面积 | 马铃薯产量 | 年份 | 马铃薯种植面积 | 马铃薯产量 |
| --- | --- | --- | --- | --- | --- |
| 1978 | 111.23 | 11.08 | 2011 | 278.02 | 54.29 |
| 1980 | 95.82 | 10.32 | 2012 | 271.30 | 53.80 |
| 1985 | 83.05 | 9.58 | 2013 | 262.37 | 53.00 |
| 1990 | 101.36 | 12.48 | 2014 | 235.48 | 51.40 |
| 1995 | 109.45 | 15.67 | 2015 | 228.95 | 48.60 |
| 2000 | 222.70 | 38.34 | 2016 | 228.46 | 47.55 |
| 2004 | 300.24 | 60.35 | 2017 | 235.15 | 50.43 |
| 2005 | 300.47 | 56.88 | 2018 | 248.30 | 56.82 |
| 2006 | 318.57 | 54.27 | 2019 | 254.37 | 62.67 |
| 2007 | 315.66 | 57.83 | 2020 | 263.33 | 67.97 |
| 2008 | 304.45 | 58.61 | 2021 | 273.23 | 68.21 |
| 2009 | 285.57 | 49.02 | 2022 | 268.50 | 68.21 |
| 2010 | 279.03 | 46.88 | | | |

数据来源：1978~2021年数据来源于《定西统计年鉴》；2022年数据来源于定西市人民政府官网。

定西种植马铃薯源自土地贫瘠。摆脱贫困离不开产业发展，从某种意义上讲，对于定西这样一个少雨干旱的地区，发展马铃薯产业可以在贫瘠的土地上开拓出一条特色产业发展之路。在20世纪80年代之前，马铃薯在定西被视为度荒充饥的口粮，俗称"救命薯"。从1996年的"洋芋工程"项目到21世纪初的马铃薯良种工程，定西马铃薯种植面积翻了近一番（从1995年的109.45万亩到2000年的222.70万亩）。近年来，甘肃省成功培育出陇薯、甘农薯、天薯、武薯、渭薯和庄薯等系列的70多个新品种，并引进了大西洋、夏伯蒂、费沃瑞它等国外优良品种，在种植面积不断增加的同时，亩产量不断提高。2016年，定西市出台《关于进一步深入推进马铃薯产业助推精准扶贫精准脱贫的实施方案》，将马铃薯产业与农民脱贫增收联系起来，定西马铃薯成了名副其实的"脱贫薯"。2022年,定西市人民政府出台《定西市"十四五"马铃薯产业发展规划》,紧紧围绕打造"中国薯都"战略定位,将马铃薯产业作为乡村振兴的重要抓手,力争到2025年马铃薯种植面积稳定在450万亩以上,标准化种植面积达到95%以上,马铃薯成为定西人民奔向共同富裕的"致富薯"。

**(二)天水苹果产业的发展历程**

甘肃省苹果产业主要分布在天水市、陇南市、庆阳市和平凉市。其中,天水市麦积区是"优质苹果生产重点县区"和"中国果品产业龙头县区"。1925年,天水开始种植苹果;1956年,"花牛"苹果在原天水县甘铺公社花牛寨大队(麦积区花牛镇花牛村)培育而成,并且成为中国在国际市场上第一个获得正式商标的苹果品种。麦积区的苹果种植主要分布在以花牛镇、马跑泉镇和甘泉镇为主的南部山区15万亩花牛苹果乡村振兴示范园和以中滩镇为主的九龙山2万亩花牛苹果标准化示范基地。这两个区域最初都是由政府免费给小农户提供苹果树苗等,这种行政方式使当地小农户由种植小麦等农作物转向以种植苹果为主,经过多年的发展和营销,逐渐形成目前的天水苹果种植规模(如表2-2所示①)和花牛品牌。

表2-2 天水市果园面积及水果产量汇总(1978~2022年)

单位:万亩,万吨

| 年份 | 果园面积 | 水果产量 | 年份 | 果园面积 | 水果产量 |
|---|---|---|---|---|---|
| 1978 | 9.71 | 1.67 | 1995 | 78.71 | 8.51 |
| 1980 | 9.92 | 1.76 | 1996 | 85.47 | 9.98 |
| 1985 | 11.16 | 1.98 | 1997 | 87.87 | 9.39 |
| 1990 | 40.56 | 3.76 | 1998 | 86.80 | 12.19 |

---

① 值得进一步说明的是,果园包括苹果园、梨园、葡萄园、杏园,水果包括苹果、梨、葡萄、杏,但是表2-2中数据依然能够反映天水苹果的发展历程,原因在于无论是在面积上还是在产量上,苹果都占据了绝对优势。以2019年为例,苹果园的面积为99.86万亩,占比90.08%;产量为121.2万吨,占比87.91%。

续表

| 年份 | 果园面积 | 水果产量 | 年份 | 果园面积 | 水果产量 |
| --- | --- | --- | --- | --- | --- |
| 1999 | 88.34 | 14.73 | 2011 | 102.02 | 62.95 |
| 2000 | 88.41 | 15.66 | 2012 | 102.36 | 69.90 |
| 2001 | 86.14 | 16.27 | 2013 | 103.25 | 75.64 |
| 2002 | 85.49 | 19.97 | 2014 | 104.51 | 83.39 |
| 2003 | 85.95 | 21.61 | 2015 | 105.08 | 91.21 |
| 2004 | 88.88 | 26.76 | 2016 | 106.11 | 111.30 |
| 2005 | 89.39 | 31.83 | 2017 | 105.50 | 121.00 |
| 2006 | 95.06 | 48.31 | 2018 | 108.14 | 126.28 |
| 2007 | 94.29 | 38.85 | 2019 | 110.86 | 137.87 |
| 2008 | 93.78 | 45.50 | 2020 | — | 153.29 |
| 2009 | 94.53 | 53.89 | 2021 | — | 173.72 |
| 2010 | 98.06 | 56.95 | 2022 | — | — |

数据来源：1978~2019年数据来源于《天水市统计年鉴（2020）》；2020~2022年数据来源于天水市人民政府官网。

**（三）"果薯"产业的共性起源：政府引导**

小农经济的市场滞后性和家庭本位的避险行为无法使小农自发调整产业，使得政府干预具有必要性（卢青青，2021），而国家权力的外在性符合家庭的利益和国家的内在需求，政府干预和支持性政策供给具有突出特点和独特优势（黄振华，2021），是诱导农村产业创新的关键。政府是推动乡村产业发展的重要主体，政府产业政策的制定与乡村产业发展进程都是一个动态的过程，政府必须在市场机制之外发挥积极而重要的协调作用，并适时改变角色，保持与市场、社会和农民的良性互动。从定西马铃薯与天水花牛苹果的产业发展历程来看，两大特色产业都是典型的政府引导的乡村特色产业。在"果薯"产业发展的各个阶段，定西市和天水市都基于市场和比较优势制定了有效的产业政策，对"果薯"产业发展产生了重大影响。

（1）克服生产瓶颈。在20世纪70~80年代，马铃薯和苹果都未形成具有典型地方特色的规模产业。随着马铃薯和苹果供应的增加，市场

## 第二章 乡村特色产业的内涵外延、特色之辩与转向反思

更加需要多样化和标准化的特色产品。对此，地方政府都积极培育并引进优良品种，诸如定西市在 21 世纪初提出马铃薯良种工程，逐步建立、健全和完善马铃薯良种繁育体系；天水市在 1994 年后陆续引进了"新红星""俄矮 2 号""首红""阿斯""超红"等优良品种，并出台了《天水市苹果无公害生产技术规程》以规范苹果种植。截至目前，定西马铃薯产业已将马铃薯加工成宽粉、营养早餐冲剂、饼干、挂面等主食产品；天水苹果产业也积极生产苹果汁、苹果醋等加工产品。这些举措不仅保证了乡村特色农产品的独特性，也提高了乡村特色农产品的附加值。

（2）建立产业组织。提高农民的组织化程度是实现农业产业化的基础，小农户以独立个体身份参与农产品生产和销售，缺乏商业技能和议价能力，加之市场竞争混乱，容易引发内生质量危机，严重影响本地产品的声誉和农户利益。为了避免无序竞争，规范市场秩序，定西市和天水市制定了相关产业政策来完善产业组织，进一步增强组织在竞争市场中的重要性。其中，天水市农业农村局成立了天水市果业产业化办公室，主要负责果品质量检测检疫、品牌开发推广、技术交流活动等工作；定西市农业农村局成立了定西市马铃薯（蔬菜）产业办公室，主要负责产业发展规划、市场体系建设的组织协调和服务等。

（3）建立特色产品市场。小农户自发形成的分散、封闭市场面临严重的信息不对称，使小农户无法根据市场信息及时调整生产策略，并且不利于质量和品牌的统一。政府建立专业市场，推动形成以专业市场为主体，多元市场共同发展的市场格局，能够使每一个市场主体在政策落实、信息获取等方面平等、合理地参与，实现商品和要素平等交换，吸引农户和贸易商进行交易。在专业市场的辐射带动之下，小农户一方面可以依托专业市场收集市场信息，缓解信息不对称问题，进一步提升议价能力；另一方面可以利用专业市场弥补知识缺口，提升商业技能，减少外部商人的垄断，使获得更多利益成为可能。作为我国首个国家级马铃薯专业批发市场，2016 年投入使用的定西市马铃薯综合交易中心

是集销售、收购、仓储、包装、贸易谈判等功能于一体的综合性配送中心。除了马铃薯综合交易中心外，周边城镇也建立了一些马铃薯交易市场区，形成以马铃薯综合交易中心为核心、周边马铃薯交易市场为支点的多元市场体系。天水苹果市场体系建立与定西马铃薯类似。显然，专业市场作为地方政府提供的公共产品之一，已成为"果薯"产业发展的重要组成部分。

（4）品牌推广和管理。在"果薯"产业发展之初，大部分农产品以低价散装形式销售，缺乏竞争力。定西市和天水市政府实施了一系列政策以打造公众品牌，提高品牌影响力。首先，积极支持家庭农场、合作社、企业等新型农业经营主体参加各类博览会和产品推介会。例如，定西市自2008年开始举办集产品展示、经贸洽谈、招商引资于一体的"中国·定西马铃薯大会"，显著提升了定西马铃薯的影响力；天水市以举办"中国农民丰收节"活动为契机，将"中国农民丰收节"和天水花牛苹果产销对接进行结合，积极搭建花牛苹果的线上线下销售平台，努力提高花牛苹果的影响力。其次，"果薯"产业均建立了地标产品保护机制。例如，2016年天水市出台花牛苹果地理标志产品保护管理办法，2012年定西市出台《"定西马铃薯"中国驰名商标及其他品牌使用管理办法》，保护了区域品牌，在一定程度上解决了搭便车、囚徒困境、柠檬市场等问题。最后，善于利用媒体扩大影响范围。2018年，天水花牛苹果入选央视"国家品牌计划——广告精准扶贫"项目，进一步提高了花牛苹果的品牌知名度和名誉度。2022年，电影《我心向上》以定西马铃薯为主题，将定西马铃薯从救民薯到脱贫薯再到致富薯的历程展示出来，提高了定西马铃薯的品牌知名度。

## 二 乡村特色产业的政府配给：引导动机与比较优势

为了进一步厘清不同产业发展为何存在政府引导的共性起源，本小节拟从政府的引导动机与政府配给的比较优势两个层面加以分析。

**（一）政府的引导动机：政绩积攒与助农增收**

在"项目化"的运作逻辑下，自上而下的项目发包与自下而上的项目申请推动地方政府将项目竞争作为一项重要工作（黄宗智等，2014），而村庄则是项目效果呈现的场域（李祖佩，2015）。事实上，囿于项目供给的非均衡性及资金的相对有限性，政府在时间和资源的约束下会在追求政绩和助农增收之间进行排序选择。在自利性驱使下，发展产业的主要目的还是政绩优先（冯猛，2015），即利用项目资金打造亮点工程（桂华，2014）。在政绩导向下，乡村特色产业的空间形态呈现"景观化"特征。首先，政府扮演了合作社和小农户的中间协调人与产业政策的制定者两个角色，同时也获得了农业产业化和规模化的绩效，即政府在乡村产业体系中既是运动员，也是裁判员。其次，合作社作为政府的代理人，在乡村产业中获得了小农户所拥有的土地承包经营权和劳动要素，并将其与自身的资产进行联合从而实现了资本积累，双方以"资本雇用劳动"的方式保持联结。此外，合作社还获得了政府的资金、政策支持，能够降低生产经营成本。最后，小农户获得了两种收益：一是资本雇用劳动的要素收益（打工工资和土地租金），即所谓的"产业发展促增收，土地流转收租金，基地打工拿工资"；二是分散种植的经营性收益。最终，政府的政绩积攒（乡村特色产业发展）与助农增收之间存在或明或暗的关系。

（二）政府配给的比较优势：区位、品牌与政策

政府配给主要有区位、品牌和政策三大优势。

就区位优势而言，地方政府配给乡村特色产业都是基于本地的禀赋优势，包括地理环境、人文历史、生态资源和交通便利等因素。充分发挥这些区位优势，可以推动乡村特色产业的蓬勃发展，促进乡村振兴战略的实施。以定西马铃薯产业为例，马铃薯产业在定西市属于"老产业"和"明星产业"，对于定西这样的少雨干旱地区，发展马铃薯产业是在贫瘠的土地上开拓出的特色产业发展之路。

就品牌优势而言，对于地方政府着重发展的特色产业，地方政府将不遗余力推动特色产业的品牌化建设，包括独特性和差异化、品质保证和可追溯性、品牌故事和文化传承等，以提升产品溢价水平和知名度。

以定西马铃薯为例，定西马铃薯是甘肃省的重要特产之一，也是国家地理标志产品，政府加强马铃薯产业的发展不仅能基于原本的品牌优势赋能产业发展，也能通过要素变迁和产业升级进一步提升"定西马铃薯"的品牌价值。

就政策优势而言，对于地方政府大力发展的特色产业，政策优势无疑是明显的。这些政策可以为乡村特色产业提供资金支持、税收减免和优惠、市场推广、人才培训等方面的支持，进一步促进乡村特色产业的发展和壮大。

### 三 小农户特色农产品种植决策：跟进还是自选？

事实上，小农户是否种植特色农产品取决于对收益与成本的衡量，如果政府推动的"特色"产业不能成为市场上的"特色"，小农户将出现选择转向行为，具体而言包括短期跟随政府种植特色农产品，长期基于成本收益衡量种植收益率更高的农产品。

#### （一）小农户特色农产品种植决策：短期跟进

从短期来看，政府为了促进乡村特色产业的发展，往往选择以财政补贴的形式鼓励小农户按照政府意图种植政府拟发展的乡村特色农产品或畜牧品。政府在此过程中多选择为小农户提供相应的乡村特色农产品种苗（或畜种），然后引导他们与合作社建立种植（或养殖）协议，即采用"小农户+公司/企业"模式，政府在中间只是发挥资源配置的作用，将小农户初期的种植（或养殖）成本转嫁给公司/企业。此种情况下，小农户投入较少，甚至零成本，同时还有望在不久的将来获得一笔收益，这比较符合小农户的决策逻辑，即以较低的成本获得较为理想的收益。一般而言，小农户会因此而选择跟进。这也是不少地方政府发展乡村特色产业初期之所以会呈现一派欣欣向荣的原因。

#### （二）小农户特色农产品种植决策：长期自选

地方政府在执行上级政策之后，选择通过合作社等新型农业经营主体规模化发展乡村特色产业，发展前期通过政策支持、财政补贴等形式将小农户与合作社捆绑在一起，实现乡村特色产业初期蓬勃发展的景象。然而，这种景象在实践过程中面临逐渐落败的风险，究其原因主要在于以下三点。一是乡村特色农（畜）产品往往是以稀有并附带某种特殊品质而为贵。在规模化发展之后，随着产量的陡增，稀有变得充裕。根据市场供求规律可知，在市场饱和之后产品价格必然下跌，小农户与合作社的收益随之下降。收益下降会导致小农户和合作社种植（或养殖）的积极性减弱，乡村特色产业的长期发展由此受到持续性发展的困扰。二是在同一片土地上连续种植（或养殖）同一种乡村特色农（畜）产品必然引致地力的下降，这会影响后期农（畜）产品的种植（或养殖）质量。三是种植（或养殖）成本，包括化肥、农药，尤其是人工成本等逐年上升。成本上升也会导致小农户和合作社种植（或养殖）的积极性减弱。

综上所述，乡村特色产业的发展不仅面临收益下降而且面临成本上升的困扰，小农户和合作社是发展乡村特色产业的主体，在收益与成本的决策逻辑下，乡村特色产业面临可持续发展问题，最终小农户退出合作社并自由选择种植（或养殖）相应农（畜）产品，同时合作社也因劳动力缺乏而面临继续发展的困境。

## 四　小农户的自选行为与乡村特色产业的发展转向

上述关于乡村特色产业发展困境的分析在实际调研样本中具有明确的现实基础，比如定西马铃薯与天水苹果两大乡村特色产业在政府引导下规模与产值均不断扩大与提高，但对于小农户而言，在乡村特色产业发展过程中一定程度上形成了"定西小农户不种马铃薯种玉米（以养殖牛羊）""天水小农户不种苹果种花椒"的奇怪现象，即小农户并未选择继续经营特色产业，而是做出了产业选择转向行为。这一现象背后的逻辑是什么？

### （一）市场局囿与小农户转向

两地小农户为何并不偏好种植政府引导的乡村特色农产品——马铃

薯和苹果？市场局囿是最为直接的原因之一，放弃种植政府引导的乡村特色农产品是两地小农户在市场供求原理约束下的理性选择。从理论上讲，考虑到马铃薯或苹果的供给者和需求者都难以决定马铃薯或苹果的价格，如果将定西马铃薯市场与天水苹果市场视为近似的完全竞争市场，那么当某一年种植规模较大，产量较高以致供给量超过当地市场需求量时，马铃薯或苹果价格应势下降，使小农户收入降低。同时，考虑到小农户大部分受短期理性的约束，这将引致下一年马铃薯或苹果种植户的种植意愿显著减弱，甚至弃种，进而转向短期种植收益较高的其他农作物（如玉米或花椒）。

从实践来看，无论是定西马铃薯还是天水苹果，当年产量都已经远远超过当地市场的需求量，按照市场供求规律，马铃薯和苹果价格势必走低。2021 年，定西马铃薯普通种植农户的收购价格为 0.3~0.4 元/斤（淀粉薯），贫困建档农户因受政府补贴政策支持其收购价格为 0.45 元/斤；天水苹果的收购价格大约只有 0.8 元/斤，且要求苹果直径达到 6 厘米及以上（按照直径的大小进行细分并售卖不同的价格）。因为价格相对较低且自家产量较小，大部分农户种植马铃薯或苹果的积极性正逐年减弱，以致出现事实上的定西小农户不种马铃薯种玉米（以供养殖牛羊）、天水小农户不种苹果种花椒的现象。

与此同时，从农民主体性视角来看，小农户基于成本与收益的比较而自选种植其他农作物具有理性特征。一方面，种植成本（主要包括人工成本、种子成本、化肥成本和农药成本）逐年上升可能是小农户脱离乡村特色产业的最重要原因，特别是人工成本，即每年农产品收获期的雇工成本逐年上升不断压缩小农户种植乡村特色农产品的利润空间。种子成本、化肥成本和农药成本也是重要因素，因为马铃薯或苹果的收购价格走低，在种植面积不变的情况下，马铃薯或苹果的收益下降，种植马铃薯或苹果的必要投入或成本相对上升。另一方面，种植收益的逐年下降，除了价格走低的影响之外，小农户种植马铃薯或苹果产量的降低也是重要原因。而产量降低的重要原因主要有两个。一个是长期在同一地块种植同一种农产品导致地力下降。另一个是种子质量的降低。例如，定西种植马铃薯的诸多小农户为了降低种植马铃薯的成本，并不购买马铃薯原种，而是直接选用自己产出的马铃薯作为种薯进行种植。

### （二）邻里效应与小农户自选

既然不种本地特色农产品，那么小农户如何选择其他种植品种？或者说定西小农户为何种植玉米（以供养殖牛羊）而非其他农作物，同时天水小农户为何选择种植花椒而非其他农作物？这可能与小农户因自身知识水平和判断能力的局限性而呈现与邻里农户行为趋同的特点相关，即小农户行为存在邻里效应，对于该效应学术界已有大量研究成果。如邻里效应对农户采纳绿色生产技术、农药施用、家庭教育支出、家庭医疗支出、农地流转等均存在显著影响（李明月等，2020；余丽丽和詹宇波，2018；傅利平和梁璐，2021；洪名勇和何玉凤，2020；孙生阳等，2021）。邻里效应的理论优势主要有两点：一是相邻地区环境相似、市场接近，模仿效果较为显著；二是规避风险，相邻地区种植或养殖某种或类农产品，而本地跟随有助于较好地学习和借鉴经验，能够有效规避种养风险并获得较高收益。

从实践来看，一方面，定西紧邻白银，白银会宁县近几年政府主推养殖牛羊，通过引良种、建基地，育龙头、促加工，抓销售、创品牌，让肉牛、肉羊产业成为带动县域经济发展、助力乡村振兴、进一步促农增收的主导产业。值得说明的是，尽管白银会宁县养殖牛羊获益颇丰，但是这可能还并不足以激励定西小农户自选养殖牛羊，主要约束在于养殖牛羊的较高成本，而事实上这可能与定西本地政府引导政策的转向及国家扶贫政策有关。农业农村部 2021 年发布了《推进肉牛肉羊生产发展五年行动方案》，定西市人民政府为此在 2022 年出台《关于支持畜牧业高质量追赶发展的若干措施》，支持更有市场价值的牛羊养殖，明确为推动畜牧业高质量追赶发展，对构建养殖产业全产业链的各环节的进行补贴。同时，国家也会为贫困户提供种牛或种羊，这种政策显著降低了小农户初始养殖成本，进一步激励定西市小农户由马铃薯种植转向牛羊养殖。

另一方面，天水紧邻陇南，陇南市政府因地制宜地大力发展花椒产业，目前武都区花椒已走过"零星栽植、地埂模式、荒山开发、规模连片"的发展历程，在全国具有"面积第一、产量第一、品质第一、农民收入占比第一"的行业地位。海拔1000~1900米的适生区域已基本实现花椒全覆盖，发展花椒100万亩，建成万亩基地8处，千亩基地108处，花椒种植覆盖全区37个乡镇（街道）、650个村。2021年，总产量6500万斤、综合产值40亿元。适生区域贫困人口花椒收入占比达到60%以上，11万贫困人口通过发展花椒产业实现稳定脱贫。成效显著的花椒产业激励了邻近天水市小农户的种植热情；与此同时，天水市积极推进优质果椒基地建设，通过扩大种植规模、培训栽植技术、提高花椒品质以及延伸产业链等措施，让花椒产业成为农民群众增收致富的优势产业。

### （三）进一步思考

在国家乡村特色产业政策的主导下，地方政府通过主动配给、引导和产业政策重点支持龙头企业与合作社扩大生产规模，而这些重点支持对象在获得政府补贴或政府支持后，却并未有效带动小农户实现有效增收，只对贫困建档农户具有收购保护价政策。小农户基于对自身成本与收益的权衡而做出理性选择，但这一结果客观上导致小农户与乡村特色产业的脱钩。事实上，定西小农户种植玉米并不代表马铃薯在定西农产品种植中重要地位的转变，而是定西马铃薯已经由合作社或涉农企业主要以基地的形式种植，并由政府协调保证市场的供给，只不过小农户已经被排斥（或主动退出）在这个路径之外。天水苹果的种植情况与此类似，政府对特色农产品的品牌推广与政策扶持的过程中，逐渐将小农户边缘化，这与国家顶层设计——构建农业全产业链，引导小农户有效连接现代农业并获得更多农产品价值增值的收益分享——是相背离的。

尽管上述研究结论略显悲观，但是或为地方政府就如何进一步发展好乡村特色产业提供了积极的启示，这一启示的核心事实上契合张维迎与林毅夫关于产业政策的讨论，即到底要不要产业政策。从甘肃省特色优势产业的发展情况来看，笔者主要有两点看法。一是产业政策是必需的。小农户没有发展乡村特色产业的禀赋优势，地方政府没有发展乡村特色产业的政绩动力，因此由上而下的产业政策能够有效推动乡村特色产业的发展，至少是起步了。二是政府和市场要厘清各自的边界和任务清单，即哪些是该政府做的，哪些是该市场做的，一定要泾渭分明。在乡村特色产业发展过程中，比较明显的问题是对于发展乡村特色产业的服务工作，政府未能有效执行应有的职能，比如对合作社等新型农业经营主体的监督、对乡村特色农产品销售渠道的打通、对合作社与小农户的利益联结没有发挥积极的监督与管控等服务作用。

## 五　市场竞争与政府引导：乡村特色产业的两种发展路径

考虑到乡村特色农产品往往是由政府引导种植的，从农产品的自然禀赋来说，它们具备一定的特色性。同时，乡村特色农产品的市场边界相对比较固定，即一定区域内农户均种植同一种特色农产品，一旦种植规模扩大产量增加，短期收益增加可能导致长期收益受损。基于该种认识，乡村特色农产品往往局囿于有限产量，以稀缺维持市场特色。但受地区市场容量影响，加之政府规模化引导种植，供给充足的特色农产品缺乏足够的市场需求，使该农产品的"特色"在市场之中显得较为"普通"。因此，在推进乡村产业振兴的背景下，对于如何兼顾乡村特色农产品的特色性与市场性，本小节提出促进乡村特色产业发展的两种路径：市场竞争路径和政府引导路径。

### （一）乡村特色产业发展：市场竞争路径

基于范围经济视角，拓展乡村特色产业市场空间，打开区域贸易通道，解除特色农产品在市场边界上的约束；基于规模经济视角，打破乡村特色农产品同质性，延长产业链，投资精深加工，解决一定区域内供过于求的市场困境。

**1. 供给侧打破产品同质性：强链、补链、延链**

从供给侧来看，定西马铃薯产业与天水苹果产业之所以出现规模扩张、产量增加，导致价格下降，进而种植规模缩减，主要是因为产品的同质性，即本地市场供给的除了马铃薯或苹果还是马铃薯或苹果，这种同质产品的供给增加必将引起产量竞争，导致价格下降。从理论上讲，当源头产品同质时，如果经过产业链的补充或延伸，将乡村特色产业做精做强，实现同质产品的精深加工，改变初级产品的同质形态，进而供给不同质的产品从而将本地同质产品市场分化成为同一产品的众多不同子市场，那么就有可能突破同质产品的市场局囿，改变马铃薯或苹果在本地市场供过于求的情况，进而缓解本地马铃薯或苹果价格走低的趋势，在一定程度上稳定小农户继续种植马铃薯或苹果的信心，避免小农户产业选择转向，这也是构建农业全产业链的意义所在。

**2. 需求侧解除本地市场约束：立足甘肃，面向全国，连接世界**

从需求侧来看，定西马铃薯产业与天水苹果产业之所以出现价格走低，小农户不愿意种植，主要原因可能是本地市场需求有限，难以消化短期的过量供给。基于此，定西马铃薯与天水苹果虽然是乡村特色产业，但因市场容量约束难以将"特色"转化为市场潜力。在实地调研中，天水苹果的销路主要是客商收购（大部分）和自己拉去外地市场批发（小部分），在与客商打交道的过程中小农户缺乏议价权；同时，自己拉去外地市场批发的单次成本也要7000~8000元不等，加之不了解市场行情，结果也不尽如人意；与天水苹果类似，定西马铃薯也主要由中间商收购或者直接售给合作社等新型农业经营主体，其间小农户也缺乏议价权。因此，定西马铃薯产业与天水苹果产业应考虑的另一个问题是如何利用自身品牌优势解除本地市场的需求约束，将马铃薯或苹果供给立足甘肃、面向全国、连接世界，构建更加开放的马铃薯或苹果销售市场。

此外，乡村特色产业的供给侧和需求侧并不是割裂存在的，供给侧的强链、补链和延链不仅能瞄准中高端市场，依靠品质和特色立足市场，满足消费者的多样化需求，也可以利用产品多元化的技术优势突破市场单一化的边界。进一步地，在实现供给端和消费端的有效对接后，能够缓解供给端和消费端的结构性矛盾,最终共同推动乡村特色产业对接市场需求,将"特色性"转化为"市场性"。

(二) 乡村特色产业发展:政府引导路径

在有效市场的基础上,发挥有为政府的协调作用,完善政府服务。上述乡村特色产业赋能小农户增收陷入双重困境在于产业发展过程中的不合意状态,因此除了市场竞争路径之外,完善政府的协调工作也是促进乡村特色产业良性发展的重要方式。当地政府应当站在小农户的立场,实事求是地坚持农民主体性原则,解决乡村特色产业发展中的现实问题。

1. 化解资本和小农户的结构性不平等,打破"有链无联结"困境

聚焦定西马铃薯和天水苹果的发展现实,小农户仅仅是原料供应者、土地要素和劳动要素的提供者,无法从农业产业链中获取增值收益。客观地讲,囿于小农户的可行能力,目前留守在农村的农民尚不具备融入现代产业所需要的人力资本(诸如技能等)、社会资本、产业运作知识与经验等必备条件,这为政府引进下乡资本提供了可行空间。然而,需要考虑的是,小农户进入加工环节和销售环节获得市场利润以分享全产业链的价值增值是目前国家乡村产业规划的顶层设计目标。对此,基层政府可从以下几个方面发力:首先,从法律层面规范小农户与新型农业经营主体的契约签订范式以约束机会主义行为,确保契约的长期性和稳定性;其次,政府需要选择"德才兼备"的产业发展带头人,解决新型农业经营主体"与民争利"的问题,避免陷入精英主导、精英俘获的"怪圈",缓解公共资源"私人化"以及权力结构和利益结构重叠等负面效应;最后,依托"三变"改革和集体领办的股份经济合作社,将合作社等新型农业经营主体的生产能力转化为带动能力。

2. 推动"果薯"产业强链、补链和延链,打破"有联结无链"困境

针对"有联结无链"的困境,政府要积极支持从事有关产业精深加工的新型农业经营主体参与市场,改变特色农产品同质化供给局面,解决同质化竞争问题。在强链、补链和延链的作用下,既保护了乡村特

色产业的独特性，也提高了乡村特色产业的附加值，从而增加了小农户增收的可能性。因此，对于定西马铃薯产业或天水苹果产业的发展，应重点考虑如何完善本地的马铃薯或苹果产业的产业链和价值链，特别是如何加强马铃薯或苹果的精深加工而非粗加工，改变马铃薯或苹果供给市场的同质性，提供更多的马铃薯或苹果精加工产品，将"内容特色"转化为"市场特色"，最终引导整个马铃薯或苹果产业的良性发展。

## 六 乡村特色产业的发展反思：动态特色视角

除了市场与政府对乡村特色产业发展的影响之外，如何看待乡村特色产业的"特色"问题？这也是一个可能关系乡村特色产业发展前途的问题。一言以蔽之，笔者的观点是"动态特色"，即既解决旧的特色农产品的可持续性发展问题，同时也开发新的特色农产品。

### （一）为何坚持乡村特色产业的动态特色？

依据产业经济学理论，每个产业都有自己的生命周期。乡村特色产业概莫能外，它是人类经济社会活动作用于自然界的产物。在漫长的演化过程中，受特定地形地貌、土壤类型、水利条件、气候特征、作业环境等影响，人类动态选择适合特定地域环境和社会环境的动植物进行种养活动，以此周而复始进行"天人合一"的社会再生产活动，反复迭代形成特色产业，推动人类繁衍和社会发展。不同时代的经济社会发展水平和政策诉求存在差异，特色产业在不同时代被赋予差异化的经济社会发展任务。"仓廪实而知礼节，衣食足而知荣辱"，特色农产品"丰衣足食"功能的有效利用是历朝历代政策的共同诉求。随着中国特色社会主义进入新时代，乡村特色产业发展的自然生态和社会生态日益向好，特色农产品的多功能利用与高价值开发空间增大，对满足人民群众美好生活需要的贡献与日俱增。这就是说，特色农业经营领域并不是静态的呈现，而是处于不断的动态重构之中（万俊毅，2022）。

### （二）如何坚持乡村特色产业的动态特色？

1. 解决旧的特色农产品的可持续性发展问题

首先，优化乡村特色产业高质量发展的顶层设计，聚焦农业多种功能、乡村多元价值挖掘特色资源，加强特色产业研发、生产、加工、销售、品牌、体验、服务等各环节规划，实现错位发展和差异竞争。其次，乡村特色产业可以与其他相关产业进行联动，形成产业链条和价值链，实现资源共享、互利共赢。可以与旅游、餐饮、文化创意等产业进行合作，打造全方位的乡村特色产业生态系统。推进特色产业发展与村庄建设、生态宜居统筹谋划和同步建设，不断丰富和发展特色农业"+人文""+体育""+旅游""+体验""+生态""+康养"等融合业态，推进产园、产村、产镇和产城融合。再次，构建国家、省、市、县、镇、村六级联动的特色产业平台体系，建强特色产业集群、产业强镇和"一村一品"等平台。最后，乡村特色产业需要进行有效的市场营销，提升产品的知名度和影响力。可以通过建立品牌形象、开展宣传推广活动、参加展会和农产品交易会等方式，拓展市场渠道，吸引更多的消费者。

2. 开发新的特色农产品

首先，创新发展。乡村特色产业需要不断进行创新，适应市场需求和消费者的变化。可以通过引进新技术、改进产品设计、开发新产品等方式，不断提升产业的竞争力和吸引力。其次，人才培育。乡村特色产业需要有专业的人才支持。可以通过开展培训、引进专业人才、建立产学研合作机制等方式，提升从业人员的专业素质和创新能力，推动产业的发展。培育一批特色产业链"链主"企业，规范提升农民专业合作社，盘活利用闲置的种养资源，减轻乡村特色产业发展的自然资源约束（万俊毅，2022）。实施乡村特色产业提升行动，扶持政策要精准聚焦品种培优、品质提升、品牌推广和标准化生产等具体难点堵点环节发力，集成应用精益生产和精深加工技术、"区块链+数字技术"、农业全产业链绿色高效技术等赋能特色产业，扩大特色产业全产业链环节的增值空间（万俊毅，2022）。最后，政策支持。政府可以出台相关政策，支持乡村特色产业的发展。可以提供财政补贴、税收优惠、土地扶持等政策支持，为乡村特色产业提供良好的发展环境和条件。

总之，要坚持乡村特色产业的动态特色，需要不断进行创新发展，与其他产业进行联动，培育人才，进行市场营销，同时也需要政府的政策支持。通过这些措施，可以使乡村特色产业保持活力和竞争力，实现可持续发展。

# 第三章　乡村特色产业赋能小农户增收的困境、机理与检验

理论上讲，乡村特色产业作为政府有机衔接小农户和现代农业发展的重要载体，具有联农带农、赋能小农户增收的直接作用。然而，在实践过程中，乡村特色产业发展出现如上一章所描述的规模化经营与小农户退出的悖论现象。那么问题是，为什么依托乡村特色产业难以实现联农带农的效果？除了乡村特色产业的"市场特色"与"政府特色"的冲突之外，还需回归乡村特色产业"联农带农"的实质上来，即落脚到发展乡村特色产业促进小农户增收这一本质问题上来。乡村特色产业联农带农必须完成两个必要步骤：第一步是培育壮大乡村特色产业；第二步是实现小农户与乡村特色产业有机联结。从目前实践成效来看，对于第一步国家通过合作社等新型农业经营主体有效实现了乡村特色产业的规模化与产业化，但第二步完成过程中新型农业经营主体并未与小农户建立互利共生的利益联结关系，甚至出现小农户与乡村特色产业脱钩的现实困境。

因此，本章主要分析合作社这一新型农业经营主体与小农户之间的利益联结关系。首先在"小农户+合作社"生产模式下，通过典型案例重点考察合作社这一新型农业经营主体赋能小农户增收的现实困境，并针对小农户与乡村特色产业的利益联结关系展开反思；其次进一步考察"小农户+合作社"生产模式下小农户增收的作用机理；最后，运用调研数据和全国大型微观调查数据实证检验"小农户+合作社"生产模式

下小农户增收的作用机理与可能限度。

## 第一节 乡村特色产业赋能小农户增收困境与反思

### 一 "小农户+合作社"生产模式下小农户增收困境：案例观察

在"小农户+合作社"生产模式下，乡村特色产业虽然具有赋能小农户增收的作用，但是这一增收作用需要完成"培育壮大乡村特色产业+构建小农户与合作社互利的利益联结关系"两个过程，这为乡村特色产业赋能小农户增收出现问题提供了可能，特别是"构建小农户与合作互利的利益联结关系"这一问题是目前小农户增收最大的现实困境，为了厘清这种可能与现实情况，本节拟选用具体案例加以分析。

#### （一）案例来源

基于对乡村产业增值收益与农民利益联结模式的考量，本节拟选取具有典型地方特色的"果薯"两大乡村特色产业案例开展研究，以期明晰乡村特色产业赋能小农户增收的困境与成因，并进一步就如何振兴乡村特色产业并赋能小农户持续健康增收展开讨论。之所以重点考察"果薯"两大乡村特色产业，而没有纳入"菜"这个特色优势产业，是因为以下两个方面。一方面，"定西马铃薯"与"花牛苹果"均是中国国家地理标志产品，也分别是定西市和天水市"富民强县"的支柱产品。从某种意义上讲，选择山地种植马铃薯或苹果不仅具有地理环境的比较优势，而且具有较种植小麦等一般农作物更大的经济价值，因此政府引导小农户种植马铃薯或苹果既能充分利用山地资源以保证山地耕种的有效性，又能促进小农户收入增长，具有一定的政策合理性。另一方面，"金张掖夏菜"的品牌影响力较前两者还存在一定的差距。尽管近年来按照"独一份、特别特、好中优、错峰头"的要求，张掖市先后出台了"支持农产品冷链物流企业发展行动计划奖补细则""金张掖夏菜出口贸易扶持办法"等扶持政策，正在努力扩大"金张掖夏菜"的供给能力，基地规模不断扩大，品牌影响力逐步显现。值得说明的是，虽然没有将张掖蔬菜产业纳入案例分析之中，但是并不代表张掖蔬菜产业发展得不好，而是因为其发展存在的问题与"果薯"具有相似性。

（二）小农户增收困境：案例逻辑

从小农户和现代农业发展衔接的视角来看，当前定西马铃薯与天水苹果两个乡村特色产业存在一个共性问题，即与小农户利益联结松散，甚至完全脱钩。该问题直接导致两个乡村特色产业的发展呈现双重困境。一是"增产不增收"。"增产"意即乡村特色产业通过地方政府主导的由合作社或涉农企业领办的基地模式实现规模化经营进而有效增产；"不增收"系指小农户因与乡村特色产业利益联结松散而不能获取更多的乡村特色产业增值收益。二是"脱贫不致富"。"脱贫"是指本地政府通过发展乡村特色产业，以及扶贫政策的加持可以有效解决部分贫困户的脱贫问题；"不致富"意即小农户并不能从乡村特色产业的发展中实现共同致富。

从产业链与价值链（如图3-1所示）的双向分析来看，小农户与乡村特色产业利益联结的双重困境在于农民主体性缺失，使得小农户与乡村特色产业脱钩。究其生成逻辑，在于以下几点。一是乡村特色产业链条尚不完备，小农户无法有效融入乡村特色产业。原因主要在于乡村特色产业链从生产环节到加工环节，再到销售环节的链式表现较为松散，整个产业链侧重在种植环节，仅有附加值较低的分散且粗放的加工环节，同时本地化加工能力较弱，而销售环节主要是马铃薯或苹果的原件，以及土豆粉和宽粉等、苹果汁和苹果醋等部分粗加工产品。小农户与马铃薯产业或苹果产业的利益联结主要在生产环节，即合作社或涉农企业通过马铃薯或苹果种植基地连接小农户：一方面流转小农户的土地并付给租金，另一方面雇用小农户在基地打工。二是乡村特色产业增值乏力，未能有效带动小农户增收。考虑到小农户仅仅在种植环节与乡村特色产业存在一定的事实连接，而在加工环节或销售环节缺乏利益联结，因此，小农户从乡村特色产业发展中的收益分享仅仅来自参与初级产品的种植而获得初级产品较低的价值收益，扣除种植成本，尚难以分享到更多的产业链增值收益，小农户增收效果较差（小农户自述产品卖不上价格从而没有钱赚）。

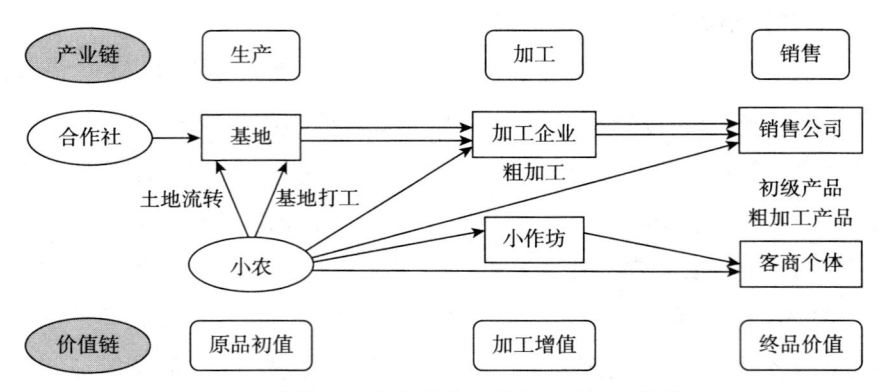

**图 3-1　马铃薯产业与苹果产业的产业链与价值链概况**

从乡村特色产业赋能小农户增收的顶层设计来看，新型农业经营主体之所以与小农户利益联结松散，甚至脱钩，主要原因在于乡村特色产业联农带农的第二阶段出现了问题。而这里的问题主要是产业增值收益分配扭曲所导致的，而产业增值收益分配之所以将小农户边缘化主要是因为小农户在乡村特色产业发展当中的主体性并未得到充分体现。

## 二　"小农户+合作社"生产模式下小农户增收困境的反思

从上述分析中不难发现，在"小农户+合作社"生产模式下之所以出现小农户增收困境，是因为小农户与合作社互利的利益联结关系构建失败。那么，到底需要满足什么样的条件才有可能促进小农户与新型农业经营主体合作？因此，本节接下来主要从小农户与合作社之间的利益着手分析小农户增收困境的深层次原因。

### （一）小农户、合作社与乡村特色产业："三角联结关系"

依据顶层设计的基本思路，小农户、合作社与乡村特色产业三者之间存在如图 3-2 所示的"三角联结关系"。第一种关系，即路线一，小农户直接发展乡村特色产业。这里前面谈到，因为受限于小农户禀赋资源的劣势，一般难以取得较好成效，导致小农户与乡村特色产业脱嵌的现实问题。第二种关系，即路线二，小农户通过与合作社签订某种契约建立某种利益关系，合作社通过规模化发展乡村特色产业，实现小农户和现代农业发展的有机衔接。但是事实上，如前面所分析的，虽然小农户经过合作社的雇佣可以实现与乡村特色产业的联结，但是这种联结不是以农民作为主体的联结，所以是一种不接地气式的联结。

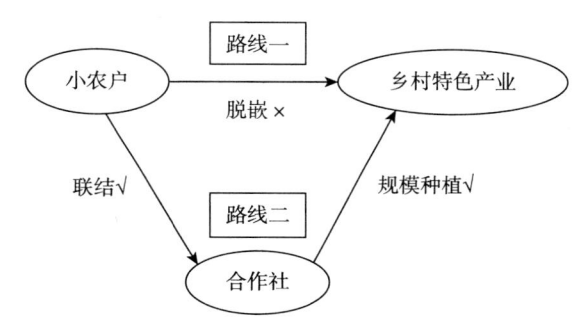

**图 3-2　小农户、合作社与乡村特色产业关系示意**

不管是上述哪一种关系，最终形成的结果都是：小农户与乡村特色产业是脱嵌的，而且小农户是主动退出的。小农户因种植性价比较低而主动退出乡村特色产业将进一步加速小农户与乡村特色产业的脱钩，但是在政府产业政策的大力支持下，乡村特色产业依靠基地模式呈现一种与小农户脱钩下的规模膨胀，这是资本雇用劳动的结果：合作社雇用小农户进入基地打工，结果是合作社获取剩余价值，而小农户只能获得打工工资和土地流转租金。该模式看似是一种双赢，但由于小农户与合作社利益联结松散，合作持续性不强，缺乏稳态的合作机制。另外，合作社或涉农企业的经营动机值得关注，在没有政府补贴支持的情况下，合作社或涉农企业能否肩负促进乡村特色产业发展的使命？在实地调研中，很多合作社是资本化的产物，完全突破了"所有者与惠顾者同一"的本质及边界。一方面，合作社是负责人牟利的招牌和手段，成立合作社要么是为了套取国家补贴，要么是为了减少与农民的交易成本，初衷并不是缓解小农户的劣势；另一方面，一些企业牵头成立合作社，以合作社的名义与小农户签订合同，而由于双方谈判力量悬殊，小农户获得有限利润的代价是承担过多的风险，小农户和企业之间只不过是被合作社包装的"组织化"关系，实质上双方是劳动雇佣关系和产品买卖关系，小农户难以分享更多产业增值收益。

**（二）"小农户+合作社"生产模式下多主体合作的反思**

合作社作为有机衔接小农户和现代农业发展的经营主体，在实现乡村特色产业赋能小农户增收的第一阶段，即实现产业规模化之后，尚未能有效解决第二阶段问题，即联农带农，赋能小农户有效增收。基于上述分析，核心问题主要表现为农民主体性未能得到充分体现。那么如何建构农民主体性？尽管既有研究对这一问题展开了相关研究，但是尚未发现具有较好实践效果的案例报道。杜晔和何雪松（2023）从个益、互益和共益的利益转变视角讨论了骨干居民的身份建构与基层"公共性"的成长。从杜晔和何雪松（2023）的研究出发可知，小农户参与合作社进而融入乡村特色产业的身份建构与社区居民参与的进程具有较大的相似性。因此，本节拟模仿他们的研究范式，尝试将关系视角和利益含义的动态理解相结合并引入身份建构的研究，提出以"利益"为进路的基于关系的身份建构框架，以期解析"小农户+合作社"生产模式下小农户增收困境的深层次原因。

对小农户参与合作社进而融入乡村特色产业过程的考察主要包括如下几个方面：参与合作社前期的以个益作为决策原则的身份独立、参与合作社中期的以互益驱动为基础的身份嵌入和参与合作社后期的以共益取向为特征的身份融入。

（1）个益在前：小农户参与合作社的身份独立。在合作社成立之初，小农户事实上是持观望态度的，是否参与合作社，甚至是否投资合作社尚不能确定，这里主要取决于个体能否获益。小农户一般采取稳健的规避风险的决策，比如不花费成本式地参与合作社，如果能够获得收益就更能增强小农户的参与积极性。因此，此时的小农户与合作社之间是一种相互独立的身份显示关系。

（2）互益驱动：小农户作为合作社参与者的身份嵌入。小农户参与合作社从双方要素互补性角度来看，具有互益驱动的特征。一方面，小农户将土地流转给合作社能够获得稳定的土地要素预期收益，同时如果选择在合作社务工就能获取劳动收益；另一方面，合作社因缺乏劳动和土地等要素而具有拉拢小农户参与的潜在激励，同时邀请小农户参与也能够解决合作社地方融入的问题。这种互益驱动趋势下，小农户与合作社因利益而发生身份转换，小农户此时不再是独立的个体角色，而是成为合作社建设与发展的参与者，同时合作社也不再是一个独立的新型农业经营主体，而是嵌入具有地方性特征的乡村特色产业发展之中。

（3）共益取向：小农户作为合作社成员的身份融入。这些参与到合作社建设当中的小农户，有些受合作社的激励政策影响，可能会选择成为合作社成员，具体负责管理部分业务，比如某些大棚的负责人。如此，小农户在合作社当中的身份得到进一步提升，成为合作社成员。此时的小农户与合作社的利益紧紧捆绑在一起，双方一损俱损、一荣俱荣，小农户与合作社成为乡村特色产业发展的利益共同体。

基于上述分析，小农户参与合作社的身份建构过程如表3-1所示。在此过程中，从个益到互益，再到共益，小农户参与合作社的身份实现从独立到嵌入，再到融入的转换。但值得关注的是："小农户+合作社"这种近乎完美的合作设计体系是如何造成小农户与合作社的貌合神离，并最终导致小农户增收乏力与合作社走向解体的悲惨结局。这里主要从小农户参与合作社进而融入乡村特色产业过程的三个阶段加以解释。首先，在第一阶段，即个益在前阶段。在这一阶段考虑到小农户与合作社尚处于磨合试探阶段，小农户与合作社利益相互独立。其次，在第二阶段，即互益驱动阶段。在这一阶段虽然双方存在要素互补关系，但是因小农户只是身份嵌入合作社，或者只是合作社建设和发展的参与者，在合作社利益分配中尚不具有议价能力，小农户只能获得确定的土地流转收益和劳动务工收益。在这种互益驱动模式下，合作社收益分配在小农户与合作社之间呈现扭曲表象，这是导致小农户增收乏力的直接原因。

最后，在第三阶段，即共益取向阶段。在这一阶段，只有极小部分小农户成为合作社成员，并获取超过土地要素和劳动要素收益之外的成员收益。也就是说，在共益取向下只是小部分精英小农户成为合作社的管理者，这也是合作社这一新型农业经营主体只能赋能小农户实现脱贫而并不能实现共同富裕的深层次原因。

表 3-1　小农户参与合作社的身份建构过程

| 合作社情景 | 与情景关系 | 行动逻辑 | 行动角色 | 身份建构 | 执行效果 |
| --- | --- | --- | --- | --- | --- |
| 合作社单向 | 相对独立 | 个人利益 | 旁观者 | 成员 | √ |
| 参与合作社 | 嵌入 | 互惠互益 | 参与者 | 经营者 | √ |
| 共建共享 | 融合 | 共同利益 | 行动者 | 管理者 | — |

综合而言，在"小农户+合作社"生产模式下乡村特色产业之所以不能赋能小农户实现有效增收，深层次原因在于小农户参与合作社的身份转换与利益转向的不兼容。小农户身份从独立到嵌入再到融入相对比较容易，而涉及合作社内部各个主体切身利益的利益转向却往往难以达成，这也可以解释为什么研究一致认为"合作社内部分利失序或扭曲"。

## 第二节　乡村特色产业赋能小农户增收的作用机理

通过上一节的案例分析可知，乡村特色产业赋能小农户增收存在现实困境，但事实上，乡村特色产业发展离不开农业产业化，而农业产业化是传统农业向现代农业转型的重要表征，能够带动小农户增收。如何实现农业产业化，进而实现小农户和现代农业发展有机衔接？一方面，小农户势力过于单薄，虽然拥有一定的土地禀赋优势，但是缺乏资本、市场信息等产业化关键资源；另一方面，农业现代化产业属于资本密集型与技术密集型产业，发展它们需要开展系统化布局。目前，国家倾斜资本和政策等资源大力推进新型农业经营主体培育行动，以扶持合作社和家庭农场为主,将其作为发展现代农业的有机载体。合作社一方面具有聚拢小农户的天然优势,另一方面具有规模化经营的禀赋优势,成为发展乡村特色产业的重要载体,"小农户+合作社"生产模式也成为乡村特色产业发展的主要形态。

## 一 农业产业化过程是提升要素联合配置效率的过程

在"小农户+合作社"生产模式下,就小农户的劳动要素而言,农业生产的季节性引致了"农忙务农、农闲务工"的生产行为,农业产业化可以将束缚在土地上的劳动要素转移到农产品加工和销售环节,促进农村劳动力就地就近就业,进一步提高劳动要素的边际产出;就土地要素而言,土地流转能通过边际产出拉平效应和交易收益效应提高土地资源的配置效率(姚洋,2000),进一步地,土地要素的合理配置为资金、劳动等生产要素的合理配置奠定了基础(史常亮等,2020),进而促进小农户增收。与此同时,农业产业化离不开农业社会化服务的发展。农业社会化服务是实现分工经济和专业化经济的前提,能够将小农户卷入分工经济,实现"服务规模经济",进而提高农业生产要素的联合配置效率(罗必良,2020)。

## 二 农业产业化过程是新型农业经营主体联农带农的过程

在"小农户+合作社"模式下,从双方所拥有的要素状态来看,小农户拥有土地承包经营权和劳动要素,但是面临信贷约束、市场约束等束缚,而新型农业主体拥有较强的信贷能力和市场势力,但是不具有土地承包经营权和劳动要素。因此,小农户与新型农业经营主体是要素互补的两类主体(邓宏图和王巍,2015),具备合作动机。双方的合作一方面可以延长产业链,推动小农户提高专业化程度,获得知识、技术等内部效益和规模经济,另一方面可以将小农户纳入农业产业链和价值链,为小农户分享农业产业增值提供机会。

总体而言,在"小农户+合作社"生产模式下,乡村特色产业主要通过以下方式赋能小农户增收。(1) 附加值提升。乡村特色产业通过加工、包装、品牌等环节,将农产品的附加值提升,使其能够以更高的价格销售。小农户可以通过参与乡村特色产业链,获得更多的利益。(2) 市场需求扩大。乡村特色产业往往以满足市场需求为导向,通过产品差异化、品牌建设等方式,吸引更多的消费者。小农户可以根据市场需求调整农产品的品种、规格等,提高产品的竞争力,增加销售额。(3) 技术支持与培训。乡村特色产业通常会提供技术支持和培训,帮助小农户提高生产技术和管理水平。通过引进先进的农业技术和管理经验,小农户可以提高农产品的产量和质量,降低生产成本,增加收入。(4) 产业链延伸。乡村特色产业往往具有完整的产业链,包括生产、加工、销售等环节。小农户可以通过参与产业链的不同环节,实现资源共享、分工合作,提高效益。例如,小农户可以将农产品卖给乡村特色产业的加工企业,获得更高的价格;或者参与农产品加工环节,增加农产品附加值。(5) 政策支持与金融服务。政府通常会出台相关政策,支持乡村特色产业的发展,包括财政补贴、税收优惠、土地政策等。同时,金融机构也会提供贷款、保险等金融服务,帮助小农户获得资金支持和风险保障,促进其参与乡村特色产业并增加收入。因此,乡村特色产业通过提升农产品的附加值、扩大市场需求、提供技术支持与培训、延伸产业链、政策支持与金融服务等方式,赋能小农户增收。这些机制的有效运行需要政府、企业和农民共同努力,形成良好的合作机制和发展环境。

## 第三节 乡村特色产业赋能小农户增收的实证检验

### 一 问题提出

我国农业经营体系内部存在"小农户与大市场""小生产与社会化大生产"两大主要矛盾,即小农户的生产方式与市场化、社会化生产要

## 第三章 乡村特色产业赋能小农户增收的困境、机理与检验

求之间的矛盾,以及土地细碎化、分散化与实现农业规模化、集约化经营要求之间的矛盾。一方面,家庭联产承包责任制改革确立了小规模家庭经营的农业生产方式,在为我国农村经济带来超常规增长的同时,也导致农村集体经济"分"得彻底与"统"得不够,丧失统一经营的规模优势,并阻碍农业生产的专业化、集约化(刘守英,2022;孙圣民和陈强,2017)。另一方面,各地政府长期以来试图通过土地流转和扶持多种新型农业经营主体推动农业规模化经营的实践并没有改变农地细碎化和"大国小农"的基本国情农情,小农户大量且长期存续是我国农业发展必须面对的基本事实(陈军亚,2019)。因此,在两大矛盾并存的局面下如何推进现代农业经营体系建设,促进小农户和现代农业发展有机衔接成为当前"三农"工作的重点课题。

促进小农户和现代农业发展有机衔接的根本任务是扶持小农户进入现代农业发展轨道,带动小农户分享更多现代农业产业增值。鉴于小农户的生产弱势、市场弱势和政策弱势,2019年中共中央办公厅、国务院办公厅印发的《关于促进小农户和现代农业发展有机衔接的意见》指出,在坚持家庭经营基础性地位的同时,促进小农户与新型农业经营主体之间开展合作与联合,夯实现代农业经营体系的根基。进一步地,2021年"中央一号文件"要求突出抓好家庭农场和合作社这两类经营主体,推进现代农业经营体系建设。合作社作为农民之间结合起来的具有非市场意义的契约型经济组织,在构建现代农业经营体系过程中,自然而然地被赋予联农带农,以及促进小农户和现代农业发展有机衔接的重要任务(叶敬忠和张明皓,2020;袁迎珍,2004)。因此,建立合作社体系、提升小农户组织化程度是促进小农户和现代农业发展有机衔接的重要途径。

然而,合作社能否真正肩负促进小农户和现代农业发展有机衔接的重要使命,尤其是在小农户增收乏力与增收模式的不可持续性、持续巩固拓展脱贫攻坚成果与实现共同富裕相互叠加的重要时期,是值得商榷的重要问题。事实上,现阶段合作社私人化和资本化现象严重,偏离合

作社本身的制度安排，产生精英控制、普通农户有限参与、利润分配不对称等问题，在这样"偏利共生"的状态下，大多数合作社的合作社元素比较脆弱甚至缺失（邓衡山等，2022），大量合作社并没有体现出弱者的联合，而是异化为下乡资本和大户剥削小户的工具，这样的合作社并不能缓解我国农业经营体系内部的两大矛盾。在此基础上，如何理性审视合作社存在的客观问题与赋能小农户增收的相对关系？即在众多真假合作社中，小农户能够在多大程度上获得合作社内部的"组织化收益"？有鉴于此，本节的研究目的在于从众多真假合作社的发展差异中厘清合作社赋能小农户增收的可能与限度，以期为推进现代农业经营体系建设与持续巩固拓展脱贫攻坚成果提供理论支撑。

## 二 文献梳理

与本节内容相关的研究文献主要包括但不限于以下两个分支。其中一支重点关注合作社是否具有增收减贫功能。小农户增收问题一直是全社会关注的热点重点问题，作为增收减贫的经营主体，合作社对小农户的带动作用聚焦在小农户的增收问题上。既有研究的基本共识是合作社具有促进小农户增收的基本功能（刘同山和苑鹏，2020；王图展，2016；王真，2016；蔡荣，2011；张晓山，2004）。在肯定合作社增收效应的同时，尚有争论的地方在于合作社增收效应的异质性。首先，一部分学者认为资源禀赋丰富的农户可以利用自身丰富的物质资本、人力资本、社会资本在合作社中获取更多的经济利益，呈现"资源禀赋好的利益主体得大利，资源禀赋差的利益主体得小利"的分利秩序，合作社难以实现"弱者的联合"，因此合作社更能促进大规模农户增加收入（周应恒和胡凌啸，2016；温涛等，2015；赵晓峰，2015）。另一部分学者则认为集体行动的交易成本过高阻碍了小规模农户进入合作社，但为实现更高水平的市场一体化创造了机会，进而显著促进了小规模农户增收（Mojo et al.，2017；Chagwiza et al.，2016）。其次，关于合作社贫困治理功能的研究也莫衷一是。一部分学者认为尽管现实中存在"假"

合作社、"空壳"合作社等问题，但是合作社仍然是产业扶贫、产业脱贫的重要载体，具有较好的贫困治理功能（刘俊文，2017），而另一部分学者则认为农户异质性使得核心成员能够获得更多的合作利益分配，合作社的益贫性受到限制，贫困治理功能容易失灵（崔宝玉和孙倚梦，2020；廖小静等，2016）。

另一支则重点关注我国到底有没有真正意义上的合作社，即真假合作社之辩。真假合作社之辩一直是学术界关注的重点，针对我国现阶段合作社数量众多景象背后充斥的各类"假"合作社、"空壳"合作社等，不少学者质疑现实中的合作社是否与理论相符？理论上看，"所有者与惠顾者同一"是合作社的本质规定和边界，但现实情况是合作剩余和政策性收益被核心成员截留（潘劲，2011），"大农吃小农""小农户被动成为社员""普通农户有限参与"等现象比较突出（全志辉和温铁军，2009）。同时，理想类型的合作社应该具有成员资质同质性、成员角色同一性、治理结构耦合性的特征（黄祖辉等，2014），但机会主义行为导致同质小农户的最佳策略并不是合作（邓宏图和王巍，2015），而私人化和资本化导致的社员异质性使得合作社难以实现激励相容，进一步偏离其本质特征，以至于我国现实中的合作社或多或少地缺失合作社元素，难以找到真正意义上的合作社（邓衡山等，2016）。对此，需要理性并审慎地看待合作社对农村经济发展的作用，不能放大合作社对小农户的带动能力（潘劲，2011）。

尽管合作社运营存在的诸多问题蚕食了其带动小农户的作用效果，但是并不妨碍既有研究对其促进小农户增收的基本共识，如果进一步考察合作社赋能小农户增收的张力，那么一个值得深入思考的问题是：合作社赋能小农户的增收效应是否存在一定的限度，即合作社能否赋能小农户摆脱绝对贫困，并进一步巩固脱贫攻坚成果防止返贫，乃至实现共同富裕。这是以往研究尚未讨论的问题，也是本节拟重点考察的问题。该问题在当前农业经济发展情境下具有深刻的现实意义和政策内涵。一方面，受真假合作社之辩影响，2021年"中央一号文件"明确指出，要推进合作社质量提升，加大对运行规范的合作社的扶持力度。如果合作社赋能小农户的增收效应是有限度的，那么对合作社的支持政策就需要及时调整。另一方面，我国已在2020年全面摆脱绝对贫困，接下来的目标就是持续巩固拓展脱贫攻坚成果、实现共同富裕。对此，合作社赋能小农户能否在实现有效增收的基础上，持续巩固拓展脱贫攻坚成果，甚至实现共同富裕？如果能，那么合作社作为政府重点支持的经营主体因具有促进小农户和现代农业发展有机衔接的重要作用而需要更多的产业政策支持；如果不能，那么为什么不能？如何优化现代农业经营体系建设？

### 三 理论基础与研究假说

#### （一）合作社赋能小农户的增收效应

我国人多地少的现实约束导致单位土地劳动投入较多而边际回报却较少，农业劳动投入增"量"不增"质"，形成了农业生产的"内卷化"，进而因资源错配导致全要素生产率损失（黄宗智，2021；Hsieh and Klenow，2009）。与此相反，农业"去内卷化"则是增强"土地-劳动"适配性的过程，其他生产要素配置也随之优化（杜鑫，2013），进而提高要素联合配置效率，促进小农户增收。

基于此，合作社作为新型农业经营的利益联结组织具有联农带农，推动小农生产"去内卷化"的基本功能。首先，基于小农户和合作社的要素互补关系，合作社能够为小农户提供就近就地就业岗位，增加小农户的务工机会，从土地中释放冗余的劳动要素，提高劳动要素的整体边际产出。其次，合作社兼具生产主体和服务主体的属性，所提供的农业社会化服务能够弥补小农户劳动质量和数量的缺陷，实现资本与劳动的相互替代，将束缚在土地上的劳动要素转移，提高家庭收入。最后，合作社的土地边际产出高于小农户，在土地边际报酬递减的规律下，合作社可以通过租入、发放股权等方式获得更多的土地经营权以提高土地生产效率。更深层次地，稳定的土地经营权不仅能够增强合作社的土地转入意愿，也能增强合作社对土地长期投资的积极性。对于小农户而言，在土地流转机制健全的前提下，土地价值进一步凸显，小农户可以通过土地要素重新配置带来的边际产出拉平效应、交易收益效应实现增收（姚洋，2000）。

基于以上分析，本节构建了一个包括小农户与合作社的理论框架，试图分析合作社如何通过优化生产要素配置赋能小农户增收。图3-3表示的是农业劳动投入与边际产出的关系，一个基本假定是农业劳动投入遵循边际产出递减规律。同时，研究假设小农户的农业劳动投入为 $L_1$；非农就业的工资水平为 $w^*$，在均衡状态下，农业劳动投入的边际产出价值等于非农就业工资水平 $w^*$，即 $A$ 点。当农业劳动投入 $L_1$ 在 $A$ 点右侧时，小农户倾向于"自我剥削"，剥削程度为 $L_1 - L$。为了实现收益最大化，小农户需要转入土地或释放冗余的农业劳动要素，此时合作社赋能小农户增收的路径主要是为小农户提供更多的就近就地就业机会，或通过"反租倒包"实现土地要素的反向流转。当农业劳动投入 $L_1$ 在 $A$ 点左侧时，为了实现收益最大化，小农户需要雇用数量为 $L - L_1$ 的劳动要素进行生产或者转出部分土地。此时合作社赋能小农户的增收路径主要是为小农户提供有偿的社会化服务，以弥补劳动数量和质量的缺陷，或流转小农户的土地并交付租金。两条路径均能增强小农户"土地-劳动"的适配性，此时小农户的选择约束在于收益和成本的比较。综上，提出研究假说：

假说3-1：合作社通过增强"土地-劳动"的适配性赋能小农户增收。

**（二）合作社赋能小农户增收的限度：摆脱贫困与共同富裕**

识别合作社赋能小农户增收存在限度的关键是：小农户与合作社的分利秩序失衡引致小农户增收乏力与增收模式的不可持续性。作为小农户之间达成的社会契约，合作社不能脱离成员民主控制、资本报酬有限

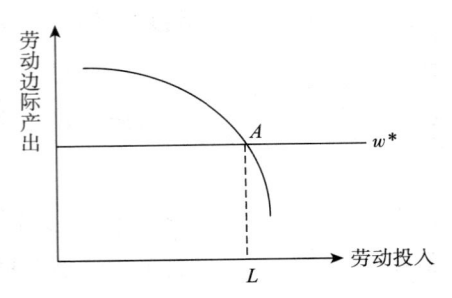

图 3-3　农业劳动投入与边际产出

和按惠顾分配盈余的基本原则，具有诸如机会成本内在化、信息共享等工具性价值（LeVay，1983）。然而，合作社面临如何将决策权分配给代理人及如何监督和激励代理人两大难题（Bandiera et al.，2021），尤其是在我国农户分化的背景下，合作社内部形成"核心—外围"的产权结构导致出现了"双重"委托代理关系（马彦丽和孟彩英，2008）。其中，第一层委托代理关系存在于全体社员与合作社管理者之间，第二层委托代理关系存在于普通社员和核心社员之间。

在第一层委托代理关系中，合作社基于自身的"信息优势"能获得更多的"组织增值收益"，产生"寻租"效应。同时，小农户与合作社的禀赋差异决定双方不存在相同的效用函数，进一步加深了委托代理问题。在第二层委托代理关系中，合作社具有明显的"内部人控制"特征，普通社员大多是名义社员或被动参与者（廖小静等，2016），容易发生大农对小农的利益侵占行为，即所谓的"大农吃小农"，合作社逐渐偏离"所有者与惠顾者同一"的本质规定，形成"资源禀赋好的利益主体得大利，资源禀赋差的利益主体得小利"的分利秩序，小农户难以获得政策性收益和合作收益。

与此同时，一个具有足够凝聚力，不会因利益冲突而崩溃的合作社需要解决两个问题：其一，如何使合作社成员就某些目标达成一致；其二，如何分配利益和成本以保持成员的积极性。然而，以小农户为主体、为小农户服务的合作社容易陷入集体行动的困境，难以实现"弱者的联合"，"合作"不一定是理性农户的最优策略（邓宏图和王巍，

2015；Sexton，1986）。基于此，在政策导向和市场选择的共同作用下便产生了"资本雇用劳动"型的"异化"合作社（仝志辉和温铁军，2009）。在此情形之下，合作社本质上是投资者所有的企业，必然要实现剩余索取权与剩余控制权的对称分布，对生产绩效边际贡献较大的一方应获得更多的剩余索取权和剩余控制权（Grossman and Hart，1986）。此时合作社与小农户的关系是管理与被管理、控制与被控制关系，合作社利用自身资源优势获取超过其边际贡献的"位势租"（邓宏图和王巍，2015），而基于双方的要素互补关系，小农户只能获得土地租金和打工收入，双方利益分配不均。

综合上述分析，合作社存在的意义在于通过在农业生产和服务领域的集体协作发挥"1+1>2"的作用，以期实现对小农户的带动作用，而非取代小农户。然而，在实践中，合作社在要素市场、农产品销售市场比小农户更有影响力，所获得的政策红利也远远超过小农户。从这一背景出发，一些合作社可能会借助其资源禀赋优势获取更多的利益，产生"精英俘获"等现象，导致合作的不稳定性和不可持续性，进一步挤压小农生存空间和发展空间，甚至将小农排挤出农业领域（赵晓峰和赵祥云，2018）。由此，提出假说：

假说3-2：合作社因其分利秩序失衡只能赋能小农户摆脱贫困但尚难以实现共同富裕。

## 四 数据来源、变量界定与模型选择

### （一）数据来源

实证数据主要采用的是自调数据，但考虑到调研数据样本的有限性，为了保证研究问题在检验结果上的可靠性，在开展稳健性检验时采用了"中国乡村振兴综合调查"（CRRS）数据。

CRRS 2020数据提供了小农户家庭纯收入及是否加入合作社等关键

指标，能够较好地识别合作社能否赋能小农户增收及增收限度。为保证研究数据的可靠性，对 CRRS 2020 初始数据进行如下处理：(1) 剔除家庭纯收入小于 0 的样本；(2) 删除关键变量存在缺失值的样本；(3) 为减轻异常值对实证结果的影响，对村固定资产、家庭劳动时间、家庭纯收入等容易产生异常值的变量进行 1% 的双侧缩尾处理，并将其对数化。处理后共计得到 3598 户农村住户样本，其中，加入合作社的有 852 户，占比 23.68%。

### (二) 变量界定

**1. 被解释变量：家庭年收入**

家庭年收入除了能够反映小农户的实际收入水平及其改善生活、发展生产的能力外，也能反映小农户的贫困程度及致富能力，较好契合本节的研究问题。考虑到合作社主要影响小农户家庭年纯收入中的务农经营性收入、在合作社务工等的工资性收入和土地流转、股金分红等的财产性收入（张晋华等，2012；杜吟棠，2005），本节将小农户的农业经营性收入、非农经营性收入、土地转出/转包收入、外出打工收入和本地零工收入之和作为家庭年收入的代理指标。同时，为了更有显示度地展现回归结果，采用取对数的方式对其进行平滑处理。

**2. 核心解释变量：是否加入合作社**

合作社是小农户为维护自身利益，在互惠平等基础上自愿组建的具有经济和社会合理性的契约型经济组织。因此，加入合作社是小农户与现代农业发展有机衔接的重要途径。然而，现阶段合作社"异化"和"空壳化"现象严重，难以直接界定小农户与合作社的关系，为了考察合作社赋能小农户增收的可能与限度，如果小农户与合作社存在诸如将土地流转给合作社、在合作社务工以及将农产品出售给合作社等行为，则将该小农户界定为"加入合作社"，否则就是"未加入合作社"。其中，"未加入合作社"赋值为 0，"加入合作社"赋值为 1。

**3. 控制变量**

遵循以往研究规范，本节主要控制了如下三类重要变量：第一类是户主(被访者)层面特征,包括性别、受教育程度、政治面貌、婚姻状况等;第二类是家庭层面特征,包括土地禀赋、家庭人口数等;第三类是村庄层面特征,包括村庄规模、村内或附近有无加工企业等。

变量说明及描述性统计结果如表3-2所示。

表3-2 变量说明及描述性统计结果

| 变量分类 | 变量名称 | 变量含义及赋值 | 均值 | 标准差 |
|---|---|---|---|---|
| 被解释变量 | 家庭年收入 | 家庭年收入(元) | 105514.20 | 149306.9 |
| 核心解释变量 | 是否加入合作社 | 0=否,1=是 | 0.393 | 0.489 |
| 控制变量:户主特征 | 性别 | 0=女,1=男 | 0.704 | 0.456 |
| | 年龄 | 年龄(岁) | 56.59 | 10.54 |
| | 受教育程度 | 1=小学及以下,3=初中,4=高中,5=大学及以上 | 1.545 | 0.716 |
| | 婚姻状况 | 0=未婚,1=已婚 | 0.969 | 0.171 |
| | 政治面貌 | 0=非党员,1=党员 | 0.063 | 0.243 |
| | 是否健康 | 0=否,1=是 | 0.963 | 0.188 |
| 控制变量:家庭特征 | 家庭人口数 | 家庭人口数量(人) | 5.288 | 1.783 |
| | 农机服务费支出 | 家庭农机服务费支出(元) | 744.43 | 2597.455 |
| | 家庭生产性资产价值 | 家庭生产性资产价值(元) | 15150.45 | 20589.12 |
| | 土地禀赋 | 经营土地面积(亩) | 16.146 | 28.932 |
| 控制变量:村庄特征 | 村庄与农贸市场的距离 | 村庄与农贸市场的距离(里) | 19.689 | 13.867 |
| | 村庄规模 | 村庄有多少户家庭(户) | 163.228 | 161.220 |
| | 村庄与县城的距离 | 村庄与县城的距离(公里) | 26.304 | 13.951 |
| | 村内或附近有无加工企业 | 0=无,1=有 | 0.11 | 0.313 |

**(三)模型选择**

1. 内生转换模型识别合作社赋能小农户的增收效应

小农户是否加入合作社受到外部环境及自身异质性的影响,为缓解自选择偏差问题,本节拟采用内生转换模型检验合作社赋能小农户的增收效应。

构建内生转换模型至少需要找到一个外生变量作为是否加入合作社的工具变量,由此,本节拟选取邻里效应作为是否加入合作社的工具变量。原因在于,个体的某一特征与相同区域内其他个体的这一特征密切相关。农村是典型的熟人社会,其中的个体行为容易受到邻里的影响,在信息不对称的情况下,农户之间通常存在相互模仿行为,即是否加入合作社可能与小农户因自身知识水平和判断能力的局限性而呈现与邻里农户行为趋同的特点相关,这说明该工具变量满足相关性要求。此外,邻里效应主要通过社会机制获得先验信息以分散风险和降低信息搜寻成本,进而作用于小农户的选择或决策行为,不直接作用于小农户收入,说明该工具变量满足外生性要求。鉴于此,本节选取"本村内专业合作社覆盖户数的比例"表征邻里效应并作为是否加入合作社的工具变量。

构建内生转换模型分为三个阶段。

第一阶段:建立 Probit 或 Logit 模型估计小农户加入合作社的选择方程,验证合作行为发生的影响因素。模型如下:

$$P(if\_in_i = 1 | D_i) = \frac{\exp(\alpha D_i + \mu_i)}{1 + \exp(\alpha D_i + \mu_i)} \quad (3-1)$$

其中,$if\_in_i$ 表示是否加入合作社;$D_i$ 表示一系列影响小农户选择加入合作社的外生控制变量,$\mu_i$ 为随机干扰项。

第二阶段:建立结果估计方程,即估计合作社赋能小农户的增收效应。加入合作社的小农户的增收效应方程为:

$$\ln income_{i1} = \beta_1 X_{i1} + \varepsilon_{i1} \quad (3-2)$$

未加入合作社的小农户的增收效应方程为:

$$\ln income_{i0} = \beta_0 X_{i0} + \varepsilon_{i0} \quad (3-3)$$

其中,$\ln income_{i1}$、$\ln income_{i0}$ 分别表示加入和未加入合作社小农户家庭年收入的对数;$X_{i1}$、$X_{i0}$ 表示一组影响小农户收入的外生控制变量;$\varepsilon_{i1}$、$\varepsilon_{i0}$ 为随机干扰项。

第三阶段：评估合作社赋能小农户增收的处理效应。为估计加入合作社对小农户增收的总体影响，需要将真实情景与反事实情景下小农户加入和未加入合作社的收入期望值进行比较，以评估合作社赋能小农户增收的处理效应，这也是识别合作社赋能小农户增收的关键估计量。

处理组平均处理效应（ATT）即加入合作社的小农户增收的平均处理效应为：

$$ATT = E[lnincome_{i1} | if\_in_i = 1] - E[lnincome_{i0} | if\_in_i = 1] \quad (3-4)$$

控制组平均处理效应（ATU）即未加入合作社的小农户增收的平均处理效应为：

$$ATU = E[lnincome_{i1} | if\_in_i = 0] - E[lnincome_{i0} | if\_in_i = 0] \quad (3-5)$$

平均处理效应（ATE）即加入合作社与未加入合作社的小农户期望收入差为：

$$ATE = E[lnincome_{i1}] - E[lnincome_{i0}] \quad (3-6)$$

综上所述，本节拟用 ATT、ATU 和 ATE 三个估计量考察合作社赋能小农户的增收效应。

**2. 交互项系数检验考察合作社赋能小农户增收限度：摆脱贫困与共同富裕**

基于摆脱贫困和共同富裕两个维度考察合作社赋能小农户增收限度的关键是基于收入分层对小农户进行分组并比较核心解释变量的组间系数差异。检验组间系数差异的方法主要有似不相关检验、费舍尔组合检验和交互项系数检验。考虑到似不相关检验和费舍尔组合检验需要对样本进行分组，而本节的研究仅有 300 个观测值，分组后会造成自由度损失，因此采用交互项系数检验方法检验组间系数差异。

第一，如何检验合作社赋能小农户的摆脱贫困效应？如果合作社基于农户间的异质性导致非贫困户的增收效应更大，则说明合作社的益贫性受到限制（廖小静等，2016）。因此，贫困户与非贫困户的增收效应是否存在显著差异是评价合作社是否具有摆脱贫困效应的重要体现。

对此，根据被调查对象对调查问卷中"您家是不是建档立卡贫困户？"的回答将小农户划分为贫困户和非贫困户，并采用以下实证策略对合作社赋能小农户的摆脱贫困效应进行考察：（1）如果非贫困户从合作社中获益更多，则说明合作社的摆脱贫困效应受到限制；（2）如果贫困户从合作社中受益更多或者其增收效应无差异于非贫困户，则说明合作社具有较好的摆脱贫困效应。

具体模型如下：

$$\ln income_i = \beta_0 + \beta_1 if\_in_i + \beta_2 poverty_i + \beta_3 if\_in_i \times poverty_i + otherfactors_i + \mu_i \quad (3-7)$$

其中，$\beta_0$ 表示常数项，$poverty_i$ 表示是否贫困户（0=否，1=是），$otherfactors_i$ 为其他变量。根据上文分析，如果合作社具备益贫性，则贫困户从合作社中受益更多或者其增收效应无差异于非贫困户，即 $\beta_3 \geq 0$。如果 $\beta_3 < 0$，则说明合作社不具备益贫性。

第二，如何检验合作社赋能小农户的共同富裕效应？消除相对贫困与实现共同富裕具有统一性，走向共同富裕要求构建消除相对贫困的长效机制（樊增增和邹薇，2021），其社会内涵是中等收入阶层在数量上占主体，进而形成橄榄形的收入结构（刘培林等，2021），这意味着共同富裕是一种合理的、有差别的、相对的富裕（李实，2021）。对此，本节参考樊增增和邹薇（2021）的相关做法，使用家庭人均纯收入均值的50%（11071元）作为强相对贫困标准将样本农户分为两类。（1）Ⅰ类农户：家庭人均纯收入在强相对贫困标准以下具有一定贫困脆弱性的农户。该类农户具有在资源占有份额上的劣势和分享经济增量的能力缺陷。（2）Ⅱ类农户：家庭人均纯收入高于强相对贫困标准的农户。该类农户具有较强的利益累积能力和分享能力。

因此，本节拟对上述两类样本进行实证检验，以识别合作社对不同类型农户的增收效应及其可能限度。具体模型如下：

$$\ln income_i = \alpha_0 + \alpha_1 if\_in_i + \alpha_2 type_i + \alpha_3 if\_in_i \times type_i + otherfactors_i + \mu_i \quad (3-8)$$

其中，$\alpha_0$ 表示常数项，$type_i$ 表示是否Ⅰ类农户（0=否，1=是）。

共同富裕需要满足三个条件（林万龙和纪晓凯，2022）：（1）不发生规模性返贫；（2）实现合理的、有差别的总体富裕；（3）促进低收入小农户收入更快增长。据此，识别合作社赋能小农户能否实现小农户共同富裕的实证策略如下。首先，三个条件同时要求合作社必须能显著促进两类小农户增收，即 $\beta_1$、$\alpha_1$ 均显著为正。如果估计的 $\beta_1$ 不符合理论预期，$\alpha_1$ 显著为正，则说明合作社的增收效应不具有包容性，农村内部收入差距会越来越大，不利于共同富裕的推进；如果 $\beta_1$ 符合理论预期，$\alpha_1$ 不显著为正，则说明合作社只能促进Ⅰ类农户增收，当Ⅰ类农户的收入跃升到Ⅱ类农户的水平时，合作社便失去了接续促进Ⅱ类农户增收的功能，此时合作社难以推动共同富裕的实现。其次，如果模型估计的 $\beta_1$ 和 $\alpha_1$ 均显著为正，则需要采取似不相关估计检验二者是否存在显著差异。条件（1）和条件（2）要求 $\beta_1$ 要显著大于或等于 $\alpha_1$，以说明合作社具有接续赋能Ⅰ类小农户增收的作用，能够持续巩固脱贫攻坚成果，对形成橄榄形的收入分配起促进作用，反之则说明合作社在一定程度上偏向Ⅱ类农户，进而扩大小农户收入差距，并不利于实现共同富裕。

## 五 实证结果分析与讨论

### （一）基准回归结果

1. 合作社赋能小农户的增收效应

内生转换模型估计的处理组平均处理效应（ATT）表明（如表3-3所示）：在考虑反事实情况下，当加入合作社的小农户选择不加入合作社时，其家庭年收入对数值下降0.302。控制组平均处理效应（ATU）表明：当未加入合作社的小农户选择加入合作社时，其家庭年收入对数值上升0.291。全样本的平均处理效应（ATE）表明：相较于未加入合作社的小农户，加入合作社能使小农户家庭年收入对数值上升0.296。与此同时，为了进一步验证该结果，此处拟采取OLS和倾向得分匹配（PSM）进一步估计合作社赋能小农户的增收效应，以期检验基准回归结果的稳健性。OLS和倾向得分匹配估计结果表明：加入合作社对小农户家庭年收入具有显著正向影响，与内生转换模型估计结果相一致，这说明基准回归结果具有稳健性，即合作社能够赋能小农户显著增收。

表 3-3 合作社赋能小农户的增收效应

| 样本情况 | 内生转换模型 | | | OLS | 倾向得分匹配 |
| --- | --- | --- | --- | --- | --- |
| | 不同决策的收入结果 | | 平均处理效应 | | |
| | 加入 | 不加入 | | | |
| 加入合作社 | 11.108 | 10.806 | [ATT] 0.302** (0.178) | — | [ATT] 0.734* (0.541) |
| 不加入合作社 | 10.868 | 10.577 | [ATU] 0.291*** (0.111) | — | [ATU] 0.558 (—) |
| 全样本 | 10.962 | 10.666 | [ATE] 0.296*** (0.095) | 0.619** (0.280) | [ATE] 0.013 (—) |

注：*、**、***分别表示10%、5%和1%的显著性水平；[ ]内表示估计量，( )内表示标准误；限于篇幅，只汇报核心解释变量的回归结果；本节余表同。

综上所述，合作社能够显著促进小农户增收。事实上，尽管农业经营体系建立过程中充斥着各类"假"合作社、"空壳"合作社，但是从总体而言，合作社依然是促进小农户增收的重要载体。最直接的原因在于合作社与小农户存在要素互补关系，双方或多或少地要以某种利益联结方式形成"合作"状态。一般而言，合作社因为不拥有土地的承包经营权和进行农业生产的劳动力，需要通过"租地+雇工"的方式与小农户保持联系；从小农户角度而言，基于理性选择，一般不会放弃合作社提供的就地就近就业机会，由此提高了家庭劳动要素的整体边际产出。

2. 合作社赋能小农户增收的限度

（1）合作社赋能小农户的摆脱贫困效应。本部分检验合作社赋能贫困户与非贫困户的增收差异，以期评估合作社的摆脱贫困效应。回归结果表明（如表3-4所示）：加入合作社对贫困户和非贫困户的家庭年收入均具有显著的促进作用。交互项系数的估计结果表明合作社对贫困户和非贫困户的增收效应的组间系数差异并不显著，这意味着合作社具有显著的益贫作用。针对合作社赋能贫困户和非贫困户的增收效应无差异这一特点，本节认为可能原因在于国家贫困瞄准精度的不断提高和合作社的产业扶贫载体功能不断强化。尽管贫困户受限于自身人力资本和社会资本难以获得合作社内部的"组织化"收益，但合作社作为国家产业扶贫的重要主体，能够帮助贫困户能够获得"政策扶持"的红利，获得就地就近就业的机会，对贫困户脱贫发挥重要作用，而且只要合作社正常运营，这一作用就具有一定的持续性。

表 3-4  合作社赋能小农户的摆脱贫困效应和共同富裕效应

| 变量 | 摆脱贫困效应 | 共同富裕效应 |
| --- | --- | --- |
| 是否加入合作社 | 0.630** <br> (0.308) | 0.252 <br> (0.203) |
| 交互项 | 0.124 <br> (0.496) | 1.116*** <br> (0.370) |
| 控制变量 | 是 | 是 |

（2）合作社赋能小农户的共同富裕效应。本部分检验合作社能否赋能小农户实现共同富裕。检验结果表明（如表 3-4 所示）：加入合作社对Ⅰ类农户的家庭年收入具有显著的促进作用，但对Ⅱ类农户家庭年收入没有显著影响。其经济学含义是合作社具有返贫阻断功能，尽管Ⅰ类农户存在返贫风险，但是依然可以通过合作社带动其巩固脱贫攻坚成果；而对于Ⅱ类农户来讲，合作社并不能接续促进其增收，进而难以实现共同富裕。从现实来看，大部分合作社是私人领办或企业领办的，利益联结模式主要是"租地+雇工"，对于缺乏人力资本和物质资本的Ⅰ类农户，他们很难脱离土地寻找适合的非农就业，而合作社的"租地+雇工"模式赋予他们的土地租金和劳动要素收益相较于仅从土地上获益更有利。对于Ⅱ类农户来讲，他们可以依靠自身丰富的人力资本和物质资本获取比"租地+雇工"模式下更多的收益，因而合作社对其家庭年收入影响不大。需要说明的是，小农户所期待的是契合"所有者与惠顾者同一"规定的"劳动雇用资本"型合作社，这类合作社对于小农户获取"组织化收益"以及缓解"小农户与大市场""小生产与社会化大

生产"两大矛盾有重要作用,进而能够促进Ⅰ类、Ⅱ类小农户持续健康增收,实现农民农村共同富裕。

上述分析表明,合作社具有赋能小农户增收的显著效应,而且这种增收效应对贫困户和非贫困户具有相同的效果,这意味着合作社具有较好的摆脱贫困效应,但同时这种增收作用也存在一定的限度,即合作社只能促进Ⅰ类小农户增收,当Ⅰ类小农户收入跃升到Ⅱ类农户的水平时,合作社便难以产生增收效应。概言之,合作社具有赋能小农户增收,进而实现脱贫并防止返贫的有效作用,但尚不足以促进小农户实现共同富裕。

**(二) 稳健性检验**

为进一步验证回归结果的稳健性,本节拟将样本数据替换为"中国乡村振兴综合调查"(CRRS)数据开展检验。

1. *合作社赋能小农户增收效应的稳健性检验*

对于增收效应,本节也拟进一步采取 OLS 和倾向得分匹配(PSM)估计方法,以期检验基准回归结果的稳健性。CRRS 数据的估计结果表明(如表 3-5 所示):在考虑反事实的情况下,当加入合作社的小农户选择不加入合作社时,其家庭年收入对数值下降 0.346;就全样本而言,相较于未加入合作社的小农户,加入合作社能使其家庭年收入对数值上升 0.098。与此同时,OLS 和倾向得分匹配方法显示了与内生转换模型一致的回归结果:合作社能够赋能小农户增收。

表 3-5　稳健性检验:合作社赋能小农户的增收效应

| 样本情况 | 内生转换模型 | | | OLS | 倾向得分匹配 |
|---|---|---|---|---|---|
| | 不同决策的收入结果 | | 平均处理效应 | | |
| | 加入 | 不加入 | | | |
| 加入合作社 | 10.239 | 9.893 | [ATT] 0.346 ***<br>(0.030) | — | [ATT] 0.415 ***<br>(0.158) |
| 不加入合作社 | 9.870 | 9.849 | [ATU] 0.021<br>(0.017) | — | [ATU] 0.308<br>(—) |
| 全样本 | 9.958 | 9.860 | [ATE] 0.098 ***<br>(0.015) | 0.275 ***<br>(0.096) | [ATE] 0.832<br>(—) |

## 2. 合作社赋能小农户增收限度的稳健性检验

（1）合作社赋能小农户摆脱贫困效应的稳健性检验。鉴于 CRRS 数据样本量较大，在此同时采用似不相关检验、费舍尔组合检验和交互项系数检验三种方式检验组间系数差异。检验结果表明：加入合作社对贫困户和非贫困户的家庭年收入均具有显著的促进作用。似不相关估计检验结果（如表 3-6 中 SUR 检验）表明，合作社赋能对贫困户和非贫困户的增收效应的组间系数差异并不显著（P = 0.539），这意味着合作社具有显著的益贫作用。与此同时，费舍尔组合检验的结果是不拒绝原假设（经验 P 值等于 0.326），即合作社赋能对贫困户和非贫困户的增收系数差异不显著，与交互项系数检验结果相一致。这说明合作社具有显著的摆脱贫困效应，且这一效应具有稳健性。

表 3-6 稳健性检验：合作社赋能小农户的摆脱贫困效应和共同富裕效应

| 变量 | 摆脱贫困效应 | | | 共同富裕效应 | |
| --- | --- | --- | --- | --- | --- |
| | （1）贫困户样本 | （2）非贫困户样本 | （3）全样本 | （4）Ⅰ类农户样本 | （5）Ⅱ类农户样本 |
| 是否加入合作社 | 0.383**<br>(0.184) | 0.269**<br>(0.111) | 0.279**<br>(0.109) | 0.358**<br>(0.157) | 0.069<br>(0.112) |
| SUR 检验 | P = 0.539 | | | | |
| 经验 P 值 | 0.326 | | | | |
| 交互项 | | | 0.039<br>(0.178) | | |
| 控制变量 | 是 | 是 | 是 | 是 | 是 |
| 样本量 | 510 | 3088 | 3598 | 1422 | 2176 |

（2）合作社赋能小农户共同富裕效应的稳健性检验。为了进一步检验合作社赋能小农户共同富裕效应的稳健性，此处采用 CRRS 2020 数据以家庭人均纯收入均值的 50%（9969.50 元）为标准对小农户进行分类。其中，家庭人均纯收入低于 9960.50 元划分为Ⅰ类农户，高于 9960.50 元的划分为Ⅱ类农户。检验结果表明，合作社依然只能促进Ⅰ类农户增收，对Ⅱ类农户的增收效应不显著，与基准回归结果一致，说

明合作社只能赋能小农户有限增收，而难以实现共同富裕。

### （三）机制检验

虽然理论分析部分论证了合作社如何通过增强"土地-劳动"的适配性实现小农户增收，但是基准回归结果只是证实了合作社赋能小农户的增收效应及其限度，并未验证其作用机制。对此，在理论分析的基础上，拟进一步探讨小农户如何通过"土地-劳动"的优化配置实现增收，以期深入理解合作社赋能小农户增收的内在机制。

#### 1. 土地流转路径检验

土地流转能够带来边际产出拉平效应、交易收益效应和间接效应，意味着如果小农户将土地流转给合作社不仅能够获得土地要素收益，也能提高土地与劳动的联合配置效率。尽管有研究表明因为乡土社会存在人情交换的理性行为，农村土地流转市场存在长期性和隐蔽性的"零租金"现象（陈奕山等，2017），而该情形下土地转出户并不能获得土地要素收益，但是事实上小农户与合作社之间更多地以实物租或货币租形式流转土地，就这一情形来讲，小农户将土地流转给合作社能够获得相对更高更稳定的土地要素收益。对于自调数据和 CRRS 2020 数据而言，本节利用小农户是否签订土地流转合同作为土地流转的代理指标。土地流转路径检验结果（如表 3-7 所示）表明：加入合作社能够显著增加小农户的土地流转概率，进而通过土地流转获得土地租金，实现"土地-劳动"的配置优化，带动小农户增收。

表 3-7 机制检验结果

| 变量 | 土地流转 | | 劳动时间再配置 | |
| --- | --- | --- | --- | --- |
| | 自调数据 | CRRS 数据 | 自调数据 | CRRS 数据 |
| 是否加入合作社 | 0.143*** <br> (0.049) | 0.351*** <br> (0.091) | 0.325*** <br> (0.911) | 0.018* <br> (0.010) |
| 控制变量 | 是 | 是 | 是 | 是 |

#### 2. 劳动时间再配置路径检验

一般而言，市场经济活动程度比较低的农村社会难以提供充分的就近就地就业机会，小农户无法根据自身的比较优势在农业生产和非农生产中合理分配劳动要素，以至于农忙时劳动要素的边际产出较高，而农闲时劳动要素的边际产出较低甚至为零，从而拉低劳动要素的整体边际产出，制约劳动要素的均衡使用。合作社可以从两个方面优化小农户的劳动时间配置，进而提高家庭收入。第一，为小农户提供农业社会化服务，实现资本和劳动的要素替代，将一部分束缚在土地上的劳动力转移到非农部门，实现劳动时间在非农就业和农业经营之间的再分配，使劳动要素的时空配置更加均衡，进而提高劳动要素的整体边际产出。第二，为小农户提供就近就地就业机会，使小农户在农闲时获得劳动要素收益。非农就业和农工兼业有比纯粹农业生计策略更高的回报率，小农户在经营农业的同时也可以在合作社获得就近就地就业机会，进而优化劳动时间配置，提高家庭收入。

鉴于此，对于自调数据而言，本节利用小农户是否在本地打零工作为劳动时间再配置的代理指标；对于 CRRS 2020 数据而言，调查问卷中提供了不同类型的劳动时间，本节用家庭劳动时间减去农业劳动时间再除以家庭劳动时间表征小农户家庭劳动时间再配置。劳动时间再配置路径检验结果（如表 3-7 所示）表明：加入合作社能够显著提高小农户的劳动时间再配置效率，即加入合作社可以促使小农户在非农忙季节从事更多的非农工作，进而通过获取更多的劳动要素收益促进其增收。

上述机制检验结果说明，土地流转和劳动时间再配置是合作社赋能小农户增收的两条重要路径。长期来看，小农户提供土地要素与相对廉价的劳动要素，这是合作社长期持续经营的重要保证。但是，如果小农户只能从合作社获取土地要素和劳动要素收益，则也说明合作社赋能小农户增收具有一定的限度，这也是当前部分研究质疑合作社的原因。

## 六 进一步讨论

根据上文实证检验结果，合作社虽然能够赋能小农户增收，但是增收来源仅限于劳动要素收益和土地要素收益，更多的产业增值收益被合作社所截取，即合作社只能赋能小农户实现有限增收，能够摆脱贫困及巩固脱贫成果，而难以实现共同富裕。那么，合作社为何只能赋能小农户实现有限增收？对此，本节拟引入机会不平等理论回答该问题。

**（一）合作社赋能小农户有限增收：基于机会不平等视角**

机会不平等理论将影响个人收入分配的因素按照来源性质划分为努力因素和环境因素。在"环境-努力"的二元分析框架中，总的不平等分解为由努力差异造成的不平等和由环境差异造成的不平等。其中，由个人努力差异造成的不平等是合理的，即自然奖励原则；而归因于环境差异的不平等即机会不平等是不合理的，必须由社会补偿，即补偿原则（Checchi and Peragine，2010）。考虑到小农户面临的环境差异最终会体现在小农户的收入获取来源上，且利益分配不可避免地受到自然环境及社会环境的影响，本节引入机会不平等理论试图解释合作社不能缓解小农户因环境差异造成的不平等，即机会不平等问题，进而导致合作社只能赋能小农户有限增收。

小农户面对的"环境劣势"如下：首先，农业生产的自然属性及农地分散化、破碎化导致农户具有"内生劣势"，即现代农业生产要素配置"分散化"，难以实现农业生产规模化和标准化发展（阮文彪，2019），小农户面临市场准入障碍；其次，小农户自身的人力资本劣势、资本劣势和信息劣势引致市场交易成本高、小农户市场谈判地位低下。同时，小农户与新型农业经营主体博弈能力悬殊引致"违约"的理性经济行为（阮文彪，2019），最终导致小农户增收乏力与增收模式的不可持续。概言之，小农户本身就具有诸如生产弱势、市场弱势和政策弱势等先天缺陷和不足（陈航英，2019），具体表现为"小农户和大市场""小生产和社会化大生产"两个主要矛盾。对于小农户面临的"环境劣势"，合作社应该发挥联农带农功能，重新塑造小农户的个人能力，赋予小农户获取更多产业增值收益的可能。然而，小农户自发形成的合作社存在集体行动困境，而"资本雇用劳动"型的合作社流转小农户的土地并雇用小农户进入合作社务工，结果是小农户能够获得稳定的劳动要素收益和土地要素收益,而产业增值收益则被合作社所截留,合作社分利秩序失衡。

进一步论及为何合作社只能赋能小农户摆脱贫困而难以实现共同富裕。共同富裕是在机会公平下强调的有差别富裕,"资本雇用劳动"型合作社以"租地+雇工"的利益联结模式与小农户保持联结,该方式虽然可能是"松散而次优"的选择,但是改变不了小农户分散的生产经营活动,难以形成集体力量,"小农户和大市场""小生产和社会化大生产"两个主要矛盾依然存在,所带来的后果是小农户增收乏力和增收模式的不可持续性。

综合以上分析,机会不平等理论从小农户的"环境劣势"视角解释了小农户与合作社之间是不平等的利益联结模式,这违背了合作社"所有者与惠顾者同一"的对等原则,而偏离这一原则的合作社大多异化为以营利为目的的投资者所有的涉农企业,这进一步加大了小农户与合作社之间的利益分配偏差,最终导致形成合作社只能赋能小农户有限增收的事实。

**(二) 合作社赋能小农户有限增收:基于机会不平等的检验**

考虑到合作社面临的外部政策环境、社会资本、组建模式、领办主体、内部信任等会影响合作社的生存与发展,进而影响小农户收入(廖小静等,2016;廖晓明等,2023),本节的环境变量除了性别、年龄、家庭背景等一般变量外,还应该包括关于合作社特征的变量。然而,现阶段的大型微观数据库都未统计合作社的特征变量。基于此,此处参考李莹和吕光明(2019)的相关做法,采取 K-均值聚类法对努力变量进行聚类,聚类到同一群组内的不同个体的努力具有同质性,即该群组内部不平等的主要根源在于环境造成的机会不平等。针对努力变量的选择,参考龚锋等(2017)、史新杰等(2018)的做法,选取户主受教育程度、就业状况和家庭劳动时间作为努力变量,尽管这些变量都或多或少地受到环境的影响,但这些变量在很大程度上是可以被个体控制的。值得进一步说明的是,自调数据仅有 300 个观测值,聚类后会造成自由度的损失,因此本部分采用 CRRS 2020 数据进行实证分析。针对聚类结果,本部分利用泰尔指数及其分解技术进一步剥离组间差异和组内差异：

$$T = \sum_{k=1}^{K}\left\{\left(\frac{N_k}{N}\cdot\frac{\bar{y}^k}{\bar{y}}\right)\cdot T^k\right\} + \sum_{k=1}^{K}\left\{\frac{N_k}{N}\cdot\left(\frac{\bar{y}^k}{\bar{y}}\right)\ln\left(\frac{\bar{y}^k}{\bar{y}}\right)\right\} = T_W + T_B \quad (3-9)$$

$$T^k = \frac{1}{N_k}\sum_{i=1}^{N_k}\left\{\frac{y_i^k}{\bar{y}^k}\cdot\ln\left(\frac{y_i^k}{\bar{y}^k}\right)\right\} \quad (3-10)$$

其中，$T$ 为全样本泰尔指数；$T^k$ 为第 $k$ 组的泰尔指数；$N_k$ 为第 $k$ 组样本数；$\bar{y}^k$ 为第 $k$ 组平均值；$\bar{y}$ 为全样本平均值；$y_i^k$ 为第 $k$ 组第 $i$ 个个体收入；$T_W$ 为组内差异，表示机会不平等；$T_B$ 为组间差异，表示努力不平等。式（3-9）计算的是全样本的组内差异和组间差异，因为聚类分析控制了努力水平，所以对第 $k$ 组样本测算的泰尔指数便是第 $k$ 组的机会不平等系数；同时，第 $i$ 个样本所在群组的机会不平等系数可以度量第 $i$ 个样本的机会不平等。据此，本部分采用如下模型验证合作社能否降低小农户的机会不平等程度：

$$\ln income_i = \beta_0 + \beta_1 if\_in_i + \beta_2 poi_i + \beta_3 if\_in \times poi_i + otherfactors_i + \mu_i \quad (3-11)$$

式（3-11）中，$poi$ 为机会不平等系数，理论上 $\beta_2$ 应该显著为负。对 $poi_i$ 求偏导得 $\partial \ln income_i / \partial poi_i = \beta_2 + \beta_3 if\_in_i$，如果加入合作社能缓解小农户的机会不平等问题，则 $\beta_3$ 显著为正，证明上述关于合作社不能缓解小农户机会不平等问题的论述不成立。回归结果（如表 3-8 所示）表明：除 Ⅱ 类农户外，机会不平等变量的系数显著为负，说明由环境差异造成的机会不平等阻碍了小农户进一步增加收入；交互项的系数不显著，这说明合作社不能缓解小农户的机会不平等问题，合作社"组织增值收益"在资本与劳动之间分配失衡，难以依托合作社进一步推动小农户收入的跃升。

表 3-8 关于机会不平等的回归结果

| 变量 | 全样本 | 贫困户 | 非贫困户 | Ⅰ类农户 | Ⅱ类农户 |
| --- | --- | --- | --- | --- | --- |
| 是否加入合作社 | 0.261*** (0.096) | 0.359** (0.155) | 0.254** (0.111) | 0.353** (0.151) | 0.057 (0.114) |

续表

| 变量 | 全样本 | 贫困户 | 非贫困户 | Ⅰ类农户 | Ⅱ类农户 |
|---|---|---|---|---|---|
| 机会不平等 | -0.724** (0.306) | -1.166* (0.665) | -0.625* (0.344) | -0.918** (0.450) | 0.156 (0.396) |
| 交互项 | -0.479 (0.710) | -1.668 (1.565) | -0.298 (0.788) | -0.570 (1.088) | -0.788 (0.903) |
| 控制变量 | 是 | 是 | 是 | 是 | 是 |

基于上述分析可知，合作社并不能降低小农户增收的机会不平等程度，进而导致合作社赋能的增收效应存在限度。因此，笔者认同部分既有研究的看法，即应该审慎并理性看待合作社的带动（小农户）功能（潘劲，2011；邓衡山等，2016）。与此同时，如果合作社不能缓解小农户增收的机会不平等问题，则意味着小农户的"环境劣势"并不能得到有效克服，这势必进一步加剧小农户和现代农业发展有机衔接的困难，不仅降低小农户持续增收的可能性，而且阻碍共同富裕的实现。

## 七 结论及其政策含义

考虑到我国合作社数量长期增长背后存在的各种"假"合作社、"空壳"合作社等不合意现象，本节采用自调数据和 CRRS 2020 数据在识别合作社赋能小农户增收效应的同时，进一步检验了合作社赋能小农户在实现有效增收的基础上，能否持续巩固拓展脱贫攻坚成果，甚至实现共同富裕。研究结果表明：（1）合作社赋能小农户具有增收效应，而且增收效应对于贫困户和非贫困户并不存在显著差异，这说明合作社具有良好的贫困治理功能；（2）合作社赋能小农户的增收效应存在一定的限度，即合作社具有赋能小农户增收，进而实现脱贫并防止返贫的有效作用，但尚不足以促进小农户实现共同富裕；（3）小农户难以从合作社中获得"组织增值收益"，仅能通过土地流转和劳动时间再配置获得稳定的土地要素收益和劳动收入；（4）合作社内部不合理的分利秩序造成不同类型农户收入机会的不平等，进而更多的增值收益被合作社所截取是合作社只能赋能小农户实现有限增收的内在原因。

针对以上研究结论，本节研究的政策含义有以下几点。第一，理性并审慎看待合作社的带动功能，着重提高合作社质量，不盲目扩大合作社数量。受限于我国现阶段的国情和农情，合作社被赋予实现小农户和现代农业发展有机衔接的重要任务。然而，现阶段"资本雇用劳动"式的合作社与小农户利益联结松散，并不能将小农引入现代农业发展轨道，因此应当审慎看待合作社对小农户的带动作用。同时，合作社的建设目标应该是拓展小农户的成长空间，使小农户获得长效、内生发展的物质基础，进而降低机会不平等带来的"损失"，因此需要改变"重数量轻质量"的价值取向，着力提升合作社的规范化水平和服务水平，推动合作社发展的量质并举。

第二，对合作社的政策支持应该同时重视物质建构和制度建构，优化合作社的政策支持体系。诚然，合作社的发展离不开政府的物质支持，但需要考虑的问题是小农户能够在多大程度上获得政策性收益和政策红利以及物质支持有多大概率会"偏靶"。因此，需要将合作社的物质建构和制度建构放到同等重要的位置，建设贴合理论的合作社的政策环境，边发展、边规范，积极发挥合作社的联农带农作用，进而促进小农户和现代农业发展有机衔接。

第三，建立健全对农民专业合作社的协同监管长效机制，对运行不规范的合作社予以清理或对其合作社资格进行重新审视。合作社在运营中需要加强监管，尤其是进一步加强市场监督管理部门和主管农业农村工作部门的协同。此外，在监管过程中，对"无农民成员实际参与""无实质性生产经营活动""因经营不善停止运行"的合作社坚决予以清理，以规范合作社运营。同时，对于企业或私人领办的合作社，如果其对小农户的带动作用有限，需要进一步考虑其成立动机，并重新审视其合作社资格，若不符合合作社运营规范，可依据相关法律法规剥夺其合作社资格。

# 第四章　小农户有效融入乡村特色产业：利益共同体视角

在厘清乡村特色产业的内涵外延、增收机理与发展进路的基础上，本章拟进一步讨论在利益共同体视角下小农户如何有效融入乡村特色产业。对于小农户应该如何才能有效融入乡村特色产业，或者说小农户与新型农业经营主体之间如何才能达成利益共同体，目前学术界比较认可的一种模式是乡村特色产业的各方主体形成一个利益共同体。那么到底什么是乡村特色产业利益共同体？乡村特色产业存在哪些合作模式？各种模式中各方主体是否存在紧密的利益联结关系？如果否，问题是什么？如何有力有效推进乡村特色产业利益共同体的形成？以上问题将是本章拟探讨的研究问题。

## 第一节　乡村特色产业利益共同体：理论构想与实践成效

从前文的分析可知，推动乡村特色产业发展的主体主要有小农户、合作社等新型农业经营主体，以及基层政府。基层政府以产业政策支持和引导乡村特色产业发展，合作社等新型农业经营主体以基地等模式推动乡村特色产业规模化发展，小农户与合作社签订合约以土地流转和基地务工形式参与乡村特色产业发展。尽管三者之间存在一定的利益联结关系，但是事实上三个主体已然相互脱钩。本节试图从乡村特色产业利益共同体视角分析这一问题产生的内在原因，并为解决这一问题提供理论支撑。

## 一 乡村特色产业利益共同体：理论构想

为了更好地阐释乡村特色产业主体之间的利益联结关系，本节基于双重委托代理理论对乡村特色产业体系中"三方主体+两层委托代理"的利益联结关系展开深入分析。委托代理理论的重要应用价值在于解决在利益相冲突和信息不对称情况下，委托人与代理人如何实现激励相容的问题。在乡村特色产业体系中，小农户、合作社和基层政府统一于同一框架，并基于各自的约束条件和目标选择形成特定的利益联结结构，存在典型的双重委托代理关系，即基层政府选择合作社作为发展乡村特色产业的代理人，同时合作社也是小农户发展乡村特色产业的代理人。

### （一）小农户、合作社和基层政府的约束条件与目标选择

小农户、合作社和基层政府是乡村特色产业体系中的三个主体，不同的约束条件和目标选择决定了他们是具有不同行动逻辑的行动者，并由此形成特定的利益联结关系。

（1）小农户。作为一个理性的经济主体，小农户的行动目标是在特定的约束条件下实现收益最大化。具体而言，小农户拥有土地要素的承包经营权、劳动要素的所有权，以及将"双轨"制的农业模式下的部分务工收入用于农业投资（黄宗智，2020；邓宏图等，2020），这是其本身具有的禀赋优势。与之对应的是，小农户的融资能力、风险管理能力和市场议价能力相对较弱，且人力资本水平较低。

（2）合作社。合作社拥有较强的融资能力、市场议价能力和风险管理能力，但是不具有土地的承包经营权和劳动要素的所有权，与小农户形成较为紧密的要素互补关系。同时，合作社的经营逻辑和动力是在其禀赋约束下最大化自身收益。

（3）基层政府。作为利益相关者之一，基层政府通过制定以弥补市场失灵为目标的功能型产业政策和以培育特定产业为目标的选择型产

业政策支持乡村特色产业发展。无论何种产业政策都离不开基层政府的财政投入，囿于财政投入的有限性，基层政府需要在"抓典型"和"项目戴帽"的政绩导向下对项目资源进行分配与使用，进而推动农业产业化和规模化发展。

**（二）第一重委托代理关系：基层政府与合作社的委托代理关系**

小农户和合作社是乡村特色产业发展的重要主体，基层政府需要基于他们的比较优势和劣势选择其中之一作为发展乡村特色产业的代理人，以完成项目任务和实现政策目标。

（1）基层政府选择代理人的双重逻辑：政绩最大化和交易费用最小化。首先，农业产业化和规模化发展是基层政府政绩考核的重要目标（陶郁等，2016）。现阶段，基层政府推动农业产业化和规模化发展往往采取项目制形式，并将项目作为资源配置的重要手段。在政绩导向下，项目资源需要在时间和资源双重约束下实现农业产业化和规模化发展的预期目标，进而最大化基层政府的政绩（冯猛，2014）。如果政府将小农户作为产业发展的代理人，必然要面临对数量众多、经营分散的小农户的治理难题和监控难题（龚为纲，2015），鉴于农业产业的长周期性，以及小农户的家庭经营不可能解决诸如农业生产设施等公共产品的供给和管理问题，支持有产业基础的合作社更有可能实现农业产业化和规模化发展的目标（王海娟和夏柱智，2015），往往能"快出"政绩，达到立竿见影的效果。这将加大合作社被选择为代理人的概率。其次，取消农业税以来，我国农业治理模式由"集体制"转向"项目制"，以至于"条条专政"的农业项目在分散的小农户之间实现精准分配存在高交易成本的制度性约束（龚为纲和黄娜群，2016）。与此同时，小农户的分散经营难以对接基层政府统一规划的项目任务，为最小化交易费用，具备规模化经营条件的合作社更易成为基层政府理想的代理人（王海娟和夏柱智，2015；龚为纲和黄娜群，2016）。

（2）小农户与合作社对乡村特色产业"发展权"的竞争。多个经济主体会就生产要素或资源展开竞争以获得拥有或使用它的权利（张五常，2017），在效率逻辑导向下，生产要素或资源会被分配给能实现最大价值的经济主体。就基层政府的项目资源而言，竞争者主要有小农户和合作社，这可以理解为二者对乡村特色产业"发展权"的竞争，即谁拥有项目资源，谁就能成为政府经营乡村特色产业的代理人。同时，基层政府的行动逻辑是基于"有资本才能对资源进行有效开发"的原则和"项目戴帽""抓亮点"的权力寻租行为（符平，2018），将乡村特色产业的"发展权"——项目资源——分配给小农户或合作社取决于谁能发挥更大价值。因小农户经营规模小、市场话语权缺失，达成效率的均衡并不能单靠小农户的演化和博弈，以致小农户陷入竞争劣势；与此同时，合作社借助其具有的资源禀赋确立了竞争优势。由此，小农户无法与合作社竞争乡村特色产业的"发展权"，最终合作社被选择为发展乡村特色产业的代理人，项目资源和政府政策都聚集到合作社。也就是说，基层政府和合作社的委托代理关系是由基层政府的"遴选机制"所决定的。

（3）基层政府对合作社的激励机制与约束机制。在基层政府与合作社的委托代理关系中存在一套激励机制和约束机制"诱导"合作社（代理人）按照基层政府（委托人）的利益行动，从而实现委托人与代理人的激励相容。首先，基层政府对合作社的激励机制。基层政府对合作社的激励除了有形的政策和资金支持外，还包括诸如示范社评选、获得"政缘性关系网络"等无形的声誉激励（陆文荣和卢汉龙，2013）。无形的声誉激励不仅代表基层政府对合作社的认可，也代表合作社可以依靠这一声誉获取更多的政策资源。例如，示范社作为合作社中的"典型"会产生"品牌效应"，不仅能获得国家政策的重点扶持，也能够吸引多方主体的关注（王敬培和任大鹏，2016），这些会在其资本积累过程中产生"乘数效应"。其次，基层政府对合作社的约束机制。项目制是一种刚性契约（郑晓书和王芳，2021），合作社获得项目资源是用以发展特定的乡村产业，不能将其"挪用"。所以，基层政府对合作社的约束机制主要体现在资金用途明确和政策支持明确两个方面。此外，无形的声誉激励也是对合作社的约束机制。如示范社获取的高关注度意味着其需要持续发挥"典型"作用,为持续获取项目资源和实现基层政府的政绩目标,合作社的生产经营活动会更为小心和谨慎。

与此同时,基层政府基于积攒政绩的目标也不会将项目资源分配给"空壳"合作社,也就是说基层政府选择代理人的过程也是排除"空壳"合作社的过程,除非面临行政压力或双方共谋以获取国家补贴而成立"空壳"合作社。反之,在基层政府的激励机制和约束机制下,合作社并无机会主义行为倾向。一方面,合作社与基层政府目标趋同,即合作社按照基层政府的利益行动不仅能获得国家政策资源支持,也能实现其营利目标,而在合作社将乡村特色产业发展到一定程度后,基层政府也能获得政绩。另一方面,合作社利用项目资源进行的专用性资产投资(诸如日光温室等投资)能够在一定程度上将基层政府"锁定",合作社将从中持续受益。

### (三) 第二重委托代理关系:合作社内部的委托代理关系

不同于基层政府和合作社的委托代理关系,作为农民之间联合起来的具有非市场意义的契约型经济组织,合作社内部的委托代理关系是天然存在的。在我国合作社的具体实践中,小农户加入合作社成为合作社的所有者,委托合作社经营者(一般是合作社的大股东或其代表)对合作社进行经营管理,然后分享合作剩余(应瑞瑶等,2017;谭智心和孔祥智,2011),即小农户是委托人,合作社经营者是代理人。

合作社内部的委托代理关系中存在正式和非正式的契约或机制安排,它们用于解决委托代理关系中的激励和监督问题。首先,就正式规则而言,根据《中华人民共和国农民专业合作社法》,合作社内部应当设立成员大会、成员代表大会、理事会和监事会等组织机构,并且该法规定了这些组织机构的权利、责任和义务,用以规范和约束委托人的行为。其次,就非正式规则而言,合作社经营农业兼具地理空间和社会空间属性,不能脱离基于"亲缘""地缘"搭建的社会关系网络和社会结构而独立存在(张正岩等,2022)。也就是说,合作社需要解决扎根乡土的社会问题，否则会引致信任关系缺失，进而加剧小农户和合作社的机会主义行为。基于此，在双方权利边界的基础上，合作社嵌入农村社会网络为双方构建了新的信任格局。新的信任格局一方面为小农户和合作社提供了沟通的桥梁，能够降低交易费用，另一方面助力构建双方的长效互信机制，成为约束双方机会主义行为的外部治理机制，进而增强合作的稳定性。

基于上述分析，基层政府深度参与到乡村特色产业的发展实践中，并与小农户和合作社形成特定的利益联结关系和利益分配格局。具体而言，在第一重委托代理关系，即基层政府与合作社的委托代理关系中，基层政府作为乡村特色产业发展的委托人，通过产业支持（项目资源、政策指引等）引导合作社（代理人）发展乡村特色产业。也就是说，第一重委托代理关系更加强调市场资源配置逻辑，合作社不仅能够获得政府的资金、政策支持等物质性收益和优惠照顾、关系网络等非物质性收益，而且可为基层政府带来看得见、摸得着的农业产业化和规模化发展政绩。在第二重委托代理关系，即合作社内部的委托代理关系中，小农户作为合作社的所有者（委托人）具备土地要素和劳动要素的禀赋优势，合作社经营者（代理人）通过雇用劳动和流转土地，将劳动与土地和自身的资源资产联合实现资本积累，并借助信任关系嵌入本地社会网络。也就是说，第二重委托代理关系更加强调合作社内部资源整合逻辑，合作社经营者通过信任关系嵌入本地社会网络，并开展与小农户要素互补下的资源整合。

由此，小农户、合作社和基层政府三方主体在乡村特色产业体系中基于双重委托代理的互益关系下的利益联结关系与利益分配格局应势而生（如图4-1所示）。事实上，这一乡村特色产业主体利益联结框架不仅具有两层监督的稳定机制，而且具有农民增收与乡村特色产业高质量发展双向赋能的重要功能：一方面，在小农户、合作社与基层政府互动共进中，合作社通过发展乡村特色产业实现联农带农、促农增收；另一方面，农民增收也能依托合作社的资源集聚和市场优势促进乡村特色产业高质量发展。

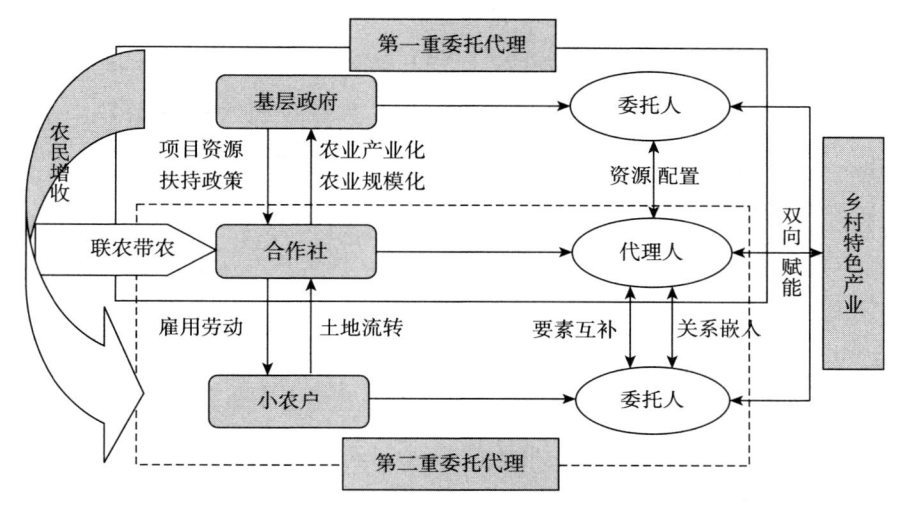

**图 4-1 乡村特色产业的主体利益联结框架**

## 二 乡村特色产业利益共同体：实践成效

在乡村特色产业发展实践中，小农户、合作社和基层政府三方主体的利益关系呈现利益脱钩状态。究其原因：在基层政府和合作社的第一重委托代理关系中，不以小农户利益为目标的"假"合作社成为基层政府的代理人；在合作社内部的第二重委托代理关系中，呈现"强代理人-弱委托人"的委托代理格局，小农户的委托人角色"有名无实"。最终，合作社横亘于小农户和基层政府之间（焦长权和周飞舟，2016），各种政策资源被其截取，形成"资本确立优势、小农户沦为劣势"的实践逻辑（王星和周重礼，2023），乡村特色产业主体利益关系从联结走向脱钩，并且具有如下现实特征。

### （一）小农户的自适应增收行为

小农户无法进入产业链中后端获得市场利润，其价值被进一步剥夺，农业产业化和规模化发展的最大获利者是合作社。合作社并没有改变"小农户和大市场""小生产和社会化大生产"的基本格局，由此引致小农户有限增收和产业选择转向的自适应行为。

（1）小农户有限增收。乡村特色产业虽然可能存在从种植（或养殖）环节到加工环节，再到销售环节的完整产业链，但产业链的各个环节与小农户均存在一定程度的脱钩问题。如在种植（或养殖）环节，小农户只是作为合作社的农业雇工或者自己分散种植（或养殖）；在加工环节，合作社或涉农企业对农产品进行粗（或精深）加工，而小农户大部分只是原料的提供者；在销售环节，往往仅限于初始农（畜牧）产品交易，小农户难以从产业增值中分享更多收益。从产业链和价值链来看，尽管产业链的延伸实现各环节的价值增值，但是小农户基本上被排斥在价值链之外。总体来看，小农户从乡村特色产业发展中的收益分享仅仅来自种植（或养殖）收益，以及自己的劳动要素收益和土地要素收益，扣除成本，难以更多分享产业增值收益，小农户只能实现有限增收。

（2）小农户产业选择转向。一方面，合作社并未完全发挥"联农带农"的应有功能，小农户基于成本与收益的比较而倾向于生产短期内能够获得更多利润的农（畜牧）产品，而不一定坚持经营本地特色农（畜牧）产品的种植（或养殖）。从成本角度看，以种植业为例，除了种子、化肥、购买农机服务和农药等成本逐年攀升外，每年农作物的耕种期或收获期雇工成本的逐年上升也不断压缩小农户的利润空间，也是迫使小农户产业选择转向的重要因素；从收益角度看，小农户在市场交易中缺乏议价权，面临"增产不增收"的风险，这间接削弱了小农户的种植（或养殖）积极性。另一方面，当前中国处在三大历史变迁——持续上升的大规模非农就业、持续下降的人口自然增长率以及持续转型的食物消费和农业生产结构的交汇中，这些会推动农业向生产相对高值产品转型（黄宗智和彭玉生，2007），即发生"隐性农业革命"。这也是推动小农户产业选择转向的重要原因。然而，该转向存在较大的风险，囿于市场价格波动和储存条件，转向后的农（畜牧）产品销售依然体现出不平等的流通关系，小农户仍然只能获得产业链前端的有限收益。

## （二）合作社异化为投资者所有的企业

基层政府将合作社作为代理人产生的一个重要后果是合作社将小农户排斥在价值链之外，双方收益分配扭曲，引致"代理人俘获"问题（赵黎，2022）。具体表现为：合作社私人化和资本化现象严重，异化为投资者所有的企业，此时的合作剩余分配原则是按照要素贡献参与分配（王竹泉和杜媛，2012；Grossman and Hart，1986）。在此情景下，小农户与合作社的要素专用性、主体风险承担能力决定了双方的"合作"行为，本质上是小农户以固定价格的方式将土地要素和劳动要素的经营权转让给合作社以获取土地租金和打工收入，而合作剩余全部归合作社所有，呈现被合作表象包装的劳动雇佣关系、要素租赁关系和产品买卖关系，合作社偏离"劳动雇用资本"属性，收益分配扭曲。

## （三）基层政府：脱离小农户的农业规模化、产业化以及产业选择转向

（1）脱离小农户的农业产业化和规模化。在政绩导向的压力型体制下，基层政府的行为逻辑更倾向于代替市场搞项目建设，市场功能进一步弱化，基层政府与市场主体缺乏良性互动，由此形成一个新的问题：乡村特色产业规模庞大，但是赋能小农户增收效果甚微。也就是说，基层政府基于政绩最大化和交易费用最小化的双重逻辑挑选代理人发展乡村特色产业是以让渡小农户的经济利益和主体性为代价的，但农业规模化和产业化发展并不必然促进小农户和现代农业发展的有机衔接，也并不必然促进小农户的持续健康增收。这种自上而下单向设计的乡村特色产业发展模式缺乏与乡土社会的适配性，形成的农民排斥性和乡土排斥性逐渐剥夺农民和农村的主体性，产业规模扩大与农民收入增长的关系较弱。

（2）政绩导向下基层政府的产业选择转向。除了小农户基于自身利益考虑而选择产业发展转向外，基层政府也有动机推动乡村特色产业发展转向，进而削弱小农户经营乡村特色产业的积极性，以至于小农户难以有效融入乡村特色产业。这主要是源于在政绩导向下，基层政府的

产业政策不连续。究其原因，主要有以下两个方面。一方面，即使往届基层政府主导的乡村特色产业已经形成一定的产业化和规模化，本届基层政府在有限的任期内也较难依托原本的乡村特色产业做出预期的政绩，在时间压力和内容特色的双重要求下，本届政府将选择容易突出政绩亮点并且与前任迥然不同的新产业、新业态，并将其"特色化"。另一方面，若往届基层政府主导的乡村特色产业发展低迷或以失利收场，本届基层政府则可以顺势另辟蹊径，不仅能从往届政府中吸取失败的经验，也有足够理由上马容易突出政绩亮点的特色产业，从而推动乡村特色产业发展转向。在乡村特色产业发展转向过程中，政府为快速实现乡村特色产业的规模化和产业化发展，依然遵循上文的委托人逻辑，选择合作社作为发展乡村特色产业的代理人，并依然忽视农民在乡村特色产业发展中的主体地位。

综合而言，必须承认的是，小农户与合作社的"租地+雇工"模式无法赋予小农户更多的内生动力，摆脱不了合作社"资本雇用劳动"的私人化和资本化桎梏，以至于合作社的收益增长与农民的收入增长和福利增加关系较弱。

## 第二节　合约安排与小农户增收：基于三种典型模式的比较

在"小农户+合作社"生产模式下，现实中乡村特色产业各方主体间存在不同的合作模式，如股份合作模式、合同农业模式和"租地+雇工"模式等，那么这些不同的合约安排在促进小农户增收效果上是否存在差别？这一问题的回答将对完善现实中乡村特色产业利益共同体的构建产生重要启示。

### 一　问题提出

长期以来，我国农业现代化进程与"去小农化"相互缠绕（叶敬忠等，2018；许惠娇等，2017），小农户凭借其内生的主体责任机制韧性而长期存续，且具有独特的价值定位（陈军亚，2019；姜安印和陈卫强，2019）。因此，促进小农户和现代农业发展有机衔接是在重新审视小农户价值定位的基础上将其引入现代农业发展轨道并实现中国式农业现代化发展的必然选择。一方面，家庭经营的自然分工机制与激励相容的自我执行机制赋予小农户以家庭为单位的组织优势（罗必良，2017）；另一方面，小、弱、散的小农户难以适应商品经济和社会化大生产，缺乏市场议价能力与引入现代生产要素的能力、动力（张红宇，2019）。因此，在"大国小农"的基本国情农情下，如何进一步落实小农户和现代农业发展有机衔接？涉及该问题的学术探讨以"现代农业主体论"和"平行主体论"两种论点为主，且"现代农业主体论"渐趋主流（叶敬忠和张明皓，2020）。无论何种思潮，囿于小农户自身的弱质性和局限性（郭庆海，2018），其落脚点都在于合作社等新型农业经营主体能否充当小农户实现与现代农业发展有机衔接的媒介。

2021年颁布并施行的《中华人民共和国乡村振兴促进法》规定，支持合作社等新型农业经营主体通过多种方式与小农户建立利益联结机制，促进小农户和现代农业发展有机衔接。作为一种产业化经营组织，合作社被认为是实现小农户和现代农业发展有机衔接的有效载体，是否加入合作社成为小农户能否实现组织化的重要判别标准。基于合作社的历史发展脉络，从劳动互助、共用生产资料的"互助组"到统一经营的"初级社"和生产资料集体化的"高级社"，再到采用工分制和供给制的"人民公社"等都是合作社构建与自我完善的有益探索。家庭联产承包责任制诞生以来，我国新一轮的合作社探索在坚持和完善统分结合的双层经营体制下不断推进（蒋淑晴，2021），尤其是随着2006年出台并于2017年修订的《中华人民共和国农民专业合作社法》的施行，以互惠合作为主要原则的合作社呈现良好发展势头，在促进农业分工、提升农民收入方面取得了显著成效。

然而，在长期实践中，小农户与合作社在经营理念、利益分配、经营模式等方面存在合作失范问题，小农户甚至游离于现代农业产业体系之外。在既有研究中，虽然"假"合作社、"空壳"合作社可能会沿袭"大农吃小农""资本侵袭农业""小农户半无产化"及"隐蔽的雇佣关系"等形式，进而不断蚕食合作社对小农户的带动能力（仝志辉，2009；陈义媛，2019），但是合作社能够充当小农户和现代农业发展的衔接媒介依然是既有研究的普遍共识，且衔接成功的关键在于小农户与合作社通过特定的合约安排，在保持合作社市场竞争力的同时，也使小农户获得"稳定"且"合理"的产业增值收益（徐旭初和吴彬，2018；于海龙等，2022；叶敬忠等，2018；何宇鹏和武舜臣，2019）。

因此，构建何种有利于小农户持续增收的合约安排不仅对于推动合作社由数量增长转向"质-量"并进具有重大的现实意义，而且对于赋能小农户增收以巩固拓展脱贫攻坚成果与实现乡村振兴同样具有深刻的政策内涵。同时，探究合约安排对小农户增收的影响不仅是对构建更加紧密的利益联结机制以支持小农户分享更多产业价值增值的有益探索，也是实现小农户和现代农业发展有机衔接的题中之义。基于此，本节试图探寻小农户与合作社可能存在的合作空间与合作模式，并分析合约安排与小农户增收的因果关系，以期对不同利益联结模式赋予小农户的增收效应进行比较，回答在"小农户+合作社"生产模式下"什么样的利益联结模式更能促进小农户增收"这一关键问题。

## 二 文献回顾

目前，小农户与合作社的合约安排主要表现为"租地+雇工"模式、合同农业模式和股份合作模式三种典型的利益联结模式（钟真等，2021b；韩喜艳等，2020；虞紫燕和孙琛，2007；郭红东，2002）。考虑到"租地+雇工"模式的普遍性及其呈现的小农户与合作社利益联结的相对松散性，既有研究重点围绕合同农业模式和股份合作模式与小农户增收的关系展开讨论，但并未将二者纳入同一框架进行研究。

其一，就合同农业而言，因具有减少交易成本、提供激励或惩罚、弥补市场失灵及分担风险等功能,被认为具有将小农户引入现代农业发展轨道的潜力(Bogetoft and Olesen,2002;Arouna et al.,2021;Key and Runsten,1999),并能在一定程度上改善小农户的家庭状况。然而,受限于小农户资源禀赋,合同农业加速了小农户与合作社形成不对等的"流通关系",在分配"合作剩余"时合作社可能利用产品市场和要素市场的垄断权力获取更多的产业价值份额,其后果是小农户只能实现有限增收,进而加剧收入和财富的不平等(黄宗智,2012;Bellemare,2012;Abebe et al.,2013;Glover and Kusterer,1990;Bellemare and Bloem,2018;徐健和汪旭晖,2009)。此外,合同农业中形成的并不是基于高度发达的市场经济构建的"平等交易关系",在合约不完全和执行成本过高等约束下,双方或多或少地存在隐性违约或显性违约行为,合约安排缺乏稳定性(阮文彪,2019)。

其二,就股份合作模式而言,既有研究主要聚焦"小农户能从股份合作模式中得到什么"这一核心问题且存在争议。主流观点给予股份合作模式高度评价,认为其在劳动雇用资本与资本雇用劳动的双重属性下实现了激励相容(邓宏图等,2020),有利于效率和公平的统一(郭忠兴和罗志文,2012),是小农户分享市场化收益的重要途径(何安华,2015),对于农业农村实现现代化具有显著作用(包宗顺等,2015)。而持消极态度的研究观点则认为股份合作模式受限于地区资源禀赋而难以实现长足发展(钱忠好和曲福田,2006),存在农民参与不足、股份分红在小农户收入中占比过少等问题(刘愿,2008),尤其是股份合作模式名不副实,"只保底,不分红"等现象突出(高海,2014;邓衡山等,2022)。

针对既有研究的基本共识与主要争议,本节认为仍有以下两个问题值得进一步讨论与解决。第一,受限于农业生产的客观条件和小农户的禀赋约束,小农户与合作社的合约安排各有差异,正因如此,对不同合约安排增收效果的比较分析理应将其纳入同一框架下,而不能以割裂其内容与形式的方式鉴别不同合约安排的增收差异,否则会因其缺少比较的统一标准而陷入"公说公有理,婆说婆有理"的争议怪圈。第二,考虑到合约安排的约束条件及现实依据,一个值得深思的问题是,在小农户与合作社的相对关系之间存在张力,尤其是在不同的合约安排可能"剥夺"小农户利益的情况下,究竟什么样的合约安排更能持续带动小农户增收?这是以往研究尚未论及的问题,也是本节研究重点关注的问题。

### 三 数理框架与研究假说

#### (一)数理框架:纳入三种典型的利益联结模式

在劳动力价格相对高、农业雇工监督难和小农户不愿意放弃土地非货币性收益的约束下,现实农业生产方式以"小农户+合作社"生产模式为主(黄宗智,2012)。因此,本节拟以分析"小农户+合作社"生产模式下三种典型的利益联结模式中双方的决策行为和预期收益为目标构建理论分析框架。

在"小农户+合作社"生产模式下,假设 $N$ 个同质小农户将 $\xi$ 份额的土地流转给合作社,考虑到资本和劳动投入的适配性,小农户同时会释放 $\xi$ 份额的劳动和资本,每种合约安排对应不同的剩余控制权和剩余索取权的分配情况。第一,"租地+雇工"模式。双方通过市场买断的方式达成合作,价格随行就市,鉴于双方的要素互补关系,小农户能够获得合作社务工收入和土地流转租金。第二,合同农业模式。小农户与合作社基于一定的合同条款就农产品生产、销售达成的口头或正式协议不仅赋予小农户一定的产品溢价空间,而且减少交易成本并推动建立高效的农业生产纵向一体化物流体系(黄宗智,2018a)。然而,鉴于信息不完全和议价能力不对等,双方之间依然是不对等的流通关系。同时,合约内容的随意性和非规范性以及缺乏有效的监督和履约机制容易引致违约行为,并不利于合约关系维系。第三,股份合作模式。股份合作模式基于产权关系建立,能够将合作社的收益权变为小农户共有的股权,进而实现劳动对资本的"雇用",是助力小农户获得农业产业加工和流通环节的增值收益的重要制度安排。其典型特征是产权清晰、制度明确、共同分红，存在比较大的利益合作空间。

1. 基本假设

在遵循"理性小农"假设的基础上，本节在此考察小农户在不同的合约安排下基于家庭利益考虑的生产决策和消费决策。构建理论模型所需的三条基本假设如下。

（1）在一个包含农业部门和非农部门的经济体中有 $N$ 个同质小农户及一个合作社，一个既定事实是小农户的边际产出低于合作社，假设合作社与小农户的全要素生产率的相对比值为 $\psi$（$\psi>1$），合作社与小农户的生产函数服从短期规模报酬不变（$\alpha+\beta+\varepsilon=1$）的 Cobb-Douglas 形式，分别为 $F_c=\psi h_c^\alpha t_c^\beta k_c^\varepsilon$、$F_s=h_s^\alpha t_s^\beta k_s^\varepsilon$。其中，$h$ 表示土地投入（假设每个小农户土地数量为1），$t$ 表示农业劳动时间投入（假设每个小农户除闲暇之外的劳动禀赋为1），$k$ 表示资本投入（假设均衡状态下小农户投入的资本为1，价格为 $v$）。

（2）参考 Carter 等（1986）、Ma 等（2022）的相关做法，构建一个典型的集消费与生产于一体的农户模型，其显著特点是：预算约束依赖于生产决策，生产决策与消费决策相互依存。在该模型下，小农户的经济决策和行为是在预算约束下基于自利原则通过消费非农产品 $x$、农产品 $y$ 实现自身效用最大化，不失一般性，将其效用函数设置为：$U(x,y)=x^{1/2}y^{1/2}$。为方便分析，将非农产品设定为价格为1的记账单位。小农户的均衡产出为1，如果合作社租入小农户的全部土地，并将小农户转化为合作社的雇佣工人，则其均衡产出为 $N\psi$。

（3）小农户和合作社是该经济体中的生产主体，城镇居民是农产品的唯一买家。鉴于合作社与小农户的市场势力存在差异，假设小农户面对的市场价格为 $P_s=\sigma\bar{a}(Q^U)^{-1}$（$\sigma\leq 1$），合作社面临的市场价格为 $P_c=\bar{a}(Q^U)^{-1}$，且 $P_c\geq P_s$，其中 $Q^U$ 为城镇居民对农产品的需求量。

2. "租地+雇工"模式与小农户收入

在"租地+雇工"模式下，小农户市场谈判地位较低，面临的农产品价格是随行就市的结果，只能获得土地流转租金和合作社务工收入。小农户面临的目标函数为：

$$\max U(x_{1c}, y_{1c}) \tag{4-1}$$

其中，约束条件为：

$$x_{1c} + P_{1s} y_{1c} \leq \xi r_{1c} + \xi w_{1c} + P_{1s}(1-\xi) - (1-\xi)v \tag{4-1a}$$

在式（4-1a）中，$P_{1s}$ 表示小农户随行就市面临的农产品价格；在竞争性的产品市场和要素市场，小农户在合作社获得的均衡要素收益 $r_{1c}^*\xi + \xi w_{1c}^*$ 等于 $\psi\xi(1-\varepsilon)P_{1c}^*$，且 $(1-\xi)v$ 等于 $(1-\xi)\varepsilon P_{1s}^*$。所以，约束条件即式（4-1a）可做如下改写：

$$x_{1c} + P_{1s}^* y_{1c} \leq \xi(1-\varepsilon)P_{1c}^*\psi + P_{1s}^*(1-\xi)(1-\varepsilon) \tag{4-1b}$$

此时，假设小农户在市场上销售的农产品数量为 $\phi(1-\xi)$，则小农户面临的价格 $P_{1s}^*$ 及合作社面临的价格 $P_{1c}^*$ 为：

$$P_{1s}^* = \frac{\sigma \bar{a}}{\phi(1-\xi)N} \tag{4-1c}$$

$$P_{1c}^* = \frac{\bar{a}}{\xi N \psi} \tag{4-1d}$$

而 $P_{1c}^*$ 和 $P_{1s}^*$ 关系如下：

$$P_{1c}^* = \frac{\phi(1-\xi)}{\sigma \xi \psi} P_{1s}^* \tag{4-1e}$$

令 $\dfrac{\phi(1-\xi)}{\sigma \xi \psi} = \lambda$，根据上文假设，可知 $\lambda \geq 1$。综合式（4-1c）、式（4-1d）及式（4-1e），约束条件即式（4-1b）等价于如下形式：

$$x_{1c} + P_{1s}^* y_{1c} \leq (\xi \lambda \psi + 1-\xi)(1-\varepsilon)P_{1s}^* \tag{4-1f}$$

结合小农户的效用函数及约束条件即式（4-1f），可求得 $N$ 个小农户的收入之和为：

$$V_{1c}^* = \underbrace{\frac{2\sigma\bar{a}\lambda\xi(1-\varepsilon)\psi}{2(1-\xi)-(1-\varepsilon)(\xi\lambda\psi+1-\xi)}}_{\text{要素收益}} + \underbrace{\frac{2\sigma\bar{a}(1-\xi)(1-\varepsilon)}{2(1-\xi)-(1-\varepsilon)(\xi\lambda\psi+1-\xi)}}_{\text{产品净收益}}$$

$$-\underbrace{\frac{\sigma\bar{a}(1-\varepsilon)(\xi\lambda\psi+1-\xi)}{2(1-\xi)-(1-\varepsilon)(\xi\lambda\psi+1-\xi)}}_{\text{自身农产品消费}} = \frac{\sigma\bar{a}(1-\varepsilon)(\xi\lambda\psi+1-\xi)}{2(1-\xi)-(1-\varepsilon)(\xi\lambda\psi+1-\xi)} \quad (4\text{-}1g)$$

此时，小农户在"租地+雇工"模式中的增收来源主要是土地和劳动等生产要素收益，即"租地+雇工"模式赋能小农户的增收途径主要是出租土地获得土地租金和将劳动要素从家庭里释放出来，提高小农户劳动要素在自家经营与合作社务工之间的配置效率，进一步增加劳动要素的边际产出。

**3. 合同农业模式与小农户收入**

基于合同农业情景，小农户不仅能够获得土地流转租金和合作社务工收入，也能通过与合作社签订购销合同稳定地获得不低于随行就市价格的农产品价格，此时小农户面临的目标函数如下：

$$\max U(x_{2c}, y_{2c}) \quad (4\text{-}2)$$

其中，约束条件为：

$$x_{2c} + P_{2c}y_{2c} \leq \xi r_{2c} + \xi w_{2c} + \epsilon P_{2c}(1-\xi) - (1-\xi)v \quad (4\text{-}2a)$$

$P_{2c}$ 表示合作社面临的农产品价格，$\epsilon P_{2c}$ 表示小农户在合作社获得的价格（$0<\epsilon<1$），结合现实经验及合同农业基本属性，$\epsilon P_{2c} > P_{1s}$，考虑到双方可能会出现违约情况，则 $\epsilon P_{2c} \geq P_{1s}$。同理，在竞争性的产品市场和要素市场，式（4-2a）可仿照式（4-1f）做如下改写：

$$x_{2c} + P_{2c}^* y_{2c} \leq [\xi\psi + \epsilon(1-\xi)](1-\varepsilon)P_{2c}^* \quad (4\text{-}2b)$$

进一步地，可求得 $N$ 个小农户的收入之和为：

$$V_{2c}^* = \underbrace{\frac{2\bar{a}\xi(1-\varepsilon)\psi}{2(\xi\psi+1-\xi)-(\xi\psi+\epsilon-\epsilon\xi)(1-\varepsilon)}}_{\text{要素收益}} + \underbrace{\frac{2\bar{a}\epsilon(1-\xi)(1-\varepsilon)}{2(\xi\psi+1-\xi)-(\xi\psi+\epsilon-\epsilon\xi)(1-\varepsilon)}}_{\text{产品净收益}}$$

$$-\underbrace{\frac{\bar{a}(\xi\psi+\epsilon-\epsilon\xi)(1-\varepsilon)}{2(\xi\psi+1-\xi)-(\xi\psi+\epsilon-\epsilon\xi)(1-\varepsilon)}}_{\text{自身农产品消费}} = \frac{\bar{a}(\xi\psi+\epsilon-\epsilon\xi)(1-\varepsilon)}{2(\xi\psi+1-\xi)-(\xi\psi+\epsilon-\epsilon\xi)(1-\varepsilon)} \quad (4\text{-}2c)$$

此时，小农户在合同农业模式中的增收来源主要有两个部分：其一，源于从合作社获得的产品溢价收益，体现在式（4-2c）中的产品净收益里面；其二，在合同农业模式中，小农户能够获得高于市价的约定价格和稳定的市场销售渠道，在一定程度上避免了市场的无序竞争带来的损失，双方各得其利。

4. 股份合作模式与小农户收入

在股份合作模式中，小农户以劳动、土地或资金入股，双方以股权为纽带联结成稳定的利益关系，小农户成为产加销环节中利润的分享者（郭红东，2002），其面临的目标函数如下：

$$\max U(x_{3c}, y_{3c}) \tag{4-3}$$

其中，约束条件为：

$$x_{3c} + P_{3c} y_{3c} \leq \chi (P_{3c} \psi Q_*^* - vk_c^*) N^{-1} \tag{4-3a}$$

式（4-3a）中，$\chi$ 代表小农户获得的分成比例。进一步地，将式（4-3a）做如下改写：

$$x_{3c} + P_{3c}^* y_{3c} \leq \psi \chi (1-\varepsilon) P_{3c}^* \tag{4-3b}$$

结合小农户的效用函数及约束条件即式（4-3b）。可求得 $N$ 个小农户的收入之和为：

$$V_{3c}^* = \underbrace{\frac{2\chi \bar{a}(1-\varepsilon)}{2-\chi(1-\varepsilon)}}_{\text{股份收益}} - \underbrace{\frac{\chi \bar{a}(1-\varepsilon)}{2-\chi(1-\varepsilon)}}_{\text{自身农产品消费}} = \frac{\chi \bar{a}(1-\varepsilon)}{2-\chi(1-\varepsilon)} \tag{4-3c}$$

此时，小农户在股份合作模式中的增收来源主要是入股分红，体现在式（4-3c）中的股份收益里面。股份合作模式将小农户与合作社的市场竞争关系转换为要素契约关系，促使小农户在增强比较优势的同时获得合作社的知识、技术等内部效益和规模经济，进而提升小农户在合作社中的产业价值份额。

**（二）不同合约安排下小农户的收入比较**

1. "租地+雇工"模式与合同农业模式的收入比较

基于式（4-1g）和式（4-2c）比较小农户在合同农业模式和"租

地+雇工"模式下的收入差异：

$$V_{1d}^* = \frac{\bar{a}(\xi\psi+\epsilon-\epsilon\xi)(1-\varepsilon)}{2(\xi\psi+1-\xi)-(\xi\psi+\epsilon-\epsilon\xi)(1-\varepsilon)} - \frac{\sigma\bar{a}(1-\varepsilon)(\xi\lambda\psi+1-\xi)}{2(1-\xi)-(1-\varepsilon)(\xi\lambda\psi+1-\xi)} \quad (4-4)$$

对于式（4-4），首先，在合同农业中，合作社让渡了部分剩余，小农户单位农产品价格高于"租地+雇工"模式，具体表现为 $\epsilon P_{2c}^* = P_{1s}^* + \eta$（$\eta \geq 0$），$\eta$ 为合同农业在"租地+雇工"模式基础上的溢价。其次，合同农业赋予小农户溢价空间提高了农产品相对价格，小农户基于自利原则会减少自身农产品消费，进一步提高农产品商业化程度，表现为 $Ny_{1c}^* \geq Ny_{2c}^*$。再次，相较于合同农业，在"租地+雇工"模式下，小农户的"跟随行为"会对整个市场造成"随机冲击"，进而导致双方的市场议价权减弱。最后，在合同农业中，合作社与小农户缔结准一体化性质的"合作社+农户"合约，在一定程度上杜绝了中间商的干扰，双方各得其利（邓宏图等，2020）。综上，$V_{1d}^* \geq 0$ 成立，即相较于"租地+雇工"模式，合同农业模式的合约安排赋能小农户的增收效应更大。

**2. 合同农业模式与股份合作模式的收入比较**

合同农业模式与股份合作模式的区别在于，合同农业模式赋予小农户一定的溢价空间，小农户能够在流通渠道获得更多的产业价值份额，而股份合作模式将二者结成"风险共担，利益共享"的产业共同体，提供了足够多的激励相容空间。由式（4-2c）、式（4-3c）可知：$V_{3c}^* = \frac{\chi\bar{a}(1-\varepsilon)}{2-\chi(1-\varepsilon)}$，$V_{2c}^* = \frac{\bar{a}(\xi\psi+\epsilon-\epsilon\xi)(1-\varepsilon)}{2(\xi\psi+1-\xi)-(\xi\psi+\epsilon-\epsilon\xi)(1-\varepsilon)}$。在股份合作模式中，对于 $\chi$ 的取值，可由合同农业模式推导得出。在合同农业模式中，总产出为 $(\xi\psi+1-\xi)(1-\varepsilon)NP_{2c}^*$，小农户获得的产出为 $(\xi\psi+\epsilon-\epsilon\xi)(1-\varepsilon)NP_{2c}^*$；在股份合作模式中，总产出为 $P_{3c}^*N\psi-vk_c^*=(1-\varepsilon)P_{3c}^*N\psi$，小农户获得的产出为 $\chi(1-\varepsilon)P_{3c}^*N\psi$，根据参与约束及激励约束，$\chi \geq \frac{\xi\psi+\epsilon-\epsilon\xi}{\xi\psi+1-\xi}$。此时，将 $V_{2c}^*$ 做如下改写：$V_{2c}^* = \frac{\frac{(\xi\psi+\epsilon-\epsilon\xi)}{\xi\psi+1-\xi}\bar{a}(1-\varepsilon)}{2-\frac{(\xi\psi+\epsilon-\epsilon\xi)}{\xi\psi+1-\xi}(1-\varepsilon)} \leq$

$\dfrac{\chi \bar{a}\,(1-\varepsilon)}{2-\chi\,(1-\varepsilon)}$，即 $V_{3c}^* \geqslant V_{2c}^*$，即相较于合同农业模式，股份合作模式的合约安排赋能小农户的增收效应更大。

**（三）研究假说**

基于上述分析，本节提出如下研究假说：

假说4-1：小农户与合作社的合约安排能够促进小农户增收，并且"租地+雇工"模式、合同农业模式和股份合作模式的增收效果递增。

假说4-2：不同的合约安排促进小农户增收的作用机制存在差异："租地+雇工"模式通过土地转出和劳动时间再配置促进小农户增收；合同农业模式通过产品溢价（稳定市场销售渠道）赋能小农户增收；股份合作模式通过提升产业价值份额助力小农户增收。

## 四 数据来源、变量界定与模型构建

**（一）数据来源**

本节研究的数据源于自调数据。与此同时，考虑到调研数据样本的有限性，为了保证研究问题在检验结果上的可靠性，在开展稳健性检验时采用了"中国土地经济调查"（CLES）数据。

鉴于CLES数据的相关特征，本节选取该调查2020年和2021年的数据构造一个混合截面样本开展合约安排与小农户增收的实证检验。为保证研究数据的适用性与可靠性，对CLES 2020和CLES 2021数据进行如下处理：（1）剔除关键变量存在缺失值的样本；（2）为减轻异常值对实证结果的影响，对家庭纯收入等容易产生异常值的变量进行1%的双侧缩尾处理。最终得到包含5030个观测样本的两期混合截面数据。

### (二) 变量界定

(1) 被解释变量：家庭年收入。家庭年收入的选择原因、衡量指标与数据处理方式参见第三章第三节。

(2) 核心解释变量：合约安排，即小农户与合作社的利益联结模式。本节将被调查对象对调查问卷中"是否在合作社打工"（记为问题1）"土地是否流转给合作社"（记为问题2）"是否与合作社签订合同"（记为问题3）的回答作为合约安排的判定标准。具体类型依据下列原则进行界定：如果小农户对问题1和问题2的回答为"是"，则将两者的合约安排界定为"租地+雇工"模式；如果小农户对问题3的回答为"是"，则将两者的合约安排界定为合同农业模式。为了比较不同的合约安排对小农户增收影响的差异，本节将合约安排设置成为两个0-1虚拟变量并将其引入模型中，分别为"租地+雇工"模式 $D_{i1}$（满足"租地+雇工"模式赋值为1，无利益联结作为参照，赋值为0）、合同农业模式 $D_{i2}$（满足合同农业条件赋值为1，无利益联结作为参照，赋值为0）。此外，因样本缺乏股份合作模式的观测值，从而在基准回归分析部分不将股份合作模式纳入实证过程中。

(3) 控制变量。在遵循以往研究结论的基础上，本节控制如下三类重要变量。第一类是户主层面特征，包括性别、年龄、政治面貌等。第二类是家庭层面特征，包括家庭人口数、土地禀赋等。第三类是村庄层面特征，包括村人均土地规模。

变量说明及描述性统计结果如表4-1所示。

表4-1 变量说明及描述性统计结果

| 变量分类 | 变量名称 | 变量含义及赋值 | 均值 | 标准差 |
| --- | --- | --- | --- | --- |
| 被解释变量 | 家庭年收入 | 家庭年收入（元） | 105514.20 | 149306.9 |
| 核心解释变量 | "租地+雇工"模式 | 1=是，0=否 | 0.11 | 0.313 |
|  | 合同农业模式 | 1=是，0=否 | 0.306 | 0.461 |
|  | 股份合作模式 | 1=是，0=否 | 0 | 0 |

续表

| 变量分类 | 变量名称 | 变量含义及赋值 | 均值 | 标准差 |
|---|---|---|---|---|
| 控制变量：户主特征 | 性别 | 0=女，1=男 | 0.704 | 0.456 |
| | 年龄 | 年龄（岁） | 56.59 | 10.54 |
| | 受教育程度 | 1=小学及以下，3=初中，4=高中，5=大学及以上 | 1.545 | 0.716 |
| | 婚姻状况 | 0=未婚，1=已婚 | 0.969 | 0.171 |
| | 政治面貌 | 0=非党员，1=党员 | 0.063 | 0.243 |
| | 是否健康 | 0=否，1=是 | 0.963 | 0.188 |
| 控制变量：家庭特征 | 家庭人口数 | 家庭人口数量（人） | 5.288 | 1.783 |
| | 农机服务费支出 | 家庭农机服务费支出（元） | 744.43 | 2597.455 |
| | 家庭社会资本 | 家庭礼金支出（元） | 4504.871 | 4152.086 |
| | 土地禀赋 | 经营土地面积（亩） | 16.146 | 28.932 |
| 控制变量：村庄特征 | 村人均土地规模 | 村人均土地规模（亩） | 163.228 | 161.220 |

### （三）模型构建

本节的研究目标在于识别合约安排与小农户增收的因果关系及其差异，由此构建一个多元回归模型：

$$\ln Y_i = \alpha_0 + \beta D + \alpha_1 X + \mu_i \tag{4-5}$$

在式（4-5）中，$\ln Y_i$ 表示小农户家庭年收入的对数；$D$ 表示合约安排，是一个包括"租地+雇工"模式 $D_{i1}$、合同农业模式 $D_{i2}$ 和股份合作模式 $D_{i3}$ 的列向量；$X$ 表示控制变量；$\mu_i$ 表示随机扰动项。

## 五 实证结果与分析

### （一）基准回归结果

在控制其他变量的情况下，基准回归结果（见表4-2）表明，"租地+雇工"模式的估计系数和合同农业模式的估计系数均显著为正，且后者大于前者。这说明相较于小农户与合作社没有利益联结的情况，不同的合约安排均能显著促进小农户增收,且从"租地+雇工"模式到合同农业模式增收效果递增。

表 4-2 合约安排与小农户增收的估计结果

| 变量 | 基准回归 | 稳健性检验 | | | |
| --- | --- | --- | --- | --- | --- |
| | | Oster敏感性分析 | 内生性检验1 | 内生性检验2 | CLES 数据估计 |
| "租地+雇工"模式 | 0.328*<br>(0.190) | 5.039 | | | 0.262***<br>(0.072) |
| 合同农业模式 | 0.541**<br>(0.307) | 2.774 | | | 0.545**<br>(0.275) |
| 股份合作模式 | | | | | 0.593**<br>(0.233) |
| 合约安排(连续变量) | | | 0.348*<br>(0.198) | 0.359*<br>(0.216) | |
| 不可识别检验 | | | 53.033*** | 63.868*** | |
| 弱工具变量检验 | | | 136.488 | 14.232 | |
| S-Y 值(5%) | | | 16.38 | 21.01 | |
| 控制变量 | 是 | 是 | 是 | 是 | 是 |

注:*、**和***分别表示10%、5%和1%的显著性水平;括号内为稳健标准误;限于篇幅,只汇报核心解释变量的回归结果;因 CLES 数据是混合截面数据,在回归加入了年份虚拟变量以控制时间趋势;本节余表同。

## (二) 稳健性检验

**1. 基于遗漏不可观测变量与估计偏误的讨论:Oster 敏感性分析**

敏感性分析基于系数稳定性原理,通过测算可观测变量与不可观测变量的相对选择性判断模型中的其他因素是否得到充分控制,进而验证核心解释变量与被解释变量之间是否存在非零的因果效应。Oster (2019)证明,当模型存在由不可观测的因素造成的估计偏误时,偏误修正系数 $\beta^* \approx \tilde{\beta} - \delta(\mathring{\beta}-\tilde{\beta})\frac{R^2_{max}-\tilde{R}^2}{\tilde{R}^2-\mathring{R}^2}$ 且 $\beta^* \xrightarrow{P} \beta$。其中,$\mathring{\beta}$、$\mathring{R}^2$ 分别表示解释变量只有核心解释变量时核心解释变量的估计系数及模型拟合优度;$\tilde{\beta}$、$\tilde{R}^2$ 分别表示解释变量包括核心解释变量及全部控制变量时核心解释变

量的估计系数及模型拟合优度；$R^2_{\max}$ 表示加入不可观测的变量时模型最高的拟合优度，理想情况下，$R^2_{\max}$ 等于 1。考虑到测量误差及随机性，Oster 的建议是 $R^2_{\max}=1.3\tilde{R}^2$。Oster 敏感性分析识别基准回归结果稳健性的原则如下：当 $\delta\neq 1$ 时，假设 $\beta=0$，如果 $|\delta|>1$，则说明控制变量得到充分控制，核心解释变量与被解释变量之间存在非零的因果效应（Oster，2019；孙早和侯玉琳，2021）。敏感性分析结果表明（如表 4-2 所示），当 $\delta\neq 1$ 时，"租地+雇工"模式和合同农业模式对应的 $|\delta|$ 均大于 1，说明由不可观测因素造成的估计偏误无法拒绝合约安排与小农户增收之间的正向因果效应，即证明了基准回归结果的稳健性。

2. 内生性检验

第一，双向因果引致内生性。小农户与合作社的合约安排同时取决于合作社特征、政府相关政策与小农户的资源禀赋。在当前推动产业发展以巩固脱贫攻坚成果与实现乡村振兴的目标约束下，尽管地方政府出于理性考虑会"调试性联结"小农户与合作社，推动资源禀赋较差的小农户发挥"后发优势"而加入合作社。然而，资源禀赋丰富的小农户更有可能发挥"先天优势"而与合作社建立合同农业模式的合约安排，而非"租地+雇工"模式的合约安排。第二，对合约安排的测量误差引致内生性。对合约安排的"错误测量"是本节研究内生性的重要来源，如部分合同农业模式的合约中也主要依据市场定价，而非双方约定价格。即小农户与合作社的合约安排虽然表面上是合同农业模式，但实质上仍然是"租地+雇工"模式。

针对研究问题，小农户对合作社的信任程度是一个合理的工具变量，依据小农户对问题"您是否信任合作社负责人"的回答进行赋值（信任=1，不信任=0）。信任是一种重要的社会资本，尤其是合作社内部的人际信任和制度信任能够通过降低交易成本、减少搭便车等方式加强小农户的合作行为，进而激励小农户做出与合作社缔结合约安排的策略选择，因此该工具变量满足相关性要求；同时，小农户对合作社的信任和小农户收入没有直接关系，故该工具变量满足外生性要求。

然而，小农户对合作社的信任程度只能用于识别双方是否存在合约安排，而无法进一步确定合约安排的具体类型，可能存在工具变量可信度不足的问题。基于此，本节参考 Lewbel（2012）提出的基于异方差构造工具变量方法构造一组工具变量。基于异方差构造工具变量需要考虑一组变量 $Z$，在第一阶段用合约安排 $D_i$ 对 $Z$ 进行回归，保留残差 $\hat{\varepsilon}$，当 $\hat{\varepsilon}$ 存在异方差时，$(Z-\bar{Z})\hat{\varepsilon}$ 可作为合约安排 $D_i$ 的工具变量。Lewbel（2012）认为，如果对于内生变量能找到一个满足相关性和外生性要求的工具变量，则利用该工具变量或者将该工具变量和异方差工具变量进行组合比利用异方差工具变量的估计效率更高。有鉴于此，本节同时以小农户对合作社的信任程度和 $(Z-\bar{Z})\hat{\varepsilon}$ 作为合约安排 $D_i$ 的工具变量。

进一步，考虑到"租地+雇工"模式和合同农业模式两种典型的利益联结模式如果具有相同的工具变量，就可能导致工具变量回归结果无法识别不同模式所带来的增收差异。因此，此处将合约安排 $D_i$ 设定为一个连续变量，不同的赋值代表不同的模式，由小到大依次为无利益联结关系（赋值为0）、"租地+雇工"模式（赋值为1）、合同农业模式（赋值为2）。此时，合约安排 $D_i$ 是一个存在多种因果效应的变量，利用 2SLS 的估计结果作为潜在结果存在的平均差异能够在一定程度上识别合约安排与小农户增收的因果关系：若合约安排 $D_i$ 的 2SLS 估计结果显著为正，则说明从"租地+雇工"模式到合同农业模式的增收效果递增。在 2SLS 估计结果（如表 4-2 所示）中"内生性检验1"对应仅使用小农户对合作社的信任程度作为工具变量的 2SLS 估计，"内生性检验2"对应将小农户对合作社的信任程度和 $(Z-\bar{Z})\hat{\varepsilon}$ 同时作为工具变量的 2SLS 估计。在工具变量通过不可识别检验和弱工具变量检验后，合约安排 $D_i$ 的估计系数显著为正，说明基准回归结果是稳健的。

3. 替换数据再估计

为进一步验证回归结果的稳健性，此处将数据替换为"中国土地经济调查"（CLES）数据对合约安排与小农户增收的因果关系进行检验。替换数据后的估计结果表明（如表 4-2 所示），"租地+雇工"模式、合同农业模式与股份合作模式的估计系数均显著为正,且大小与基准回归结果接近,大小排序也与基准回归结果相一致,再一次验证了基准回归结果的稳健性。至此,研究假说4-1得到印证。

### 六 机制检验

在纳入三种典型的利益联结模式的分析框架下,不同的合约安排对促进小农户增收的效果存在差异,本部分拟进一步检验不同的合约安排促进小农户增收的作用机制,以期厘清不同合约安排是如何影响小农户增收及其差异。

#### (一)"租地+雇工"模式:基于土地转出和劳动时间再配置的机制检验

在上文分析中,"租地+雇工"模式主要通过土地转出和劳动时间再配置促进小农户增收,即小农户不仅能获取土地租金,而且能够重新将劳动时间在自家经营与合作社务工之间进行分配。在此,拟用是否转出土地和小农户是否在本地打零工分别表征土地转出和劳动时间再配置。机制检验结果表明(见表4-3),"租地+雇工"模式在促进小农户转出土地的同时重新分配在自家经营与合作社务工上的劳动时间,进而通过获取土地租金和提高劳动要素的边际产出显著促进小农户增收。

表4-3 机制检验结果

| 变量 | | 机制变量 | | | |
|---|---|---|---|---|---|
| | | 土地转出 | 劳动时间再配置 | 产品溢价 | 提升产业价值份额 |
| 合约安排 | "租地+雇工"模式 | 0.224*** (0.084) | 0.753*** (0.003) | | |
| | 合同农业模式 | | | 0.132* (0.071) | |
| | 股份合作模式 | | | | 0.765*** (0.014) |
| 控制变量 | | 是 | | | |

#### (二)合同农业模式:基于产品溢价的机制检验

合同农业模式中,小农户通过与合作社签订购销合同,获得稳定的产品溢价。相较于农户自销所面临的市场不稳定，合同农业模式下销路稳定且价格保障（产品溢价）能够打破因农产品价格低而制约小农户收入增长的市场因素，进而促进小农户增收。考虑到小农户从合同农业模式中获得产品溢价提高了农产品收益率，本节以农作物的纯利润是否偏离全样本均值作为产品溢价指标，正向偏离赋值为1，反之为0。机制检验结果表明（见表4-3），合同农业模式通过产品溢价效应显著赋能小农户增收。

**（三）股份合作模式：基于产业价值份额提升的机制检验**

股份合作模式通过提高小农户在合作社中占有的产业价值份额赋予了小农户获得更多产业增值收益的可能性。因自调数据缺乏股份合作样本，本节以CLES数据中小农户是否在合作社获得分红作为产业价值份额提升效应的代理指标（获得分红赋值为1，反之为0），对股份合作模式促进小农户增收的渠道进行检验。机制检验结果表明（见表4-3），股份合作模式能够显著提升小农户获得的产业价值份额。

至此，假说4-2得以验证。综合上述分析，不同的合约安排促进小农户增收的作用机制存在差异，这也可能是不同的合约安排对小农户增收的效果存在差异的原因。

## 七 进一步讨论

上文的研究结果表明合约安排与小农户增收存在显著的正向因果关系，且相比"租地+雇工"模式和合同农业模式，股份合作模式的合约安排更能促进小农户增收。这也符合国家顶层设计——推动与农民建立契约型、股权型等利益联结机制，让农民分享产业增值收益。然而，回归经验和事实：自调数据中股份合作模式的样本量为0，同时，CLES数据中，股份合作模式的合约安排只有56例（仅占1.11%）。对此，一个值得深思的问题是：为何利益联结更加紧密的增收效果更好的股份合作模式在"小农户+合作社"生产模式下难以生成？为回答这一问题，本部分首先运用两人不对称演化博弈证明股份合作模式的合约安排是小农户与合作社的进化稳定策略（即博弈双方的最优策略组合），这是本部分进一步讨论该模式的理论基础；其次从交易费用与风险分散的权衡取舍和参与约束与激励约束难以相容两个角度深入分析股份合作模式难以生成的内在原因。

**（一）股份合作模式的合约安排是进化稳定策略**

上文假设经济体中有 $N$ 个小农户及 1 个合作社，为了更一般化及方便后文分析，将该经济体中的合作社数量扩大到 $M$ 个。假设股份合作模式的总体收益为 $V$，小农户入股合作社获得的分成比例为 $r$，合作社获得的分成比例为 $1-r$，小农户与合作社在没有形成利益联结时的收益分别为 $u_1$、$u_2$，因为股份合作模式将小农户与合作社的生产要素进行有机组合，要素联合配置效率更高且能够获得规模经济，所以 $V>u_1+u_2$。同时，假设达成股份合作模式合约需要的总成本为 $C$，小农户负担的成本为 $\alpha C$，则合作社负担的成本为 $(1-\alpha)C$，结合现实情况则有 $\alpha<1-\alpha$，且双方都能获得一定的剩余增量，分别为 $rV-\alpha C$、$(1-r)V-(1-\alpha)C>0$。基于上述假设，构造如表 4-4 所示的得益矩阵。考虑到小农户与合作社都或多或少存在有限理性和不完全信息问题，且小农户与合作社存在不对称的谈判关系，本部分拟采用两人不对称演化博弈分析合作社与小农户通过学习和模仿进行的"股份合作模式"决策。

表 4-4 小农户与合作社博弈的得益矩阵

| | | 合作社 | |
|---|---|---|---|
| | | 同意入股 | 不同意入股 |
| 小农户 | 入股 | $rV-\alpha C$，$(1-r)V-(1-\alpha)C$ | $u_1$，$u_2$ |
| | 不入股 | $u_1$，$u_2$ | $u_1$，$u_2$ |

当 $rV-\alpha C>u_1$ 且 $(1-r)V-(1-\alpha)C>u_2$ 时，原博弈的纳什均衡为（入股，同意入股）和（不入股，不同意入股），而且（入股，同意入股）是一个帕累托上策均衡，其经济含义是：合作社各方的合作剩余最大化与剩余分配合理化是股份合作模式发生的前提和保证。根据两人不对称

演化博弈的求解范式，假设小农户采取入股的比例为 $x$，合作社采取同意入股的比例为 $y$，则小农户和合作社的复制动态方程分别为：

$$\frac{dx}{dt} = xy(1-x)[(rV-\alpha C)-u_1]$$

$$\frac{dy}{dt} = xy(1-y)\{[(1-r)V-(1-\alpha)C]-u_2\}$$

由微分方程的稳定性定理可知，小农户的进化稳定策略为 $x=1$ 对应的点，即小农户采取入股的比例稳定在 100%；合作社的进化稳定策略为 $y=1$ 对应的点，即合作社采取同意入股的比例稳定在 100%。由演化博弈的结果及其进化稳定策略的性质可知：即使有些小农户或合作社一开始没有选择股份合作模式，但经过学习或模仿最终选择股份合作，而且哪怕在现实生活中偶尔有偏离合作的情况，双方也会重新选择股份合作模式。

**（二）股份合作模式的合约安排为何难以生成？**

既然股份合作模式的合约安排是小农户和合作社可能的进化稳定策略（即最优选项），为何在现实中却难以生成？从（入股，同意入股）这一进化稳定策略成立的条件 $rV-\alpha C>u_1$ 且 $(1-r)V-(1-\alpha)C>u_2$ 来看，小农户和合作社实现股份合作模式的合约安排需要解决两个问题：其一，利益和成本的分配能否调动双方的积极性（合作剩余最大化）；其二，双方能否就联合行动的某些目标达成一致（剩余分配合理化）。如果能够有效解决这两个问题，那么股份合作模式的合约安排就有可能生成。然而现实中，在股份合作模式中确定利益和成本的分配是一个复杂的过程，在异质成员之间找到均衡是困难的，"股份合作"不一定是理性农户的最优策略（Staatz，1983；Sexton，1986；邓宏图和王巍，2015）。

首先，从交易费用与风险分散的权衡取舍来看。有效率的资源配置要求每种资源都用于实现最大价值的合约安排，合约的选择是为了分散风险及最小化交易费用，可归因于交易费用与风险分散的权衡取舍（张五常，2017）。股份合作模式是一种分担风险的工具，其本身具有的风险分散价值提高了被选择的可能性，但较高的交易费用无法从分散风险的收益中得到补偿。

对于股份合作模式而言，小农户和合作社都是剩余索取者，双方涉及的谈判活动和执行活动更为复杂，面临的交易费用也就更高。其一，如果小农户以土地或者劳动入股合作社，则合作社需要对生产要素进行监督以保证资源有效率地使用。对于土地要素而言，需要确定土地质量和数量以折价入股，然而受限于农地细碎化和分散化的基本现实，确定土地质量需要花费大量成本。对于劳动要素而言，对劳动的监督不充分会导致"卸责"行为，而防止这种"卸责"行为的相关执行费用很高（张五常，2017）。与此同时，即使监管产出的费用低于监管投入的费用，如果以产出计量劳动贡献，也会因农业生产的时间性和空间性而面临困难（马彦丽，2019）。其二，如果小农户以资金入股，合作社虽然不会面临对劳动和土地监督的难题，但小农户需要对合作社进行有效监督，防止合作社将部分产出"隐藏"，产生"寻租"效应，此时小农户不仅需要监督合作社的产出，也需要监督合作社的生产成本，这无疑会增加小农户的监督成本（马彦丽，2019）。此外，如果通过国家制度强制推行股份合作模式也面临执行困难或执行成本过高等约束（刘凤芹，2003；马彦丽，2019）。综上分析，股份合作模式的交易费用较高以至于股份合作模式的合约安排的缔结无利可图。

其次，即使股份合作模式的合约安排在较高交易费用的背景下缔结成功，双方依然面临参与约束与激励约束难以相容的难题。一方面，在小农户与合作社的"合约集"中，目标冲突及信息不对称容易导致小农户和合作社激励不相容。小农户与合作社的专用性资产在质量和数量上存在显著差异，合作社拥有更高质量和更多数量的生产性资产，在缔结股份合作模式合约安排的过程中更加容易被"锁定"，无形之中减弱了合作社的合作意愿。即使双方形成了股份合作模式的合约安排，小农户因为资产劣势而缺乏选择空间，难以和合作社竞争剩余索取权和剩余分配权，进一步失去与合作社缔结股份合作模式合约安排的利益激励。鉴于小农户与合作社的信息获取能力差异，逆向选择和道德风险问题突出，小农户成为"信息劣势"的受损者，合作社基于自身的"信息优势"能获得更多的"组织增值收益"。

同样以 $N$ 个同质小农户及 1 个合作社的经济体为例，假设 $N$ 个同质小农户以土地、劳动或资金入股，其获得的分成比例为 $r$，$Q$ 表示总股金。在图 4-2 中，曲线 $AD$ 表示边际分成曲线（$\partial Y/\partial Q$）$r$，小农户获得的收益为图形 $OADE$ 的面积；合作社的收益为点 $A$、$B$、$C$、$D$ 围成的面积。在逐利机制驱使下，合作社和小农户会努力扩大自身的总体收益，分别表现为合作社向下压缩小农户的边际分成曲线（虚线箭头方向）和小农户努力提高分成比例（实线箭头方向），双方对分成比例 $r$ 的博弈表现为"你得即我失"的零和博弈，难以实现激励相容。

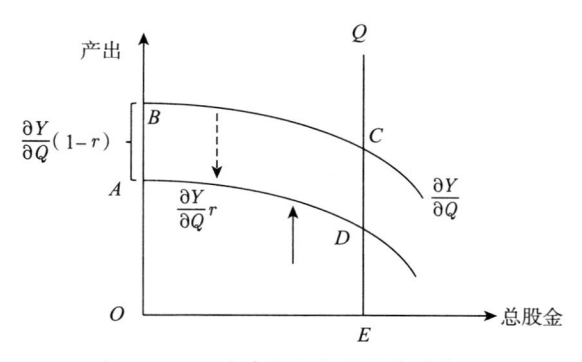

**图 4-2 小农户与合作社的分成情况**

另一方面，成员异质性形成"核心—外围"的产权结构引致合作社的"双重"委托代理问题，无法约束大股东对合作社小股东的利益侵占行为，引发合作社的"内股外租"及"内部人控制"问题，进而导致合作社整体价值的损失（马彦丽，2019；马彦丽和孟彩英，2008）。从"内股外租"角度看，这与我国大多数股份合作制合作社"只保底，不分红"的现实相符，即合作社管理者拥有合作社股权，小农户仅能获得务工工资和土地租金，此时小农户与合作社的合约安排本质上是"租地+雇工"模式。从"内部人控制"角度看，合作社具有

111

"产权锁定"特征，而均质小农户容易陷入集体行动的困境，缺乏对合作社管理者进行监督的动力，此时小农户有"股东"之名，无"股东"之实，合作社的管理者和领办人才是少数真正的合作社所有者。

综合上述分析，股份合作模式高昂的交易费用降低了其被选择的可能性，即便最后缔结了股份合作模式的合约安排，也因参与约束和激励约束的不相容引致股份合作模式的"有名无实"，这较好地解释了为什么股份合作模式的合约安排在"小农户+合作社"生产模式中难以生成，同时也厘清了现实中大部分股份合作模式合作社为何"只保底，不分红"，抑或将其他资金包装成股金的真实原因。

## 八　结论、讨论与政策建议

### （一）结论与讨论

什么样的合约安排更能促进小农户增收？为了回答这一核心问题，本节将三种典型的利益联结模式（"租地+雇工"模式、合同农业模式和股份合作模式）纳入同一分析框架之中，并采用自调数据和 CLES 数据实证检验合约安排对小农户增收的影响及其差异。第一，"租地+雇工"模式、合同农业模式与股份合作模式均能显著促进小农户增收，且增收效果递增。这一结论在考虑遗漏变量估计偏误、内生性检验、替换数据等一系列稳健性检验之后依然成立。第二，不同的合约安排促进小农户增收的作用机制存在差异："租地+雇工"模式通过土地转出和劳动时间再配置促进小农户增收；合同农业模式通过产品溢价赋能小农户增收；股份合作模式通过提升产业价值份额助力小农户增收。第三，之所以利益联结更加紧密的增收效果更好的股份合作模式在"小农户+合作社"生产模式中难以生成，原因在于存在交易费用与风险分散的权衡取舍、参与约束与激励约束难以相容两个问题。

因此，本节从当前"小农户+合作社"生产模式的实际出发，对合约安排的三种典型模式提出如下讨论。

第一，"租地+雇工"模式与合同农业模式的当前价值。在巩固脱

## 第四章 小农户有效融入乡村特色产业：利益共同体视角

贫攻坚成果与推动乡村振兴有效衔接的重要时期，不能忽视局限于自身人力资本或家庭结构的守土守村型小农户。"半工半耕"是小农户的经济逻辑之一，在"离土离乡"的打工浪潮中，农民工依靠自身特殊的人力资本、社会资本及辛勤工作获得了比农业回报更高的报酬，在一定程度上改善了其家庭经济状况。然而，部分小农户局限于自身人力资本或家庭结构，外出务工并不是其最优选择。对于此类小农户而言，在现有条件约束下，"租地+雇工"模式和合同农业模式两种合约安排是"松散而次优"的选择，能够改变农业经营与非农就业的相对回报。究其原因是：一方面，如果没有充分的就地就近就业机会，小农户生产的内卷化仍会持续，进而陷入"有效率的贫困"之中；另一方面，合同农业虽然受限于合约不完全等问题容易出现敲竹杠、机会主义行为等问题，但本着"有"总比"无"强的原则，合同农业仍是值得实践的选择之一。

第二，在当前我国正在进行的农村集体产权制度改革中，集体领办的股份经济合作社能否打破股份合作"有名无实"的桎梏？不同于一般的下乡资本，集体领办的股份经济合作社能够利用"人情""面子"等乡土要素克服集体行动的困境，进而高效率地将小农户组织起来，也能避免资本"取代"小农户进行农业经营。但是，股份经济合作社在带动小农户方面依然存在劣势。尽管农村集体产权制度改革逐步推动"政经分离"，并进一步明晰资源产权，然而经营性资产的缺乏导致难以进一步发展壮大集体经济和股份经济合作社，不利于股份经济合作社发挥利益创造能力和累积能力，进而难以提供足够的利益激励。同时，如果通过行政力量使每个村集体都建立集体领办的股份经济合作社，无疑会忽视地方禀赋约束，导致制度资源错配。因此，尽管集体领办的股份经济合作社具有组织小农户的天然优势，但如果缺乏利益创造能力那么它们就会逐步异化为"空壳社"和"僵尸社"。不过，相较于私人或企业领办的股份合作制合作社，集体领办的股份经济合作社不会将小农户边缘化。

第三，以"资源变资产、资金变股金、农民变股东"为主要内容的"三变"改革能否支撑股份合作模式的良性发展？诚然，"三变"改革能够推动构建小农户与合作社之间"利益共享，风险共担"的稳态利益联结机制，进而破解小农户原子化的现实困境，对于小农户还权赋能、分享更多的增值收益具有重要作用。然而，在具体实践中，一些作为"三变"改革试点的合作社打着"保底收益+按股分红"的幌子，事实上只有保底收益（地租和工资），无股份分红，甚至造成了集体资产的流失。此外，很多地方的社会经济发展条件并不足以支持"三变"改革，这使得很多地方政府迫于行政压力将土地租金或其他资金包装成股金，这不仅扭曲了国家"三变"改革的初衷，也没有改变小农户只能获得土地要素收益和劳动要素收益的事实，使得"三变"改革没有顾及地方禀赋约束而缺乏长效增长动力，进一步使股份经济合作社名不副实，更是造成了国家资源的浪费。

第四，股份分红与农民主体性建构孰轻孰重？在"资本确立优势，小农户沦为劣势"的农业产业化背景之下，构建小农户与合作社的股份合作合约安排是实现小农户和现代农业发展有机衔接的重要渠道。理论上讲，小农户与合作社共建资源、共享收益是股份合作模式持续存在的基础，但在各种因素的综合作用下，小农户在"共建"层面"缺位"，导致在"共享"层面的利益获得不足。因此，股份合作合约安排不应该只考虑小农户在程序上能否获得股金，更应该关注如何将合作社的能力对接给小农户，体现小农户的主体性价值，激发小农户的内生动力，进而重构小农户在农业产业中的主体性。

### （二）"小农户+合作社"生产模式下小农户增收的政策建议

从实际运作来看，乡村特色产业赋能小农户增收的基本逻辑是：首先，本地需要具有发展乡村特色产业的比较优势；其次，具有完备的乡村特色产业链，并且产业附加值具有一定的提升空间；再次，具有完善的小农户与乡村特色产业利益联结模式；最后，依托乡村特色产业的高质量发展带动小农户增收。在定西马铃薯产业与天水苹果产业的发展实践中，该逻辑的第二步与第三步存在较多的现实困境，进而使得第四步难以实现。确切来说，主要是两个问题：一是乡村特色产业尚未形成完备的产业链条，小农户难以从产业链的价值增值中分享更多收益；二是小农户因与新型农业经营主体存在不合理的分利秩序而与乡村特色产业相脱钩，即小农户尚未有效融入乡村特色产业。

如何促进乡村特色产业赋能小农户有效增收？农民主体性、政府协调及小农户与新型农业经营主体的合作制度安排是三个值得深思的方面。

第一，就农民主体性而言，客观地说，目前留守在农村的农民尚不具备融入现代产业所需要的人力资本（诸如技能等）、社会资本、产业运作知识与经验等必备条件，期望从农民着手解决小农户与乡村特色产业利益联结松散问题是不可行的，而从新型农业经营主体视角来化解该问题可能是一个有效的突破口。虽然新型农业经营主体从利益分配层面也并无与小农户的合作动机，但是与小农户合作存在成本收益的性价比：一方面，小农户可以提供合作所需的土地要素与相对廉价的劳动要素；另一方面，与小农户合作是新型农业经营主体长期持续经营的重要保证，也是其获取长期利润的最优模式。因此，如何筛选与支持新型农业经营主体就成为乡村特色产业发展的关键问题。笔者认为较好的新型农业经营主体至少应该满足如下三个条件：一是拥有熟悉本地基本属性的社会资本（如"乡能"）；二是具备发展乡村特色产业的人力资本（如掌握某种核心技能）；三是掌握产业运作的基本知识与经验（如曾经从事相关产业运营或管理）。进一步地，对于如何支持新型农业经营主体，需要纳入政府协调的分析。

第二，从政府协调来说，首先需要考虑的一个问题是政府与市场的边界问题，即政府应该什么时候介入？多大程度介入？具体介入哪些方面？从目前马铃薯与苹果产业的发展实践来看，政府需要介入的领域主要有两个方面：一是产业链加工环节的补链或延链，应该积极支持从事有关产业精深加工的新型农业经营主体参与市场；二是产品销售环节的介入。产品滞销或者贱卖的问题是当前政府需要重点协调的问题。

第三，从小农户与新型农业经营主体的合作制度安排来看，国家对新型农业经营主体的支持由物质构建转向制度构建是可行的思路。国家支持新型农业经营主体旨在拓展小农户的成长空间，进而使小农户获得长效、内生发展的物质基础，而非取代小农户。但现阶段的"租地+雇工"模式无法赋予小农户更多的内生动力，摆脱不了"资本雇用劳动"的私人化和资本化现象。因此，营造有利于构建小农户与新型农业经营主体之间"利益共享、风险共担"的稳态合作机制的政策环境更有利于小农户获取更多的产业增值收益。从我国目前的政策背景来看，"三变"改革似乎是一个很好的切入点，但是要仔细审视"三变"改革的边界和约束，顾及地方的禀赋约束。

## 第三节 乡村特色产业主体利益联结：脱钩逻辑与复联路径

构建乡村特色产业利益共同体是以农民主体性为发展原则的具体体现，更是依托乡村特色产业实现小农户和现代农业发展有机衔接，进而促进小农户有力有效增收的重要举措。然而事实上，乡村特色产业发展大多并未实现利益共同体的构建设想，而是呈现"大户吃小户"、小农户被边缘化只能获得有限增收的现实困境，甚至出现乡村特色产业多方主体间实际利益脱钩的表面联结现象。那么，问题是乡村特色产业主体间利益脱钩的生成逻辑是什么，如何针对问题实现乡村特色产业主体间的利益复联。

### 一 问题提出

产业振兴是乡村振兴的关键。2020年发布的《全国乡村产业发展规划（2020~2025年）》明确指出，乡村特色产业是乡村产业的重要组成部分，立足乡村特色产业，延伸产业链条和提升产业附加值是促进农民增收的重要渠道。2021年"中央一号文件"提出，要依托乡村特色优势资源，打造农业全产业链，让农民更多分享产业增值收益。2022年，习近平总书记在党的二十大报告中强调，"发展乡村特色产业，拓宽农民增收致富渠道"。在乡村振兴战略背景下，政府期望通过发展乡村特色产业联农带农，促进农民有效增收。

为了实现该目标，合作社等新型农业经营主体不仅成为政府选择的重点培育对象，而且成为小农户和现代农业发展有机衔接的重要载体。然而，在乡村特色产业发展实践中，一方面，小农户与合作社因在资源禀赋、市场能力等方面存在明显的不对等而引致双方在产业增值收益分配中严重不对等，合作社利用自身的禀赋优势获取超过其边际贡献的"位势租"（邓宏图等，2020；应瑞瑶等，2017；邓宏图和王巍，2015；谭智心和孔祥智，2011），合作社的联农带农作用有限；另一方面，双方在经营理念、经营模式等方面存在合作失范问题，合作社囿于自身的资产专用性强化了对小农户的"敲竹杠"动机（马太超和邓宏图，2022；徐旭初和吴彬，2018），小农户因处于产业链低端只能获取初级产品上的微薄收益，甚至选择"用脚投票"，逐渐脱离乡村特色产业。此外，当前乡村特色产业发展模式主要通过政府和资本的协同作用催生规模效应，并基于产业规模化带动小农户（许建明，2022；王海娟和夏柱智，2015），然而在此过程中基层政府通过政策手段支持合作社等新型农业经营主体盲目扩大产业规模而忽视小农户在乡村特色产业发展中的主体地位。

由此可见，乡村特色产业的主体利益关系已从联结走向脱钩，乡村特色产业高质量发展面临主体缺位、目标缺失、发展缺势等重大挑战。为了更好地厘清这一现象背后的深层次原因并寻找可能的有效治理方案，将小农户、合作社和基层政府纳入乡村特色产业体系分析框架之中，对乡村特色产业主体利益脱钩的生成逻辑是什么，以及如何重构乡村特色产业主体利益联结展开分析。

## 二 乡村特色产业主体利益脱钩的生成逻辑

小农户、合作社与基层政府三方主体利益脱钩的特征事实表明，每一个主体在决策时偏好选择用个益原则替代互益原则。因此，本小节拟从小农户、合作社和基层政府三个主体个益视角进一步剖析乡村特色产业主体利益脱钩的生成逻辑。

### （一）小农户："真"合作社"合而不作"，农民主体性缺失

着眼于我国大国小农和小农户原子化的社会现实，激发农民主体性的关键在于将原子化的小农户组织和动员起来，所以以合作社为中心的产业组织体系的构建是小农户组织化与农民主体性增强的必要条件（郭倩倩和王金水，2021；徐旭初和吴彬，2018）。理论上讲，"真"合作社具备"准公共物品"属性，是具有经济和社会双重属性的社会经济组织，其重要功能是将小农户分散的生产和经营活动组织起来，形成对接市场的集体力量以追求潜在利润（潘劲，2011）。然而，囿于个人利益和集体利益的冲突性、合作成本高、利益协调难度大等因素，小农户容易陷入集体行动的困境。一方面，小农户将自身拥有的资源贡献给合作社以整合为集体资源，其他成员基于集体资源的外部性容易产生"搭便车"行为，弱化小农户为合作社贡献自身资源的动机，最终导致合作社"合而不作"或解体消亡。另一方面，合作社社员越多，无疑越会减少社员在合作社内部获得的组织收益，以至于利益激励不够，合作崩溃。此时，鉴于确定合作社内部成本和利益的分配是一个复杂的过程（陆文荣和卢汉龙，2013），而对于小群体不仅更加容易实现内部监督，评估社员对合作社的贡献也更为简单，解决收益分配难题的一个可行方案是借助组织分化压缩成员规模。然而，现阶段的组织分化是基于大农户的利益分配，而非小农户的利益诉求，合作社成员异质性引致合作社被"小集团"操纵，小农户的社员身份"有名无实"。最终，合作社只有排他性，无相容性，难以实现"弱者的联合"，农民的主体性无法得到有效保障。

## （二）合作社："假"合作社泛滥，利益分配激励不相容

### 1. 合作社"资本雇用劳动"：合作收益分配扭曲

农村地区物质资本和人力资本缺乏，"资本雇用劳动"型合作社的产生具有内在必然性。从物质资本缺乏来看，合作社作为一种社会契约强调人的联合以对抗资本盘剥（许建明，2022），但其生产经营活动仍然离不开与资本的结合（马太超和邓宏图，2022）。基于双方的要素互补关系，小农户提供"合作"所需的土地和劳动要素，合作社提供资本。然而，小农户所拥有的土地承包经营权和劳动要素所有权与合作社所拥有的资本的相对价格存在非对称性，资本要素的谈判权显著强于土地要素和劳动要素。最终，合作社取得小农户所拥有的土地要素和劳动要素的支配权，小农户只能获得土地要素和劳动要素的近乎固定的收益。从人力资本缺乏来看，合作社需要更高质量和更多数量的人力资本以获取市场竞争优势。然而，城乡要素错配使得农村内部的高素质劳动力进一步向非农产业集聚，造成对农业产业人力资本的竞争性挤出。对此，根据间接定价理论，合作社管理者或所有者依靠具有高定价成本和难以测度、量化属性的"企业家才能"获得合作社的剩余（崔宝玉，2010），合作社被资本控制，即"资本雇用劳动"，进而小农户与合作社之间的产业增值收益分配出现严重扭曲。

### 2. 合作社与小农户的逐利动机：寻租效应和控制权转移效应

合作社内部不可避免地存在寻租效应和控制权转移效应（Banerjee et al.，2001）。寻租效应系合作社管理者或所有者凭借其资金、信息等优势逐步提高自己对合作剩余的占有率，排斥小农户以利润分享者的身份进入合作社，挤压小农户在合作社的利润份额。控制权转移效应系小农户出于逐利动机想获得合作社更多的合作剩余，与合作社管理者或所有者竞争合作社的剩余索取权和剩余控制权。结合寻租效应和控制权转移效应，小农户和合作社可获得的合作剩余取决于两种效应的相对大小。事实上，基于双方的资源禀赋差异，寻租效应占主导地位，控制权转移效应处于边缘地位，合作社管理者或所有者对租金（合作剩余）

的追求会形成合作社内部的排他性权利,即小农户是合作社的"成员",管理者或所有者是合作社的"权威",小农户不能稀释合作社所获得的合作剩余。基于此,合作社利用自身资源优势获取超过其边际贡献的"位势租"(邓宏图和王巍,2015)。

### (三) 基层政府:过程监督与资源支持双双失效

#### 1. 过程监督失察:小农户不是合作社的所有者

"盈余按惠顾额返还"和"成员民主控制"一直是合作社传承并坚守的核心内涵,分别对应合作社的剩余索取权和剩余控制权由全员公平享有的治理结构(邓衡山等,2016)。然而,现阶段合作社私人化和资本化现象严重,偏离社员所有、社员管理、社员收益的基本原则和制度安排,小农户只能获得劳动要素收益和土地要素收益。一方面,合作社成员边界采取双重标准,成员边界模糊。具体表现为:在争取政府政策支持时扩大成员边界,而在分享盈余时将成员限定为核心社员,以缩小成员边界(潘劲,2011),基层政府在给予合作社政策扶持时近乎完全忽略了合作社的实际带动能力。在此背景之下,集体利益被合作社侵占,小农户的主体地位被虚置,无法享有合作社的剩余控制权和剩余索取权。另一方面,基层政府的项目捆绑加速了合作社偏离"劳动雇用资本"属性,使得合作社将促农增收作为一项政治任务,而非其本身的价值观规定。此外,在政府成本与收益的权衡下,"假"合作社成为合作社发展的主要力量(仝志辉和温铁军,2009),不以成员福利最大化为目标,也不愿意和小农户分享合作剩余及政策性收益,已然压缩了合作社的发展空间及小农户的收益边界。基于此,小农户不可能成为合作社的所有者,合作社偏离"准公共物品"属性。此时,"假"合作社只不过是农产品产加销环节中的一个中间商,不能改变小农户本身的弱势地位,其联农带农能力有限。

#### 2. 资源支持失责:乡村特色产业发展困难重重

对于基层政府来讲,项目的竞争性要求项目资源的分配需要优先满足"亮点工程",因此"明星村"更有可能集聚项目资源,最终引致景观化地呈现乡村特色产业的建设成果，并逐渐形成对项目资源的路径依赖。基于此，在"项目获取"和"亮点工程"的多重作用下，基层政府表现出代替村庄搞建设的"越位"行为，不仅热衷于替村庄争取新项目，也频繁上马新产业以获取"特色化"的政绩（张森和叶敬忠，2023；刘军强等，2017）。由此来看，基层政府对乡村特色产业的政策支持可能会偏离靶心，导致乡村特色产业的发展由"以点带面"演化为"以点代面"，并面临转向的风险。其后果是，基层政府出现"缺位"问题（李耀锋，2016），不能及时回应村庄和小农户的利益诉求，乡村特色产业发展逐渐脱离村庄和小农户的实际需要。与此同时，基层政府局限于项目资源的有限性难以为乡村特色产业的高质量发展持续注入资源，并且伴随着基层政府领导班子的更迭，新一届领导班子在其任期内有强烈的动机选择与前任迥然不同且会产生最优政绩的新产业，乡村特色产业的扶持资源从而有可能被新上马的产业所稀释，进而使乡村特色产业面临因资金不足而中途退场的风险。

## 三 什么样的合作社适合建构"小农户+合作社"生产模式下的利益共同体？

从乡村特色产业主体利益联结框架可知，合作社作为基层政府和小农户发展乡村特色产业的共同代理人，直接影响了乡村特色产业的发展成效。在理想状态下，合作社没有偏离"劳动雇用资本"的本质规定，且发挥联农带农的服务功能。因此，若要解决乡村特色产业主体利益脱钩的问题，不能将发展乡村特色产业的代理人简单设定为合作社，而是转向"小农户+合作社"构成的利益共同体，小农户不仅是乡村特色产业发展的行动主体，也是乡村特色产业发展的受益主体。此时，乡村特色产业主体间的利益联结关系由双重委托代理的互益关系转变为基层政府与"小农户+合作社"利益共同体博弈的共益关系，并且基层政府不分享乡村特色产业的直接收益。构建"小农户+合作社"生产模式下的利益共同体是在坚持"小农存续论"的理论基础上将小农户引入现代农业发展轨道，进而实现中国式现代化农业发展与转型的重要途径。

**（一）坚持"劳动雇用资本"属性的合作社**

在理想状态下，合作社的剩余索取权和剩余控制权由全员公平享有，即合作社必然要坚持"劳动雇用资本"的价值取向（邓衡山等，2016）。然而，现实中的合作社不规范或"名实分离"等现象层出不穷。小农户与合作社对潜在利润的追求及其要素互补关系推动双方缔结特定的合约并确定利益分配格局。从效率原则来看，对生产的边际贡献较大的缔约方理应获得更多的剩余索取权和分配权（Grossman and Hart，1986）。基于"小农经济"和"大国小农"的现实，小农户同时缺乏物质资本和人力资本，为经济逻辑导向和效率导向的"资本雇用劳动"式的合作社提供了生存空间（马太超和邓宏图，2022），它们逐步异化为以营利为目的的投资者所有的涉农企业，合作社拥有绝对的剩余索取权和剩余分配权，双方呈现"隐蔽的雇佣关系"状态（陈义媛，2016）。在此基础上，合作社难以发挥市场竞争标尺效应及其他功能（梁巧和黄祖辉，2011），以至于乡村特色产业发展实践中难以找到真正体现农民合作的合作社，乡村特色产业主体呈现利益脱钩状态。基于此，重塑乡村特色产业利益共同体，并让小农户分享农业全产业链价值增值以助力农民农村实现共同富裕，关键要解决合作社的质性漂移问题，推动合作社完成从"资本雇用劳动"到"劳动雇用资本"的转变。

**（二）坚持"经济性和社会性相统一"的合作社**

理论上，合作社基于社员利益最大化的发展目标要兼顾经济性和社会性，然而我国合作社发展呈现"经强社弱"的特征。社会性要求合作社运营要符合"所有者与惠顾者同一"的本质规定性，由社员共同享有合作社的剩余。经济性要求合作社必须具备基本的利益累积能力、再生能力和利益创造能力，为社员分享"组织增值收益"奠定物质基础。如果合作社兼具社会性和经济性，则属于理想类型的合作社，不仅遵循"普惠性"和"平权性"原则，而且为小农户分配合作剩余创造物质基础；如果合作社具备社会性而缺乏经济性，则缺乏利益累积能力和利益创造能力，类似于非营利性经济组织；如果合作社具备经济性而缺乏社会性，则异化为投资者所有的企业，属于"假"合作社，此时小农户与合作社的合作关系是"隐蔽的雇佣关系"；如果合作社同时缺乏社会性和经济性，则成为专门套取国家补贴或经营失败的"空壳"合作社，该类合作社不从事农业生产经营活动，更不能为小农户带来任何利益。在这四种类型的合作社中，只有沿着社会性和经济性的合力方向演变，合作社才不会出现质性漂移，进而更有利于构建"小农户+合作社"生产模式下的利益共同体。

### 四 乡村特色产业主体利益复联的路径选择

基于上述对合作社"劳动雇用资本"和"经济性和社会性相统一"的分析，本小节拟从乡村特色产业三个主体的共益层面提出复联乡村特色产业主体利益的路径选择。

**（一）坚持农民主体性：构建从"精英主导"到"社员共享"的村社统筹型合作社**

相较于一般的"下乡资本"，村集体更具权威性和可信度。一方面，尽管农村社会结构正处于由基于差序格局构建的"亲而信"原则逐渐向基于业缘关系构建的"利相关"利益取向转变的深层次变革中，但是基于熟人社会和社会理性构建的"人情""面子""社会认同"等非正式制度依然在乡土社会中发挥重要作用，能够增强共同体信念，为集体行动提供内生和有序协作条件，是解决集体行动低效率问题的重要手段。另一方面，不同于原子化的小农户，村集体的资源整合能力和社会动员能力更强。村集体可利用组织内部社会资本对小农户产生示范和价值引导作用，并建立规范性的制度基础，进而重塑村庄文化和价值观，增强小农户贡献自身资源以建设"公共池塘"资源的意愿，缓解"搭便车"问题。基于此，村集体领办的合作社并没有将小农户排斥在利益分配体系之外的动机，小农户是产业链增值收益的获取者。此时基层政府可在产权、权益、分配等问题明晰之后将项目资源注入该类合作社，使之成为政府经营乡村特色产业的代理人。值得说明的是，村集体领办合作社和村干部领办合作社依然是两个不同的范畴，若合作社领办主体为村干部，依然难以使合作社摆脱"大农吃小农"的潜在规律，如果基层政府将项目资源注入村干部领办的合作社，乡村特色产业主体利益的脱钩状态仍然难以改变。

**（二）挑选代理人：选择和培育"德能兼备"的村庄带头人**

相较于普通小农户，村庄带头人具备资源及信息优势，是乡村产业发展的重要力量。尽管村庄带头人可以利用其资源优势（经济优势、政治优势、人际关系等）推动村庄内生式发展，但依然存在公共资源私人化、权力结构和利益结构重叠等负面效应。因此，对于基层政府而言，在选择和培育村庄带头人时需要秉持"德能兼备"的原则，放大其资源优势，削弱其负面效应。具体而言，基层政府需要从以下四个方面选择和培育村庄带头人：一是拥有熟悉本地基本属性的社会资本（如"乡能"）；二是具备发展乡村产业的人力资本（如掌握某种核心技能）；三是掌握产业运作的基本知识与经验（如曾经从事相关产业运营或管理）；四是拥有朴素的乡土情怀，不追求单一的物欲价值，不利用自身优势侵占小农户利益。其原因在于以下几点。第一，利益共同体的维系不只是一个经济问题，也是一个关系乡土社会结构变迁的问题，鉴于农业生产被嵌入村庄社会中，村庄带头人的社会资本能够为利益共同体的维系提供内生和有序协作条件，强化村庄内生发展能力。第二，合作社并不是"大了几圈"的小农户，需要更高质量和更多数量的人力资本以获取更多的产业增值收益，而不是种植（或养殖）规模的盲目扩大。第三，合作社持续健康发展需要符合市场经济规律的经营管理理念，必须考虑村庄带头人有应对农业市场化的各种能力和素养。第四，不与民争利是基层政府选择和培育带头人的重要标准，否则会陷入精英主导、精英俘获的"怪圈"。

**（三）基层政府：以基层党建为抓手，落实基层政府监督**

对于基层政府和合作社将小农户排斥在乡村特色产业价值链之外的

问题，基层党建必然要发挥监督作用。第一，将基层党建嵌入"股份合作"，构建"党建+股份合作"的组织模式。"股份合作"能够解决小农户家庭经营"分"得过散、"统"得不够等现实问题，赋予小农户资产权能，推动小农户与合作社形成"利益共享，风险共担"的利益共同体。现阶段，农村集体经济组织领办的股份经济合作社和以"资源变资产、资金变股金、农民变股东"为主要内容的"三变"改革能推动小农户与合作社实现"股份合作"。首先，从股份经济合作社角度看，如果股份经济合作社缺乏持续的盈利能力和党建监督，不仅仅会陷入"空壳化"的危机，更有甚者会异化为村干部领办的"私人合作社"，使"集体经济"变成"干部经济"。因此，将基层党建嵌入股份经济合作社不仅能将基层党组织的先锋模范作用对接到股份经济合作社，也能完善内部监督机制，推动股份经济合作社实现共建、共商、共享。其次，从"三变"改革角度看，在"三变"改革的推进过程中，如果基层政府只是简单地将项目资金作为小农户的股金入股到合作社，就不仅无法激发小农户的内生动力，还可能存在合作社将项目资金"私产化"的风险，其后果是项目资金的流失、惠农资源不惠农。因此，有必要将基层党建嵌入合作社，完善内外部监督机制。当然，更好的办法是将"三变"改革与集体经济组织领办的股份经济合作社结合起来，这样不仅能减少党建嵌入的组织成本和集体资产流失的风险，也能将"三变"改革的项目资源注入股份经济合作社，提升其利益创造能力和利益累积能力。

第二，以基层党建再造三方合作的组织基础。考虑到合作社纯粹的逐利动机、合约内容的随意性和非规范性，以及缺乏有效的监督和履约机制容易使小农户与合作社出现违约行为，基层党组织必须推动建立多主体相互信任的合作机制（于福波和张应良，2021）。首先，基层党组织不仅要利用其"权威效应"和组织约束力对合作社进行管理监督，从法律层面规范小农户与合作社的契约签订范式以保证源于法律等的外部信任，确保契约的长期性和稳定性。同时，也要利用其"公信力"

和组织声望构建与小农户的信任关系，提升源于文化与价值观等的诱致性内部信任，进而为小农户和合作社实现稳定合作牵线搭桥。其次，鉴于小农户合作意识淡薄，可以通过基层党组织的"公信力"和乡土社会的人情关系网络产生并放大邻里效应和示范学习效应，进而将合作意识嵌入乡土社会网络。原因在于，小农户所处的乡土社会网络能够依靠信息获取机制和同群模仿机制影响小农户的行为选择，使创造和共享以文字表达为主的显性知识与根植于个人的行为、经验、价值观、理想和情感的隐性知识成为可能。而基层党组织"公信力"的嵌入过程就是放大邻里效应和示范学习效应的过程。

**（四）上级政府：以农民增收为目标，逆向考核基层政府绩效**

基层政府选择何种类型的合作社作为其代理人取决于上级政府的发展观和农业发展目标，即政绩导向决定了基层政府选择代理人的遴选机制。现阶段，农业产业化是基层政府重要的考核指标（刘明兴等，2013），毋庸置疑的是，政府是乐于见到"真"合作社的，但在当前政绩考核标准下，扶持和遴选"真"合作社不具备成本收益上的可行性。然而，"树典型""抓亮点"固然重要，更值得关注的是小农户在"亮点工程"和"典型工程"中能获得多少实实在在的收益。基于规模依赖和政绩驱动逻辑，上级政府和基层政府往往只关注文本层面的合作社数量、产业规模等宏观指标，而忽略了在实践层面乡村特色产业和合作社对于小农户的价值。因此，需要将小农户在乡村特色产业中获得增值收益的数量及来源纳入基层政府考核范围，改变基层政府的效用函数和成本收益结构，增强基层政府扶持"真"合作社的动力，进而改变小农户在价值链上的边缘性地位。当然，对小农户在乡村特色产业中获得增值收益的数量及来源的评估不能仅局限于文本或统计数字层面，更需要从小农户角度分析其在乡村特色产业中是否获得了主体地位。还需要说明的是，将小农户在乡村特色产业中获得增值收益的数量及来源纳入基层政府考核范围也能在一定程度上缓解乡村特色产业"以点代面"和领导班子更迭而致产业发展转向的问题，原因在于政绩考核标准的改变迫使基层政府将农民主体性和村庄自主性放到首位，而非为自身政绩打造"亮点工程"。

**（五）完善动态监管体系：建立健全对合作社的协同监管长效机制**

合作社的规范性与合法性离不开政府部门对合作社实行从注册到经营的动态监管。首先，在合作社登记注册时，登记机关要将登记材料的审核落到实处，在源头上避免合作社"空壳化"和"异化"。其次，在合作社经营过程中要对合作社进行绩效评估，对运行不规范的合作社予以清理或对其合作社资格进行重新审视，对联农带农作用发挥较好的给予支持。具体而言，可采取如下措施：（1）对"无农民成员实际参与""无实质性生产经营活动""因经营不善停止运行"的合作社坚决予以清理，以规范合作社运营；（2）如果合作社对小农户的带动作用有限，就需要进一步考虑其成立动机，并重新审视其合作社资格，若不符合合作社运营规范，可依据相关法律法规对合作社进行处罚或剥夺其合作社资格，向其他合作社传递"威慑信号"，增强合作社对"运营不规范"的"成本感知"；（3）如果合作社的成立动机是联农带农，试图将小农户组织起来以缓解"小农户和大市场""小生产和社会化大生产"的基本矛盾，则相关部门可向该类合作社提供政策和资金支持，使其保持竞争优势。

## 五 结论与讨论

从小农户、合作社和基层政府三个主体层面构建了乡村特色产业主体利益联结的理论框架，本节阐释了乡村特色产业主体利益脱钩的特征事实与生成逻辑，并回答了如何重构乡村特色产业主体的利益联结这一具有理论价值和实践意义的问题。基于乡村特色产业体系中的双重委托代理关系，研究发现在第一重委托代理关系中，"假"合作社成为基层政府的代理人，在第二重委托代理关系中，呈现"强代理人-弱委托人"的委托代理格局。在上述两种因素的叠加作用下，合作社成为乡村特色产业体系中的最大获利者，小农户仅仅是土地要素和劳动要素的贡献者，被排斥在产业价值链之外，形成了"资本确立优势、小农户沦为劣势"的实践逻辑，进而引致乡村特色产业主体利益脱钩的现实困境，最终阻碍小农户和现代农业发展的有机衔接。

在乡村特色产业主体利益联结重构的路径选择基础上，本节认为在依托乡村特色产业赋能小农户增收的发展实践中需要进一步强调以下三个主体层面的问题。第一，从政府角度来看，尽管依托特色鲜明的乡村特色产业带动小农户脱贫致富已成为理论界和政策界的基本共识，产业规模和产量效益是乡村特色产业发展水平的重要表征，但政绩考核不应该过度"沉迷"于此，也需要保证小农户在农业产业链和价值链中的主体地位，否则乡村特色产业的发展就会脱离农民主体性和村庄自主性，不利于小农户和现代农业发展的有机衔接，导致难以拓展小农户增收空间以对接乡村振兴和农民农村共同富裕的战略目标。与此同时，政府也要保证产业政策的连续性以提升乡村特色产业的利益创造能力和利益累积能力，进而为小农户有效融入乡村特色产业创造物质基础。

第二，从合作社角度来看，相较于其他新型农业经营主体，合作社的理论优势在于其本身的价值取向就是带动小农户。诚然，通过合作社带动小农户的理论逻辑非常完美，但也应该认识到合作社在实践逻辑上的"异化"和"空壳化"问题，所以要客观、审慎地看待合作社的带动能力。而考虑到合作社的客观发展情况以及实现小农户和现代农业发展有机衔接依赖于小农户与合作社之间形成"利益共享，风险共担"的稳态合作机制，现阶段合作社的发展要"量-质"并举。

第三，从小农户角度来看，小农户在乡村特色产业体系中的"受益主体"和"行动主体"角色必须得到关注。事实上，局限于自身的资源禀赋和行动能力，小农户的主体地位被基层政府和合作社所遮蔽，尤其是在乡村特色产业的发展实践中小农户的参与权缺失。因此，在具体的实践中需要通过组织化路径为小农户还权赋能，确保其主体地位得到保障。

此外，就新型农业经营主体的选择与分析而言，研究仍然存在一定的局限性，主要表现为仅仅讨论了合作社这一新型农业经营主体在乡村特色产业发展实践中可能存在的问题。事实上，涉农企业、家庭农场等新型经营主体都是国家政策重点关注的有机衔接小农户和现代农业发展的重要载体，而之所以未将它们统一纳入乡村特色产业体系中加以分析，主要是基于以下几点考虑。

（1）合作社、家庭农场和涉农企业等新型农业经营主体在政策层面的价值取向具有一致性。培育合作社等新型农业经营主体是实现小农户和现代农业发展有机衔接的重要途径，其政策目标在于构建现代农业经营体系，为农业农村发展注入新动能，带动小农户实现有效增收（陈晓华，2020）。国务院新闻办公室举行的"2023年上半年农业农村经济运行情况新闻发布会"相关数据显示，我国的合作社数量超过了223.4万家，远远超过其他类型的新型农业经营主体，合作社的带动能力不断增强。基于此，选择分析合作社这一新型农业经营主体具有一定的典型性和代表性。

（2）合作社、涉农企业和家庭农场等新型农业经营主体在治理结构和经营理念上具有差异性。从有机衔接小农户和现代农业发展角度而言，相较于涉农企业和家庭农场，合作社的制度安排天然地具有带动和组织小农户的特征，是连接小农户和现代农业的理想载体（赵晓峰和邢成举，2016；徐旭初和吴彬，2018），这也是合作社与涉农企业和家庭农场存在区别的重要组织特性。

（3）合作社、涉农企业和家庭农场等新型农业经营主体在治理结果和经营模式上具有相似性。诚然，合作社、涉农企业和家庭农场等新型农业经营主体对于农业农村发展都有其独特的功能定位和价值定位，并在理论层面也表现出了不同的治理结构和经营理念。但从实践来看，合作社、涉农企业和家庭农场等新型农业经营主体都以企业经营模式为主导，呈现"资本雇用劳动"发展逻辑和超越其属性边界的异化行为（钟真和李琦，2021；张益丰和孙运兴，2020；黄祖辉，2018）。

基于上述分析，考虑到涉农企业和家庭农场与合作社在支持乡村特色产业发展中的互补性与替代性,未来深入探讨涉农企业和家庭农场依托乡村特色产业赋能小农户增收的长效体制机制具有巨大的研究价值和重大的实践意义。

## 第四节 乡村特色产业利益共同体建构:刍议农村股份经济合作社

### 一 引言

考虑到小农户大量且长期存续是我国农业发展必须面对的基本事实,且小农户在融入现代农业过程中存在先天比较劣势,如种植分散、产量较少、抗风险能力较弱等,引导小农户融入现代农业虽有带动小农户增收的轻微效果,但同时也可能掣肘现代农业的发展。目前,地方政府通过合作社等新型农业经营主体以基地形式大力发展乡村特色产业,而基地模式虽然能够扩大乡村特色产业规模,并实现显著的经济效应,同时也能解决部分小农户"土地流转收租金、基地打工拿工资"等有限增收问题,但是实际上难以构建更加紧密的小农户和现代农业的利益联结关系,可以解决小农户的温饱问题,却难以解决小农户的致富问题,这可能将为下一阶段的共同富裕埋下治理隐患。同时,随着基地模式的逐渐推进,受边际收益递减规律的支配,小农户与合作社等新型农业经营主体的利益联结面临的最大问题可能在于合作的可持续性,如果难以持续,那么就有可能出现小农户自谋职业,甚至乡村特色产业被迫转向发展等问题。如何构建紧密的利益联结模式(如股份合作模式)是乡村特色产业发展,特别是考虑到与小农户利益联结,并期望带动小农户,而需要深思的重要问题。

上述基于三种典型模式的比较表明,股份合作模式是促进小农户增收效果最好且利益联结最为紧密的合约安排。自 2017 年以来,我国将推进农村集体资产股份合作制改革作为"深化农村集体产权制度改革"

的重要内容,农村股份经济合作社应运而生。因此,本节拟就政府在农村组织并实施的一个股份合作模式——农村股份经济合作社——展开剖析,讨论其基本架构、运行模式与实践探索,以期进一步讨论构建乡村特色产业利益共同体以实现小农户和现代农业发展有机衔接的有效路径,为乡村特色产业高质量发展提供理论支撑。值得说明的是,本节只是刍议农村股份经济合作的相关属性,特别是某些新属性对有效构建小农户与新型农业经营主体利益关系的可能作用,期望引起学术界对乡村特色产业多元主体间利益联结松散问题的重视,并未针对这一特殊组织形式开展诸如实际运行效果等较为深入的探索,可以说是一个启发性剖析。

## 二 农村股份经济合作社的基本架构

农村股份经济合作社由乡镇(街道)原村经济合作社根据社员大会(社员代表大会)的决议,将集体经营性净资产折股量化改制而成,是以资产为纽带、以股东为成员的综合性(社区性)农村集体经济组织。农村股份经济合作社坚持社会主义集体所有制,执行有关法律法规和政策,实行自主经营、独立核算、自负盈亏、民主管理、风险共担、按股分红。依法归农村股份经济合作社集体所有的各项资产(经营性资产、资源性资产和公益性资产等)均属于农村股份经济合作社全体股东共同所有。农村股份经济合作社受上级党委、政府和农村集体资产主管部门的指导和监督,并在法律法规和政策范围内开展经营活动。农村股份经济合作社遵循"社员主体、民主决策,顶层设计、因地制宜,依法依规、保障权益,增值保值、发展经济"基本原则,社员在合作社重大事务决策中扮演关键角色,行政力量自上而下选择适宜的股改方案,遵守程序规范,促进农村集体资产增值、保障社员利益。

农村股份经济合作社设股东(代表)大会、董事会、监事会等机构。其中,股东(代表)大会是合作社的最高权力机构。董事会是合作社常设的执行机构和日常工作机构,由股东(代表)大会选举产生,并对股东（代表）大会负责。董事会实行股东（代表）大会领导下的董事长负责制。董事会必须严格执行股东（代表）大会通过的决议，向股东（代表）大会报告工作，接受监事会和全体股东的监督。监事会是合作社常设的监督机构，由股东（代表）大会选举产生，对股东（代表）大会负责。监事会必须严格执行股东（代表）大会通过的决议，向股东（代表）大会报告工作。

### 三 农村股份经济合作社的运行模式

农村股份经济合作社是区别于一般农民专业合作社的农村集体经济组织。它是由行政主导具有天然合法性的农民合作组织，社员由具有农村集体经济组织成员身份的村民构成，"身份入社，限制退出"，以促进集体经济发展、保障社员利益为主要职能。

从内部组织结构来看，农村股份经济合作社因兼容股份制与合作制，具备股份合作制企业的基本特征。

从成员构成来看，农村集体经济组织将集体资产以多种量化形式分配给原成员，成员凭借股份成为改制后的农村股份经济合作社股东，股东（代表）大会、董事会、监事会这三个既相互支持又制衡的组织机构，采取"人资合一"原则分配合作社治理权，保障合作社公平运行。

从外部组织保障来看，地方政府是领导农村股份经济合作社发展的责任主体。作为重要责任主体的县级相关部门分工合作。由农业主管部门牵头，提供指导合作社业务的专业性服务。乡镇党委政府负责指导、监督农村股份经济合作社的运作过程，将推进农村股份经济合作社发展纳入中心工作，强化知识宣传、业绩考核，确保农村股份经济合作社规范有效运行。各村是领导农村股份经济合作社发展的实施主体，村党委、村民委员会与农村股份经济合作社形成"三位一体"的治理架构。

### 四 农村股份经济合作社的实践探索

"十四五"规划和2035年远景目标纲要提出，要"深化农村集体产权制度改革……发展壮大新型农村集体经济"。2022年"中央一号文件"明确提出，巩固提升农村集体产权制度改革成果，探索新型农村集体经济发展路径。自2016年推进集体产权制度改革以来，农村集体经济发展与脱贫攻坚相互促进，不仅巩固了脱贫攻坚成果，而且实现了与乡村振兴的有效衔接，为扎实推进共同富裕打下了坚实的基础。在发展壮大农村集体经济当中，农村股份经济合作社被寄予厚望。既有研究对农村股份经济合作社的报道主要体现在案例实践探索层面，这些案例报道展现了农村股份经济合作社的重要成效，如实现以机构分设为核心的"政经分离"、建立以"三会"为基础的内部治理结构和探索以激发经营者积极性为目的的激励机制（徐秀英等，2015；程郁和万麒雄，2020）；同时也指出了农村股份经济合作社发展存在的问题。比如，农村集体资产存在分散性、公共性以及社会保障性特征，且集体经济组织目前自身经营管理能力较为薄弱，难以充分释放经营活力（徐秀英等，2015；程郁和万麒雄，2020）。

## 五　农村股份经济合作社的共益取向讨论

农村股份经济合作社是政府探索农村集体经济发展的一个重要案例，为了规避以往合作社运营过程中的诸多弊病，政府赋予农村股份经济合作社一些特别属性。因此，本小节拟从利益联结视角针对乡镇党委政府某些新属性开展合作社主体间共益取向的比较讨论。

首先，经营性资产折股量化并共同共有且不可转让分割。以往诸多"空"或"假"合作社之所以难以进行可持续性经营，其中一个重要原因是合作社没有按照合约规定分予小农户一定的股份，导致小农户无法依此获得相应的股份分红，进而收益无法得到有效保障，加之合作社经营的农产品价格的不稳定等原因，部分小农户最终选择与合作社脱钩，同时合作社因缺人等因素难以持续性运营。农村股份经济合作社的经营性资产折股量化并共同共有且不可转让分割的属性较好地保障了小农户在合作社组织中的权益，进一步稳固了合作社多主体间利益联结的紧密性。

其次，农民构成农村股份经济合作社的集体成员，实行政社分离制度，经济事务由村民自治，行政事务由村委会负责。因为村民成为农村股份经济合作社的集体成员，不会再出现合作社负责人压榨村民合作剩余的问题。同时，成立农村股份经济合作社必须到所在县农业农村局登记备案，而非市场监管局。这可保证农村股份经济合作社直接受农业农村局监管，也就是说政府行政部门直接管理该合作社，可以有效避免合作社在政府监管缺失的情况下边缘化小农户。小农户不再是合作社经营的参与者，而是真正的经营者，这也是维持农村股份经济合作社多主体间利益联结紧密的重要措施。

最后，农村股份经济合作社作为一个实体经济组织永远不允许破产。这也是保证小农户权益的重要制度规定。以往合作社经营失败的一个惨痛教训就为不少"空"或"假"合作社在逐利目标驱使下，在骗取国家政策补贴之后往往"人去社空"，小农户土地收益，以及劳动收益无人负责，这无疑对激励小农户走出单打独斗状态，进入现代农业发展轨道产生了重大阻滞影响。农村股份经济合作社永远不允许破产的属性事实上是政府对农村集体经济发展兜底的承诺，这也是将政府实质纳入农村股份经济合作社这一新型农业经营主体的重要表现，有了政府的事实监管，农村股份经济合作社多主体间的利益联结才能产生实效。

总体而言，农村股份经济合作社在新发展阶段作为有机衔接小农户和现代农业发展的重要载体被赋予更多期望。全面将农民组织起来一直是农村工作的重要任务之一，只有农民实现了共同富裕，党的农村工作任务才算取得阶段性胜利。

# 第五章 乡村特色产业赋能小农户增收：纵向一体化考察

对于实现小农户和现代农业发展有机衔接，本书期望借助乡村特色产业这一重要载体，然而这一目标的实现需要达成两个子目标：一个是小农户有效融入乡村特色产业，这也是上一章研究的重要问题；另一个是乡村特色产业纵向一体化发展。乡村特色产业纵向一体化是指乡村特色产业向现有产业的上游或下游发展，形成生产、加工和销售一体化。纵向一体化是借助乡村特色产业这一载体赋能小农户增收的重要条件，也是实现小农户就近就地就业的重要保障。如何实现乡村特色产业纵向一体化？从生产环节到加工环节，再到销售环节，乡村特色产业发展情况如何？存在什么问题？这些问题是本章拟探讨的重要方面。

## 第一节 乡村特色产业纵向一体化：理论构想与实践成效

之所以乡村特色产业赋能小农户增收的成效有限，是因为农民在乡村特色产业中的主体性并未得到充分体现。进一步地，农民主体性为何难以得到充分体现？从乡村特色产业发展实践来看，一方面归因于小农户与合作社等新型农业经营主体之间呈现利益联结脱钩的问题，另一方面则源于小农户缺乏充分体现其主体性的载体，而这个载体就是产业链，乡村特色产业链较短，甚至无链导致小农户根本无法嵌入，甚至融入乡村特色产业发展之中。那么问题是如何构建乡村特色产业链？本节拟从乡村特色产业纵向一体化视角回应这一问题，并基于实地调研情况剖析乡村特色产业链构建过程当中存在的障碍，以及可能的突破路径。

## 一 乡村特色产业纵向一体化：理论构想

如何实现乡村特色产业纵向一体化？以某一乡村特色产业为例，从狭义上说，实现乡村特色产业纵向一体化即构建从生产环节到加工环节，再到销售环节的完整链条。从广义上说，在此基础上，可能还包含向上下游延伸的过程，向上游延伸一般使得产业链进入基础产业环节和技术研发环节，向下游拓展则进入市场拓展环节。事实上，在产业链的构建上还存在一个更加系统的提法——农业全产业链——农业研发、生产、加工、储运、销售、品牌、体验、消费、服务等环节和主体紧密关联、有效衔接、耦合配套、协同发展的有机整体。从《国务院关于促进乡村产业振兴的指导意见》（国发〔2019〕12号），到《农业农村部关于加快农业全产业链培育发展的指导意见》（农产发〔2021〕2号），再到《农业农村部关于开展国家现代农业全产业链标准化示范基地创建的通知》（农质发〔2022〕4号），这些文件表明我国已经开始加快开展农业全产业链布局与提升行动。

为了更好地厘清乡村特色产业联农带农的机理，在"小农户+合作社"生产模式下，本节拟从狭义视角剖析乡村特色产业纵向一体化发展路径（如图5-1所示）。首先，在生产环节由小农户提供土地要素和劳动要素与合作社达成合作，小农户获得土地和劳动要素收益，合作社提供种子等原材料，实现管理经营预收益。其次，在加工环节由合作社等提供资本投入引进加工设备对产品进行加工（包括粗加工与精加工，也可能是本地加工或者外地加工），小农户获得加工工资收益，合作社获得加工产品。最后，在销售环节通过对加工产品的销售，小农户获得工资收益与股份收益，合作社通过建立品牌效应，瞄准市场需求获得产品的剩余价值。这是一种相对简易的产业链纵向一体化，核心目标是保证小农户全过程参与，小农户与合作社之间是在共益取向下的合作行为。然而这样一个共益取向下的合作框架有可能在实践过程中因为小农户与合作社之间利益联结的松散导致各自逐利的无链发展，如同图5-1中小农户与合作社的"横向距离"从生产环节到销售环节越来越远一样，其利益联结也越来越松散。

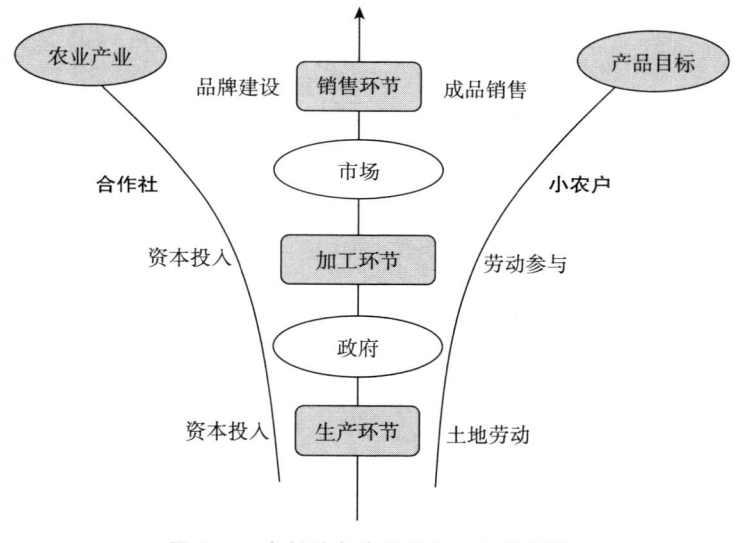

**图 5-1 乡村特色产业纵向一体化示意**

## 二 乡村特色产业纵向一体化：实践成效

乡村特色产业纵向一体化从生产环节到销售环节存在诸多的约束，如从生产环节到达加工环节的加工设备的高成本投资、从加工环节到达销售环节的品牌效应与市场对接等，这些都可能严重阻滞乡村特色产业纵向一体化的实现，进而导致依托合作社等新型农业经营主体通过乡村特色产业赋能小农户增收的成效有限。

### （一）乡村特色产业纵向一体化发展：特征事实

小农户之所以主动放弃经营政府引导的特色农产品，主要是因为受市场供求规律的影响，加之小农户的短期理性行为。然而，这一客观事实背后更深层次的原因可能是乡村特色农产品产业链的构建失效，进而导致乡村特色产业与小农户缺乏有效的利益联结。基于对调研地区乡村特色产业发展情况的掌握与分析，本节认为主要存在"有链无联结"与"有联结无链"两种产业链构建（部分）失效的情形。

1. 有链无联结

"有链无联结"即就某个具体的乡村特色农产品而言，当地虽存在相关产业链，但产业链并不完备，同时在产业链的各个环节与小农户利益联结松散。

在定西的马铃薯产业案例中，虽然存在从生产环节到加工环节，再到销售环节这一事实上的产业链，但从生产环节到销售环节的各环节均与小农户存在一定程度的脱钩问题。如在生产环节，马铃薯的种植主要依靠合作社等新型农业经营主体创办的基地，小农户基于成本收益比较并没有种植相关特色农产品的积极性，只是作为合作社等新型农业经营主体的农业雇工；加工环节因自动化程度较高，缺乏连接小农户的具体就业岗位；销售环节虽然有马铃薯的精深加工产品（如饼干、淀粉等），但小农户仅仅是原材料的提供者：小农户将马铃薯运至定西市马铃薯综合交易中心或附近市场直接销售，或将其直接出售给合作社等新型农业经营主体和小商贩，难以从产业链的价值增值中获得更多收益。

以陇西县福堂马铃薯农民专业合作社（以下简称"福堂合作社"）为例，福堂合作社是国家级重点龙头企业，其主营业务是向国内的食品公司供给淀粉。尽管福堂合作社对马铃薯的加工程度很高，但原料供应有83%来源于自己的生产基地（"租地+雇工"经营模式），且生产环节机械化程度和加工环节自动化程度都比较高，连接小农户的就业岗位较少。另外，其17%的原料供应零星分布在各个乡镇，并与近300个合作社签订马铃薯供应合同（为方便管理，成立了一个合作联社），2022年签订的价格为900元/吨，略高于小农户的销售价格（0.3~0.4元/斤）。与此同时，福堂合作社虽然在各个乡镇设有马铃薯收购点用于专门对接小农户，但价格随行就市，小农户仍未进入加工环节。基于上述情况可知，小农户无法获得福堂合作社的产业增值收益，这属于典型的"有链无联结"情形。

2. 有联结无链

"有联结无链"即就某个具体的乡村特色农产品而言，小农户虽种植相关农产品，但本地近乎并不存在相关产业链，或相关产业链并不完备，同时产业链的各个环节与小农户缺乏有效的利益联结。

在天水的苹果产业案例中，在免费配给苹果树苗等产业政策支持之下，小农户放弃小麦等传统农作物的种植转而种植苹果。考虑到苹果树由树苗到挂果需要3~7年的时间，很多小农户在选择种植苹果之后几乎被锁定在苹果种植的路径之中，这可能是小农户与苹果产业形成联结的主要原因。然而，因本地缺乏完备的苹果产业链，加工环节只有少量的苹果汁或苹果醋等加工产品，而销售环节更多的是苹果原件的直接销售，相关企业在细分苹果原件（依据苹果直径大小）的基础上主要依靠品牌效应提高价格进而获得较高收益，相关产品附加值仍然有待提升。因此，小农户虽然种植苹果，却难以从苹果产业链的粗放延伸之中分享到更多的产业链增值收益。与此类似，以定西薯之梦农产品农民专业合作社（以下简称"薯之梦合作社"）为例，薯之梦合作社主要从事马铃薯种植和收购，其与小农户的利益联结不仅是"租地+雇工"经营，还与小农户签订了马铃薯收购合同（收购价高于市场价），尽管双方的利益联结模式较为紧密，但因薯之梦合作社并未进入马铃薯精深加工环节，小农户依然只能在生产环节获得土地要素收益和劳动要素收益，这属于典型的"有联结无链"情形。

(二) 乡村特色产业链构建失效：生成逻辑

本部分基于上文"有链无联结"和"有联结无链"的理论逻辑，结合产业链和新型农业经营主体两个角度进一步分析乡村特色产业赋能小农户增收陷入双重困境的生成逻辑。

1. 产业链之失："有联结无链"，乡村特色产业缺乏带动能力

小农户与乡村特色产业脱钩引致增收的双重困境这一客观事实背后

更深层次的原因可能是乡村特色产业链构建失效，导致乡村特色产业缺乏带动小农户的能力，即"有联结无链"。"有联结无链"主要表现为两点。一是乡村特色产业链条尚不完备，小农户无法有效融入乡村特色产业，其原因主要在于乡村特色产业链从生产环节到加工环节，再到销售环节的链式表现较为松散。目前来看，乡村特色产业链侧重在生产环节，虽有加工环节但都比较分散且粗放，同时本地化加工能力较弱，而销售环节主要是初级产品和部分粗加工产品。与此同时，小农户与乡村特色产业的利益联结也主要在生产环节，即合作社或涉农企业等新型农业经营主体通过生产基地连接小农户，一方面流转小农户的土地并付给租金，另一方面雇用小农户在基地打工，即所谓的"产业发展促增收，土地流转收租金，基地打工拿工资"。二是乡村特色产业价值增值乏力，未能有效带动小农户增收。考虑到小农户仅仅在生产环节与乡村特色产业存在一定的事实连接，因此，小农户从乡村特色产业发展中的收益分享仅仅来自生产收益，扣除生产成本，尚难以分享到更多的产业链增值收益，小农户增收效果较差。也就是说，即便合作社等新型农业经营主体愿意同小农户分享产业增值收益，也会因利益累积能力的欠缺而无法将意愿转化为行为。

2. 合作社之困："有链无联结"，合作社内部收益分配不均等

从"有链无联结"角度来看，合作社等新型农业经营主体并没有按照理论逻辑将小农户引入现代农业发展轨道，而是表现出"与民争利"的实践逻辑，小农户被完全排斥在价值链之外。以合作社为例，调研发现的一个基本事实是：合作社主要是私人或企业领办的，小农户与合作社的利益联结模式主要是"租地+雇工"，即"土地流转收租金，基地打工拿工资"，部分订单农业也因为治理机制的缺失而"空有其名"，甚至还有专门套取国家补贴的合作社，小农户无法分享更多的产业增值收益。"所有者与惠顾者同一"是合作社的本质规定，但调研的合作社的合作元素都比较弱甚至缺失，并没有体现出"弱者的联合"，"空"合作社、"假"合作社多见，合作社"名不副实"，小农户在合作

社中只能获得土地要素收益（廖小静等，2016）和劳动要素收益，核心社员与普通社员存在收益鸿沟，以至于合作社的收益增长与农民的收入增长和福利增加关系较弱。与合作社类似，家庭农场、涉农企业等新型农业经营主体依然缺乏带动小农户进入农产品加工和销售环节的动机，小农户在乡村特色产业价值链中的地位只不过是土地要素和劳动要素的贡献者，以及原料供应者，双方的利益联结模式仅仅是"租地+雇工"。尽管"租地+雇工"的利益联结模式可使小农户获得稳定的劳动要素收益和土地要素收益，但农业产业链的价值增值获益者仍为合作社等新型农业经营主体，此时的合作关系是以合作表象包装的劳动雇佣关系、要素租赁和产品买卖关系，双方存在不平等的利益分配格局（王星和周重礼，2023）。

综上所述，合作社等新型农业经营主体本应承担组织小农户的责任，但事实上大部分合作社等新型农业经营主体脱嵌于乡土社会和小农户，产生精英控制、普通农户有限参与、利润分配不对称等现象，被异化为下乡资本剥削小农户的工具（徐宗阳，2016；仝志辉和温铁军，2009；陈军亚，2019；黄宗智，2020）。这样"偏利共生"的状态下，小农户无法有效融入乡村特色产业并获得更多的产业增值收益。

事实上，就现阶段乡村特色产业的发展情况而言，"有链无联结"与"有联结无链"两种情况在较高概率上是交叠存在的。为了进一步阐释这一基本事实，笔者对所调研的合作社等新型农业经营主体进行仔细甄别，发现定西瑞亚种养殖农民专业合作社（以下简称"瑞亚合作社"）尽管只通过土地流转、农业雇工或市场随机交易的方式与小农户保持联系，但算得上是其中的典型：该合作社种植规模及收益趋于稳定，虽然在一定程度上实现了促进小农户增收的实际效果，但因产业链条较短，产品附加值没有提升空间，小农户也无法获得产业增值收益。

瑞亚合作社成立于2017年，2019年被柏丰村引入，至今已在该村发展了3年（以2022年7月调研时间为准），整体规模与营收能力逐渐稳定。瑞亚合作社主要种植马铃薯原原种和原种，自己掌握核心育种技术，每年生产原原种近2000万粒，每粒价格4毛左右，有政府兜底，基本上能全部售出。除几个核心技术人员（省农业大学研究生）外，合作社在农忙时间雇柏丰村农民参与生产，雇工人数从10多人到30多人不等，全年工作约300天，工资月结，其中女工80元/天，男工120元/天，并设有每年1500元的全勤奖。此外，瑞亚合作社租入本村近2000亩土地，租金每亩50~200元不等（主要由地形和土地质量决定），租期十年，租金一年一结，还有部分"人情租"存在。综合产业链和利益联结模式双向分析，瑞亚合作社主要经营马铃薯育种，不进入马铃薯精深加工环节，其产业链较短，利益创造能力有限。与此同时，该合作社带动小农户的方式仅仅是"租地+雇工"模式，利益联结松散。综上，瑞亚合作社属于典型的"有联结无链"与"有链无联结"的交叠情形。

## 第二节 乡村特色产业的有限规模化：土地租金与机械化

作为乡村特色产业链的第一环节，生产环节直接决定了乡村特色产业的发展基础，依托"菜果薯"产业发展实际情况，本节主要讨论种植规模问题，这是"菜果薯"三大乡村特色产业进行链式发展的必要条件。考虑到我国农村目前施行的是家庭联产承包责任制，即土地在村集体所有的基础上，按照村里户数实行平均分配的政策，由此每户分到的土地是有限的。基于这一国情与农情，乡村特色产业的种植规模受到每家每户种植面积的限制，若要突破这一限制，则必须开展土地利用的重新规划。就目前农村土地改革的实际情况而言，土地流转是一条可行的路径，是中国农业生产实现从小农户经营到规模经营转型的关键（盖庆恩等，2023）。2023年"中央一号文件"提出，"引导土地经营权有序流转，发展农业适度规模经营"，这为土地流转进而实现乡村特色产业的规模化经营提供了重要的政策支撑。然而，土地流转的实现受到诸多因素的影响，比如农户流转意愿、土地租金等，其中土地租金是更为重要的影响因素。

进一步地，在锁定土地租金的情况下，如何实现乡村特色农产品种植的规模化？目前存在两种合作模式可以推进乡村特色产业的规模化经营。一种是订单农业模式。订单农业模式是以农产品特定消费群体与农产品特定生产单位之间直接达成农产品供求合同关系为基础的一种农业生产经营模式。涉农企业等新型农业经营主体与小农户签订合作协议，由小农户负责种植，涉农企业等新型农业经营主体负责收购。该模式事实上是将小农户分散的土地进行加总经营，也被称为合同农业或契约农业。另一种"小农户+合作社"生产模式。合作社等新型农业经营主体与小农户签订契约，通过土地流转将小农户的土地采用基地形式集中经营。考虑到订单农业模式只是完成产品的积累，事实上并没有实现土地的规模化经营，因此，本节拟对第二种模式下的乡村特色产业的种植规模化问题加以考察。

此外，考虑到"小农户+合作社"生产模式需要小农户与合作社等新型农业经营主体具有合作意愿方可推进，本节拟对双方同时展开规模化经营的因素分析。一方面，考察小农户的种植意愿。只有当小农户放弃种植意愿并愿意进行土地流转时，合作社才能实现土地以基地形式的规模化经营。另一方面，剖析合作社的规模化经营条件。考虑到人工成本逐年上升的客观事实，机械化替代人工在土地规模化经营当中的重要作用得以体现。

综合上述分析，基于"小农户+合作社"生产模式，本节拟从影响小农户土地流转意愿的土地租金和影响合作社规模化经营的机械化两个重要方面探讨乡村特色产业规模化经营存在的现实困境与突破路径，并在此基础上讨论乡村特色产业有限规模化经营的问题。

## 一 小农户的种植意愿：双重目标

小农户不管采用哪一种模式与合作社开展合作，首要的都是拥有种植意愿。那么什么影响了小农户的种植意愿？按照理性经济人假设，小农户种植什么取决于种植对象能否实现自身的收益最大化。第一，经济因素。经济因素是农户种植意愿的重要影响因素之一。农户会考虑作物的市场需求和价格走势，以及种植成本和预期收益。如果作物价格高、市场需求旺盛，同时种植成本相对较低，农户的种植意愿就会增强。第二，土地资源。土地资源是农户种植意愿的关键影响因素之一。农户需要有足够的土地来种植作物，如果土地资源紧张或者土地质量较差，农户的种植意愿就会受到限制。第三，技术支持。农户对种植技术的掌握和技术支持的程度也会影响种植意愿。如果农户能够获得有效的技术指导和培训，提高种植技术，他们就可能更愿意从事种植活动。第四，市场需求。市场需求是农户种植意愿的重要驱动因素。如果市场对某种作物的需求量大，价格高，农户就可能更倾向于种植这种作物。第五，政策支持。政府的农业政策也会对农户的种植意愿产生影响。如果政府提供了种植补贴、贷款支持、技术培训等政策支持，农户就可能更有动力从事种植活动。第六，环境因素。环境因素包括气候、水资源、土壤条件等。如果环境条件适宜某种作物的生长，农户就可能更愿意从事相关的种植活动。第七，社会因素。社会因素也会对农户的种植意愿产生影响。例如，农户的家庭背景、受教育程度、社会认同等因素都可能影响他们对种植活动的态度和意愿。

事实上，现实生活中小农户的实际种植意愿可能比经济理论中的理性主体更加简单而明确。一般来说，小农户的种植意愿主要受两个方面影响。一是生存目标，即小农户是否愿意种植取决于是否存在生存需要，比如某些乡村特色农产品是本地的生存资料，如马铃薯在定西具有主粮功能，那么种植马铃薯是农民解决生存问题的必要手段。二是生活目标，即小农户是否愿意种植取决于是否存在生活需要，比如种植马铃薯除了能够满足生存需要之外，还能够通过买卖获得经济价值，满足一定的生活需要。一定程度上，该目标比较贴近理性经济人假设。

在"小农户+合作社"生产模式中，考虑到以上两个方面种植目标是实地调研中常见的情况,本部分将分别就定西马铃薯、天水苹果和张掖蔬菜的种植情况加以讨论。

(1) 定西马铃薯种植。从小农户角度来看,受到务农和务工收入差距的影响,大部分小农户选择外出务工,并放弃种植马铃薯,只有小部分家庭在自家房前屋后小规模种植马铃薯以供自家平时生存需要;从合作社角度来看,大部分合作社采用近乎整体流转村民土地的方式实现规模化经营。总体来看,因马铃薯收购价格持续走低进而经济效益下降,小农户并不偏好种植马铃薯,受邻里效应影响转而种植蔬菜和玉米,以供养殖牛羊从而提高经济收入,具有明显的理性经济人特征。分地形来看,平原地区农户(生活在山下的农户)主要种植蔬菜,以芹菜为主,基本上没有农户种植马铃薯,但自2022年开始种植芹菜的利润下降,农户种植芹菜的积极性减弱;山区农户(生活在山上的农户)主要种植马铃薯和玉米,但大部分是自家食用。但在青岚山乡调研时发现很多农户也已不再种植马铃薯,改种玉米,主要是喂养牛羊,而且由于种地成本较高,很多农户一般靠打工和养殖赚钱。而在李家坪、薛家岔等村庄一般依靠旅游业如农家乐谋生,这些地方种马铃薯的农户也在不断减少,大部分种植玉米来喂养牛羊。总体来看,小农户种植马铃薯比较少,一般都是合作社或者涉农企业在种植。

(2) 天水苹果种植。天水的苹果种植具有明显的山区分层特征。通过花牛村和闫家庄等村庄的对比发现,从山脚至山腰再到山顶这些村庄的经济发展水平出现分层情况,山脚的花牛村已经很少种植苹果,因为距离城区较近,大部分在经营商业(如店铺生意等),山腰的闫家庄和漫湾村大部分种植苹果。总体来看,因苹果挂果时间长(一般需要3~7年时间),小农户在选择种植苹果苗木之后往往被锁定在苹果产业这一路径之中,这从侧面说明苹果在短期内还是小农户的主要经营品种。但是,在调研过程中发现,一部分小农户已经将死去或者不再挂果的苹果树砍去,如前面章节分析的,受邻里效应影响转而改种花椒或者樱桃。

(3) 张掖蔬菜种植。调研地区大部分农户种植蔬菜和玉米,其中玉米以制种玉米为主，小部分是大田玉米。无论是蔬菜还是玉米，农户都普遍反映化肥和农药价格太高，加上人工费，年盈利较少。对于制种玉米而言，种植要求比较高，在抽天花的季节以及其他环节，农户往往面临种子公司的各种罚款（为了保证质量和产量）。与此同时，制种玉米公司推进水肥药一体化一方面帮助农户实现较高的玉米产量，另一方面导致化肥农药成本较高。对于蔬菜而言，农户种植品种较多（如西红柿、大葱、辣椒等），但种植面积偏少（主要受土地面积约束）。在粤港澳大湾区蔬菜基地调研时发现，经过强制征地后大部分农民靠收取租金生活（外出务工受年龄偏大限制），而种植基地基本上雇用云南、贵州、广西等地的农民工，主要原因在于：一方面，本地人不了解外地青菜的种植技术；另一方面，蔬菜的挑拣、包装等工作劳动强度较大，本地人不愿意干。

## 二 小农户的意愿种植规模：基于土地租金的考察

在种植意愿双重目标的约束下，小农户的意愿种植规模是多少？首先，在订单农业模式下，小农户直接参与相关乡村特色农产品的种植和管理，其收益与其种植规模存在正相关关系。因此，一般情况下，种植产品的收购价格越高，小农户的收益越高，小农户的种植意愿越强烈，进而小农户的种植规模也就越大。其次，在"小农户+合作社"生产模式下，小农户只是被合作社雇用参与相关特色农产品的种植，并获取相应的务工收益；同时，小农户从合作社那里获取相应的土地租金，小农户的意愿出租规模取决于土地租金的多少。土地租金是农户使用土地所需支付的费用，它直接影响农户的成本和利润。如果土地租金较高，农户可能会倾向于减小种植规模，以降低成本并保证利润。他们可能会选择种植面积较小的作物或者减少种植的数量。相反，如果土地租金较低，农户可能会倾向于扩大种植规模，以扩大产量和利润。他们可能会选择种植面积较大的作物或者增加种植的数量。需要注意的是，土地租金只是影响种植规模的因素之一，农户还会考虑其他因素，如市场需求、种植成本、技术支持等。因此,农户的种植规模决策是一个综合考虑多个因素的过程。

总体来看,土地租金因土地质量不同而不同,但在同一区域往往具有一致性。(1)在定西,山脚平原地区的耕地(一般是水浇地)租金达到1000元/亩,土地质量较差的租金可能只有500元/亩,主要用来种植蔬菜。山地租金为50~150元/亩不等。(2)在天水,租金为200~450元/亩不等,大部分是350元/亩。相对而言,租金略高于定西的山地租金,这可能与种植产品的经济效益不同有关。(3)在张掖,租金是最高的,为800~1100元/亩不等。

综合而言,之所以存在租金差异,究其原因可能有两个。其一,自然地理环境所限,定西、天水和张掖三地的自然环境呈阶梯性变化,张掖最好,天水次之,定西最差。其二,种植的产品类型所限。在定西山地,主要种植马铃薯和玉米等附加值较低的农作物,而在张掖、天水则种植制种玉米、蔬菜、苹果等高价值作物。此外,三个调研地点都有换地行为,将零碎的农地整合为一大块,根据土地地力进行额外的补偿。也存在流转赠送行为,即某个农户在流转自家较好的地块的同时,也会赠送一些地块较差的土地(如山顶的土地或自家开荒的土地),主要原因是不希望土地撂荒。

## 三 乡村特色产业的规模化限度:纳入机械化的分析

在"小农户+合作社"生产模式下,乡村特色产业的规模化经营除了需要考虑小农户受土地租金影响的土地流转意愿之外,还需要考虑合作社规模化经营的约束条件。受人工、种子农药等成本逐年上升的影响,机械化替代人工对合作社实现乡村特色产业的规模化经营有着重要的影响。首先,提高生产效率。机械化可以替代人工,提高生产效率。例如,在农业领域,农业机械可以代替人工完成耕种、播种、收割等工作,大大提高了农作物的生产效率。这使得农户能够更高效地种植和生产乡村特色农产品,从而实现规模化经营。其次,降低生产成本。机械化可以减少人工成本，降低生产成本。相比于人工劳动，机械化生产更加高效且成本更低。这使得农户能够以更低的成本进行规模化经营，扩大利润空间。再次，提高产品质量。机械化生产可以增强产品的一致性和质量稳定性。机械化设备可以精确控制生产过程，确保产品的质量和标准。这对于乡村特色产业来说尤为重要，因为产品的独特性和品质是吸引消费者的关键。最后，扩大市场范围。机械化生产可以提高产量和供应能力，使得乡村特色产业能够更好地满足市场需求。规模化经营可以使产量增加，从而扩大市场范围，进一步提高销售额和利润。

然而，机械化也面临一些挑战。首先，机械化设备的购买和维护成本较高，对于一些小规模的乡村特色产业生产者来说可能难以承担。其次，机械化可能导致劳动力失业，对农村就业产生一定的影响。因此，在推动机械化的过程中，需要综合考虑产业发展、农民收入和就业等多个方面的因素，制定合理的政策，促进乡村特色产业的规模化经营。

在小农户的种植规模约束条件下，如何看待乡村特色产业的规模化经营？乡村特色产业的规模化经营受到两个现实约束。一是小农户每户耕地规模有限。每个小农户的耕地规模有限性决定了一个区域的特色产业经营规模的有限性。因此，在有限规模化约束下，如何提升乡村特色产业的经营效率是需要重点考虑的问题。二是经营成本面临不断上升的压力，特别是劳动力成本逐年上升。在此情况下，为了提升乡村特色产业的经营效率首先想到的办法为引入机械替代劳动力。然而这又引发了两个方面的问题：一方面，引入机械化的成本优势是什么；另一方面，引入机械化是否可行。

实地调研发现，合作社选择机械化有三种不同的模式。第一种模式是合作社自己购买生产机械。这种模式实地调研时发现较少，原因主要有两点：一是成本较大，作为类似市场主体的一般合作社，特别是若干私人成立的合作社选择该模式进行规模化经营不符合理性经济人假设；二是大部分合作社在成立之初适逢国家政策支撑之期，如资金补贴等，后续国家政策如何导向尚不得而知，合作社经营主体在前期投资一般较为保守，事实也是如此，很多"空""假"合作社在国家补贴过后纷纷宣布倒闭。第二种模式是购买农机合作社的服务，即花钱请专门的农机合作社提供机械化服务。在调研过程中发现，存在不少这样的农机合作社，服务价格相对较低。采用租用方式获取机械并进行规模化经营是一部分合作社的实际选择。第三种模式也是最为常见的一种模式，共享小农户家的机械。很多小农户在加入合作社之前往往自家为了种植相应农产品已购买农用机械。在加入合作社之后，基于两个主体之间的合作关系，小农户在提供自家机械之余能够获得务工收益，形成了事实上的机械共享模式。这也是"小农户+合作社"生产模式在要素互补性上的重要体现。

就实地调研情况而言，后两种模式交叉存在。在天水和定西两地，三轮车、旋耕机等农业机械基本是小农户的标准配置，但是在某些种植环节可能仍然需要依赖人工。对于蔬菜种植而言，蔬菜间苗、收割等环节必须由人工完成，马铃薯种植则可以实现全程机械化，其约束在于农户是否愿意购买农机服务。在张掖，种植蔬菜时农户的农业机械主要是三轮车、旋耕机和打药机，在打药施肥采摘等环节主要依靠家庭劳动力。种植制种玉米的农户主要拥有三轮车，因为土地已经全部整合为一块，方便大型机械耕地，且价格相对较为便宜（60~120元/亩），大部分农户愿意购买农机服务。但是在抽天花等特殊环节，必须由人工完成。

## 四 乡村特色产业机械化介入的进一步讨论

从经济学的角度来看，规模化经营的优势在于降低平均总成本。同时，规模化经营为了提高经营效率，使用机械替代劳动力是常见的做法。但是为什么在调研区域（包括定西马铃薯种植区域和天水苹果种植区域）较少见到机械化的大规模介入？因此，本节拟在此部分进一步探讨一下乡村特色产业机械化的介入边界与约束条件。

就乡村特色产业机械化的介入边界而言，首先，技术适应性。乡村特色产业的机械化介入需要考虑技术的适应性。不同的乡村特色产业具有不同的生产特点和工艺流程，因此需要选择适合的机械化设备和技术。如果乡村特色产业的生产过程复杂或者需要特殊的操作技能，机械化的介入就可能会面临一定的困难。与此同时，对于不同的乡村特色产业技术可能无法共享，比如种植马铃薯的技术与种植苹果的技术肯定不同。其次，经济可行性。机械化设备的购买和维护成本较高，需要进行经济评估。乡村特色产业的规模和市场需求是决定机械化投入的重要因素。如果乡村特色产业的规模较小或者市场需求不足以支撑机械化投入的回报，那么机械化的介入就可能不具备经济可行性。最后，人力资源支撑。乡村特色产业的机械化介入还需要考虑人力资源的情况。乡村特色产业的机械化可能需要培训和技术支持，以确保操作人员能够熟练使用和维护机械化设备。如果本地缺乏相关的人力资源或培训机制，那么机械化的介入就可能会受到限制。

就乡村特色产业机械化的约束条件而言，首先，自然环境限制。乡村特色产业的机械化介入需要考虑自然环境的限制。例如，某些乡村特色产业可能需要依赖特定的土壤、气候或地形条件才能生产出高质量的产品。如果机械化设备无法适应这些自然环境的要求，那么机械化的介入就可能受到限制。定西的马铃薯和天水的苹果一般种植在山区，采用机械化的自然环境限制较强，而张掖的蔬菜种植一般在大田或温室里，采用机械化的自然环境限制较弱。其次，传统文化和技艺保护。乡村特色产业往往承载着丰富的传统文化和技艺，这些文化和技艺可能需要手工操作才能实现。如果机械化介入过度，就可能导致传统技艺的丧失或产品质量下降，从而影响乡村特色产业的独特性和竞争力。再次，社会接受度。乡村特色产业的机械化介入还取决于社会的接受度。有些乡村特色农产品可能被视为传统的手工艺品，机械化介入可能会引起社会的抵触情绪。因此，需要在机械化介入时考虑社会的意见和需求，确保机械化的介入符合本地社区的期望和利益。最后，可持续发展考虑。乡村特色产业的机械化介入还需要考虑可持续发展。机械化可能会增加能源消耗和环境污染，对本地生态环境造成负面影响。因此，在机械化介入时需要综合考虑经济、社会和环境的可持续性，确保机械化的介入不会对乡村特色产业的长期发展产生不利影响。

## 五 基于典型案例的进一步讨论

### （一）典型案例的联农带农情况

长城集团与小农户的利益联结模式主要是土地流转和生产雇工，因此长城集团赋能小农户增收的主要来源是土地租金和打工工资。从土地流转情况来看，长城集团与农户签订土地流转合同，租金随行就市（约为350元/亩），合同年限因土地承包期限而定，不存在拖欠租金的情况。从雇工情况来看，长城集团安置农村劳动力300人/年（季节性安置），安置岗位主要在其种植基地，工资水平为男工180元/天、女工120元/天，工作时间从8月底持续到12月底。安置岗位主要在种植基地的原因在于：一方面，受自然条件限制，种植环节机械化程度受限，采摘、套袋等需要雇人完成；另一方面，加工环节因自动化程度高，提供的就业岗位有限，且存在异地加工情况（诸如苹果汁的产地在中山、佛山、烟台等地），吸纳本地的剩余劳动力有限。

蓝天集团的联农带农情况与长城果汁集团略有差异，但利益联结模式都较为松散。首先，为保证原料供给的稳定性，蓝天集团与267个合作社签订马铃薯种植订单，价格为0.45元/斤（900元/吨），2021年合作社收购量占公司总收购量的92%。与此同时，为方便管理，蓝天集团成立了甘肃福景堂马铃薯产业农民专业合作社联社，包括农民种植专业合作社267个、农民购销合作社12个、农机咨询服务农民专业合作社10个、农资服务超市12个，总的种植基地达15万亩。此外，为方便小农户销售马铃薯，进一步调动小农户种植马铃薯的积极性，蓝天集团在葛家岔、石峡湾、新集、巉口、西巩驿、石泉等乡镇建立马铃薯储藏库30座，总储藏能力30万吨。事实上，在蓝天集团和合作社的订单体系中存在两套收购体系：蓝天集团对接合作社，合作社对接小农户。其次，蓝天集团通过流转土地自建基地120000余亩，年支付土地租金660万元。与此同时，蓝天集团的种植基地每年安置农民工和下岗职工560人，年支付工资960万元；加工基地可提供固定就业岗位60个，人均年支付工资约30000元。

新乐超市与长城集团和蓝天集团的联农带农情况差别较大，因为新乐超市没有种植基地，主要通过农业雇工和农产品购买实现联农带农。从雇工情况来看，该公司建有两个生产车间。其一为成立于2007年的蔬菜加工车间，主要从事蔬菜的脱毒、检测和包装等粗加工，加工后直接在新乐连锁超市销售，该车间雇用20人左右，月工资近4000元，并签订合同。其二为熟食车间，雇用100人左右，月工资近4000元，并签订合同，该车间主要是购买其他企业的原料，然后将其加工为熟食在新乐连锁超市出售。从农产品购买来看，新乐超市在2008~2015年在党寨、长安、上秦等乡镇建立了8个蔬果基地，方便小农户将蔬菜直接销售给企业，价格随行就市。此外，若某一年蔬菜供给过剩，该公司就会收购小农户无法销售的蔬菜，然后在整个新乐连锁超市折扣销售（本地的销售渠道），以降低库存量。

（二）进一步讨论

对于乡村特色产业来说，土地租金和机械化是两个重要的因素。在"小农户+合作社"生产模式下，土地租金与机械化两者对乡村特色产业规模化经营的影响存在差异性，并同时具有关联性。就影响的差异性而言，一方面，土地租金主要体现在小农户流转土地意愿层面。土地是乡村特色产业的重要生产要素之一。在规模化经营中，土地租金可能成为一个限制因素。土地租金过高会增加乡村特色产业经营主体的生产成本，减小其利润空间，从而降低规模化经营的可能性。此外，土地租金的稳定性和合理性也对乡村特色产业的发展至关重要。政府可以通过土地政策的调整，提供土地租金优惠或稳定的土地租赁机制，促进乡村特色产业的规模化经营。另一方面，机械化主要体现在合作社经营过程中。机械化可以提高乡村特色产业的生产效率和质量，从而实现规模化经营。因此，政府可以采取提供财政支持、技术培训和人才引进等措施，促进乡村特色产业的机械化发展，推动规模化经营。

就影响的关联性而言，在"小农户+合作社"生产模式下，考虑到合作社经营主体与小农户之间存在合作关系，影响小农户土地流转意愿的土地租金与影响合作社规模化经营的机械化两者之间必然存在关联性。一方面，土地租金受土地质量影响，好的地块土地租金较高，同时好的地块除了地力较好以外，一般也具有更好开展机械化操作的条件。另一方面，机械化同样受到地形的约束，容易实现机械化的地块往往也会收取较高的土地租金。土地租金与机械化的相互关联性比较合理地解释了为什么在实地调研过程中发现"就土地租金而言，张掖最高，天水次之，定西最低"。事实上，这与三地开展机械化操作的程度高低是一致的。

综上所述，土地租金和机械化是乡村特色产业有限规模化的两个重要因素。然而正是受限于两者的约束条件，乡村特色产业的发展往往实现的是有限规模化经营。这与实地调研在天水、定西和张掖三地所看到的情况是相符的。从政策层面来看，这也比较符合2023年"中央一号文件"提出的"引导土地经营权有序流转，发展农业适度规模经营"的政策主张。政府可以通过土地政策的调整和提供支持，确保土地租金的合理性和稳定性，同时通过财政支持、技术培训和人才引进等方式，推动乡村特色产业的机械化发展，促进规模化经营的实现。但需要注意的是，政策对土地租金和机械化的干预需要因地制宜，同时需要做好长期规划，赋予小农户、合作社等重要农业经营主体稳定的预期。

## 第三节 乡村特色农产品的加工缺位：
### 本地加工与精深延伸

作为乡村特色产业链的第二环节，加工环节直接决定了乡村特色产业链式发展的基础，然而现实中正是加工环节的缺位导致诸多产业无法形成完整的产业链，进而无法通过附加值获得产业价值增值。本节拟重点探索本地加工与精深延伸情况，进而寻求突破本地加工缺位的实现路径。

## 一　乡村特色农产品的加工分析

### （一）乡村特色农产品的加工现状

总体而言，定西马铃薯产业、天水苹果产业和张掖蔬菜产业的加工规模较小，虽然存在若干大型加工车间，但是仍然以小作坊为主。加工作为产业链延伸的重要一环在三个调研样本区域均存在延伸困境，这也是三地乡村特色产业纵向一体化难以形成的本质原因。

分地区而言，定西马铃薯的加工产品只有土豆淀粉、蛋白粉等，品牌已经基本形成，但受限于马铃薯种植的周期，调研期间并未见到加工器械的操作。马铃薯加工有粗加工（生粉）和深加工（熟粉）之分，其中生粉加工公司只是完成了加工环节的前端环节，并未形成消费品，而是转到其他地方再加工，形成最终产品并出售，这里的加工环节在本地被分割，或者说是不完整的，或者说仅仅是粗加工；熟粉是指已经加工形成的产品，可以直接销售，但是加工成品并未形成高附加值，如宽粉等利润有限，缺乏深加工和精加工等形成高附加值产品的加工。天水苹果的加工产品以苹果汁和苹果醋为主。一般直接采摘售卖，长城集团虽然有果汁果醋的加工，但长城集团有自己的果园，收购本地农户苹果的情况较少，且长城集团主要进行代加工业务。张掖蔬菜基本直接销售，没有加工。

### （二）乡村特色农产品加工困境的生成原因

乡村特色产业在加工环节面临一些困境，主要包括以下几个方面。第一，加工设备和技术滞后。乡村特色产业的加工环节通常需要特定的设备和技术支持，但由于投资和技术条件的限制，很多乡村地区的加工设备和技术相对滞后。这导致加工效率低下、产品质量难以保证等问题。第二，缺乏标准化和规模化加工。乡村特色产业的加工往往是小规模、分散的，缺乏标准化和规模化的加工流程。这使得产品的质量和产量难以统一，难以满足市场需求。第三，人力资源短缺。乡村地区的人力资源相对匮乏，特别是具备专业加工技能和经验的人才更加稀缺。这导致乡村特色产业在加工环节面临人力资源不足的问题，加工工艺和技术无法得到有效传承和发展。第四，缺乏加工管理和品牌建设。乡村特色产业在加工环节往往缺乏有效的管理和品牌建设。缺乏科学的加工管理手段和品牌推广策略，使得乡村特色产品的市场竞争力较弱，难以形成有竞争力的品牌。

**（三）乡村特色产业的延伸困境**

乡村特色产业的加工环节在延伸过程中可能面临以下障碍。第一，市场需求不确定。乡村特色产业的加工延伸需要根据市场需求进行产品开发和设计，但由于市场需求的不确定性，很难准确把握消费者的喜好和需求。这可能导致加工延伸的产品与市场需求不匹配，难以获得市场认可和销售。第二，资金和投资限制。乡村地区的加工延伸通常需要大量的资金支持，包括设备更新、技术改进、产品研发等方面。然而，由于乡村地区的经济条件相对较差，很多乡村特色产业在加工延伸过程中面临资金的限制，难以进行必要的投入。第三，缺乏专业人才和技术支持。乡村特色产业的加工延伸需要具备专业的人才和技术支持，包括产品设计师、工艺师、市场营销人员等。然而，乡村地区往往缺乏这些专业人才和技术支持，导致加工延伸的能力和水平受限。第四，供应链管理困难。乡村特色产业的加工延伸需要建立完善的供应链管理体系，包括原材料采购、生产流程控制、产品配送等方面。然而，乡村地区的供应链管理往往面临困难，包括原材料供应不稳定、物流配送不畅等问题，影响了加工延伸的顺利进行。

## 二 乡村特色农产品的本地加工

就调研情况而言，当地基本上不存在乡村特色农产品的精深加工，以出售原件为主。就定西马铃薯而言，基本上各个乡镇都有马铃薯冷藏库，农户能直接将马铃薯原件在本地销售，然后交由加工企业进行加工，产品附加值有待提升。就天水苹果而言，本地加工企业很少，大部分苹果直接由客商收购，卖到河南、山东等地，即便存在苹果醋、苹果汁等精深加工产品，也主要产自佛山、中山、烟台等市，不能将产业增值留在本地。而张掖蔬菜产业链较短，加工程度较低，只对相关产品进行简单的分级、包装等粗加工，产业增值有限。综合而言，乡村特色农产品的本地加工存在两个缺陷：一是加工链条较短，附加值较低，这导致虽然有加工但是依靠短加工链条获得收入增长的效果甚微；二是以粗加工为主，精深加工往往由外地来完成，这导致由加工延伸所带来的产业链增值收益不能留在本地，难以发挥乡村特色产业联农带农的重要作用。

## 三　乡村特色农产品的精深加工本地化：基于加工设备共享的设想

乡村特色农产品的精深加工本地化是指将农产品的精加工环节放在农产品产地附近进行，以减少运输成本和保持产品的新鲜度。乡村特色农产品的精深加工本地化难以形成最主要的原因在于资金约束，受资金限制，大型精深加工设备难以进驻，同时缺乏相应的技术人员和管理人员。短期内，通过投入大量资金购买大型精深加工设备可能并不现实。因此，一个次优的选择就是进行资源融合，构建相似加工设备的共享机制。

加工设备共享可以进一步提高加工效率和降低成本，以下是一些设想和建议。第一，建立农产品加工联盟。在农产品产地附近建立农产品加工联盟，将多个农产品加工企业、合作社等组织起来，共同利用加工设备和资源。通过联盟的方式，可以实现设备的共享和资源的互补，提高加工效率和降低成本。第二，共享加工设备。联盟成员可以共同投资购买一些常用的加工设备，如清洗设备、切割设备、烘干设备等。这些设备可以在不同的时间段内由不同的成员使用，以最大限度地利用设备和资源，降低设备投资成本。第三，分工合作。联盟成员可以根据各自

第五章 乡村特色产业赋能小农户增收：纵向一体化考察

的特长和资源优势，在加工过程中进行分工合作。例如，某个成员擅长果蔬加工，另一个成员擅长畜产品加工，可以互相合作，共同完成产品的精加工。第四，提供技术支持和培训。为了确保加工质量和效率，可以提供技术支持和培训，使联盟成员掌握先进的加工技术和操作方法。可以邀请专业的技术人员进行培训，或者组织成员之间的技术交流和经验分享。第五，建立品牌和销售渠道。联盟成员可以共同打造农产品品牌，通过联合销售和市场推广，提高产品的知名度和市场竞争力。可以利用互联网平台、农产品展销会等渠道进行销售，拓展更广阔的市场。需要注意的是，建立农产品加工联盟需要考虑成员之间的合作意愿和利益分配等问题。同时，也要确保加工设备的维护和管理，以保证设备的正常运行和使用效果。

## 四　基于典型案例的进一步讨论

### （一）典型案例的产业链延伸概况

长城集团形成了从原料到中端产品，再到终端产品的完整产业链，且生产线具有同行业的先进水平。从中端产品来看，长城集团在浓缩苹果汁上是可口可乐、百事可乐、娃哈哈、亨氏、卡夫等国内外知名企业的供应商。从终端产品来看，长城集团现有以"陇上花牛"为品牌的苹果醋、苹果汁和其他苹果饮料等产品。与此同时，长城集团作为大型农业产业化龙头企业，能享受到各级政府的资金、政策支持，其生产成本相对较低。目前，长城集团已经实现了苹果产业的循环经济综合利用，形成了从鲜果贸易到苹果深加工，再到100%苹果汁的一体化经营格局。

与长城集团类似，蓝天集团也形成了从原料到中端产品，再到终端产品的完整产业链，且生产线具有同行业的先进水平。从中端产品来看，蓝天集团主要生产精淀粉和蛋白粉以供给国内各大食品生产商，并引进欧洲最先进的自动包装码垛生产线——国内首条马铃薯淀粉阀口袋及吨袋智能生产线，已经形成从马铃薯原料到淀粉的全自动生产链条

（马铃薯产业全产业链），能够降低每吨淀粉的耗水量和耗电量。其中，马铃薯精淀粉于 2013 年取得了绿色食品认证，通过了"FSSC 认证""ISO 9001：2015 质量管理体系认证""ISO 22000：2005 食品安全管理体系认证""HACCP 体系认证"等。2022 年，全国淀粉总产量 44 万吨，蓝天集团自产 8.5 吨，占比 19.32%，占甘肃淀粉总产量的 96%，占定西淀粉总产量的 99.2%。从终端产品来看，马铃薯膳食纤维、马铃薯液态肥、马铃薯口服液、马铃薯宽粉等产品直接对接消费者，以满足消费者专一化、个性化、健康化的食品需求。

于蔬菜产业而言，新乐超市产业链较短，加工程度较低，只对相关产品进行简单的分级、包装等粗加工，产业增值有限。

**（二）进一步讨论**

从三个调研地区选择的典型案例来看，一方面，具备精深加工的条件，包括机械设备、技术人员与管理服务。同时，这些具备加工条件的企业要么是国企（如长城集团），要么是私企（如蓝天集团），它们的加工设备具有一定的垄断性，即不对外开放。如果通过适当的政府干预实现加工设备的共建共享，不仅可以扩大本地企业的加工规模，获得明显的收益增长，而且可以有效缓解本地乡村特色产业的加工困境，有效实现"1+1>2"的效果。另一方面，有些有条件却并不愿意实现加工延伸（如新乐超市），其中可能存在其他问题，如产品加工成本与销售收益失衡，这里涉及产业链延伸的对象选择问题，将在本章第五节重点讨论该问题。

乡村特色农产品的本地加工是促进乡村经济发展和农民增收的重要途径。本地加工可以将农产品加工成具有特色和附加值的产品，提高农产品的市场竞争力和附加值，同时也能够创造就业机会，促进乡村就业和增强人口留在乡村的意愿。以下是关于推动乡村特色农产品本地加工的一些建议。第一，建立加工设施和基础设施。乡村地区需要建立适合农产品加工的设施和基础设施，包括加工厂房、设备、仓储设施等。这些设施可以提供给农民和农产品加工企业使用，为他们提供加工和储存的场所。第二，提供技术支持和培训。乡村地区需要提供技术支持和培训，帮助农民和农产品加工企业掌握加工技术和管理技能。可以组织专业人员进行培训，或者与相关机构合作，提供技术指导和咨询服务。第三，加强品牌建设和市场推广。乡村特色农产品的本地加工需要注重品牌建设和市场推广。可以通过打造农产品品牌、参加农产品展销会、开展宣传推广活动等方式，提升产品的知名度和市场认可度。第四，加强合作与联盟。乡村地区的农产品加工可以通过合作与联盟的方式，实现资源共享、技术合作和市场拓展。可以通过组织农民专业合作社、农产品加工企业联盟等形式，共同开展加工和销售活动，提高整体竞争力。第五，提供政策支持和资金扶持。政府可以出台相关政策，支持乡村特色农产品的本地加工，包括提供资金扶持、减免税费、优惠贷款等，鼓励农民和农产品加工企业参与加工活动。

## 第四节 乡村特色农产品的销售困境：低价收购与延期支付

作为乡村特色产业链的最后环节，销售环节直接展现了乡村特色产业发展的成效。然而，在"小农户+合作社"生产模式下，小农户并不愿意与合作社对接以实现销售，而是更加愿意与涉农公司或企业（如蓝天集团）对接，究其原因合作社收购价格不如公司高，且抽成多，不能当期付款，而公司收购价格较高（区别是否建档贫困户），且能够当期结款。因此，本节拟从低价收购与延期支付两个视角讨论乡村特色农产品的销售困境，并基于此寻找生成销售困境的内因，最后依托典型案例的有效做法提出缓解销售困境的具体办法。

### 一 乡村特色农产品的低价收购

#### （一）乡村特色农产品的销售概况

就调研的三个地区而言，2022 年定西马铃薯普通种植农户的收购价格为 0.3~0.4 元/斤，与之对照的是，蓝天集团与合作社签订的购销合同为 900 元/吨（0.45 元/斤）。与此同时，小农户把马铃薯卖给合作社，小农户会被合作社抽成，甚至是拖欠钱款。2022 年天水苹果的平均收购价格基本在 1 元/斤上下浮动，最低的时候仅仅 8 分/斤，主要的销售渠道是中间商收购。张掖蔬菜价格随行就市，并依据品种不同收购价格不同，如西红柿 1 元/斤、香菜 6 元/斤、大葱 0.8 元/斤、茄子 3 元/斤，主要是卖到附近的蔬菜交易市场，每天的价格都会发生变化。新乐超市与本地政府有合作，当农户的蔬菜卖不出去时会按照市场价格收购。制种玉米价格有保障且销路稳定，一般 3900~4100 元/亩。

**（二）乡村特色农产品低价收购的原因分析**

从调研结论来看，乡村特色农产品的收购价格较低，对于家庭土地有限的小农户来说，依靠种植乡村特色农产品实现收入增长较为困难。那么乡村特色农产品为何收购价格较低？究其原因，可能主要有三点。一是受当前农业大环境影响，本地常见的特色农产品在没有经过精深加工的情况下，总体价格相对较低，这也是要实现精深加工的主要原因，同时也是初级产品或者粗加工产品价格较低引致小农户增收困难的主要原因。二是相较于合作社或者涉农企业，小农户的市场价格议价能力较弱，这也是小农户的先天劣势。考虑到一般农产品在收获之后受储藏条件影响较为显著，此时收购商在议价方面具有优势，小农户在储藏成本和腐烂风险的双重约束下，只能让利销售给合作社、涉农企业，甚至中间客商。三是小农户自销成本较大，进而严重影响种植利润。这里的自销成本包括运输成本、信息获取成本等，更为重要的是面临不确定的销售环境。

## 二 乡村特色农产品的延期支付：本地人情效应

在"小农户+合作社"生产模式下，考虑到合作社经营者一般都是本地人，或者与本地存在某种合作关系的人，这种熟人关系的存在，导致在每年小农户销售自家生产的乡村特色农产品时，合作社一般采取如下策略：先约定一定的价格收购小农户的农产品，然后待整体销售之后，再按照约定给小农户部分或全部货款。

这种模式在当前农村产品交易过程中较为常见，也几乎被大家所接受。事实上，这是一种本地人情效应在市场交易中的具体体现，人情承担一种信用担保功能。如果这种交易在一定时期内基本按照双方的约定执行，那么这种人情就会继续承担这种信用担保功能；如果这种交易在一定时期内由于双方中的某方（多是收购方）存在违约，不能按照当初的约定执行，那么这种人情信用担保功能就会出现折扣，甚至完成失效。这种模式对于合作社来说收购小农户的农产品具有一定的运营保障，先前可以零成本地获得产品，事后依据市场情况展开相应的讨价还价，而且这种讨价还价相对于小农户而言甚至合情合理；但对于小农户来说存在较大的操作风险，就算能够获得约定的货款那也是丧失了货款的部分时间价值，尽管这个价值对于小农户而言是可以忽略不计的。更多的现实情况是收购商（包括合作社或者中间客商）只同意支付部分货款，扣留其余货款施压农户以期下一年继续收购农户的产品。此外，也存在收购商因为各种各样的原因未能支付农户货款，造成严重的人情违约事件。

本地人情效应在差序格局背景下具有较为稳定的信用保障，但在农村市场逐渐形成市场经济模式的背景下，本地人情效应的信用保障功能逐渐缺失，这种缺失不仅仅造成复杂的农村人际关系，更重要的是严重冲击了刚建立不久的农村产业体系。其中首当其冲的便是小农户，小农户本身在市场议价能力、销售信息获取等方面存在劣势，部分甚至全部延期支付直接引发小农户下一年的种植成本支出紧张，严重削弱了小农户种植乡村特色农产品的积极性。概言之，在市场经济逐渐渗透的情况下，本地人情信用难以保障乡村产业体系的有效运行。

### 三 乡村特色农产品的保护价政策：政策真的有效吗？

在调研时发现的一个现实情况是：受政府补贴政策支持，建档立卡贫困户产品的收购价往往较一般市场收购价格高，如建档立卡贫困户的马铃薯收购价格为 0.45 元/斤，这比正常的市场价格 0.3~0.4 元/斤要高。也就是说，对于一些特殊人群（如建档立卡贫困户）存在一个政府保护价政策，但问题是这样的政策真的有效吗？或者说这样的政策到底是在保护特殊人群还是在保护乡村特色产业的健康发展？

首先，乡村特色农产品的保护价政策在一定程度上可以有效地保护农民的利益和农产品的市场价值。保护价政策的潜在效益包括以下几点。第一，稳定农产品价格。保护价政策可以通过设定最低价格或价格范围，确保农产品的价格不会过低，从而保障农民的收入。这有助于提高农民的生活水平和推动农业的可持续发展。第二，保护农产品品质。保护价政策可以鼓励农民投入更多的时间和资源来提高农产品的品质。农民可以更加关注产品的种植、养殖、加工等环节，提高产品的竞争力和附加值。第三，促进农村经济发展。保护价政策有助于促进农村经济的发展，增加农民的收入和就业机会。通过保护农产品的价格，可以吸引更多的投资和资源流入农村地区，推动农村经济的多元化和可持续发展。第四，保护农业生态环境。保护价政策可以鼓励农民采取更加环保和可持续的农业生产方式，减少对土地、水资源和生态环境的破坏。这有助于保护农业生态系统的稳定性和可持续性。然而，保护价政策也存在一些潜在的问题和挑战。例如，过高的保护价可能导致农产品的过度生产和库存积压，造成资源浪费和市场扭曲。此外，保护价政策也可能受到市场需求、国际贸易和政策调整等因素的影响，需要与其他农业政策和市场机制相结合，以实现更好的效果。因此，保护价政策的有效性需要综合各种因素考虑，并进行适当的监测和调整。

其次，就保护特殊人群而言，该政策将保障那些建档立卡贫困户在销售相同质量的相同产品情况下，能够比非贫困户增收更多，从实际效果来看，确实有效提高了建档立卡贫困户的收入水平。

再次，对于乡村特色产业，从经济学角度而言，保护价政策肯定是失效的，这相当于为建档立卡贫困户设置了一个垄断价格，垄断必然存在一个典型的无谓损失。也就是说，这样的保护价政策对于该地区整个乡村特色产业而言并不经济。从乡村特色产业主体来看，这可能会引发不同群体之间的恶性竞争，建档立卡贫困户存在不愿意脱贫的道德风险问题，非贫困户有可能减弱种植的积极性，甚至引发不同主体之间的关系紧张。

总体来看，这是一个部分收益保证与整体福利损失的平衡。政府是资源配置的主体之一，保护民生实现整体福利的改进是其重要职责之一，因此适当地舍弃部分市场效率是可以接受的，但是这里面涉及一个"适度"的问题。如何既能保障建档立卡贫困户的收入增长，又能实现乡村特色产业的健康发展是值得进一步深思的问题。

## 四 基于典型案例的进一步讨论

### （一）典型案例的销售概况

长城集团的产品先后通过美国 HACCP 质量管理体系认证、犹太 KOSHER 洁食认证、英国零售商 BRC 认证、美国 GMA-SAFE 认证、欧盟 SGF 认证、法国北京爱科赛尔认证中心（ECOCERT China）有机果汁认证和美国 FDA 现场审核认证，它是中国唯一的有机浓缩苹果汁生产商，已经建立覆盖美国、欧盟、澳大利亚、加拿大等 20 多个国家和地区的销售网络，在全球占有超过 5% 的市场份额。同时，长城集团与中石化签订战略合作协议，与中石化甘肃分公司签订了全国代理协议。通过与中石化全国加油站渠道合作，已在全国 10 多个省市分公司加油站展开销售，补齐了公司开发全国性市场的渠道短板。此外，长城集团以农村义务教育学生营养改善计划为切入点，积极开发农村义务教育营养餐市场，目前已覆盖陇南、天水、兰州、平凉、定西、庆阳等 21 个县区中小学营养餐市场。

蓝天集团在上海设立总部，在华北、西北各省区（甘肃、河北、内蒙古、新疆、青海、宁夏等）建立生产基地，保证稳定的产品供给；在华东、华南、西北等地（甘肃、安徽、山东、广东等）建立仓储物流中心，并于 2021 年开设蓝天福景堂淀粉直营店，以保证产品安全、快速配送，进一步扩展国内国外市场。总体来看，蓝天集团在一定程度上实现了从研发到标准化生产，再到产品精深加工，最后到品牌推广的产业发展格局。

尽管新乐超市的蔬菜销售渠道比较单一，但不存在销售困难的情况。主要原因在于：首先，收购小农户的蔬菜后新乐超市会进行简单的分拣和安全监测，进一步保证产品质量安全；其次，新乐超市在整个张掖市甘州区分布较广，可以对供需端进行调整，即当某一分店供过于求时，将该分店的冗余产品调配到其余分店。此外，也可通过促销打折等方式改变供需关系。

### （二）进一步讨论

这些典型案例表明，即使经济再落后的地方也有一些发展良好的优势企业，如同上一节讨论加工问题一样，这些典型案例背后的优秀企业如何能够将其运营优势辐射到整个区域，实现本地小农户和乡村特色产业发展的有机衔接是一个值得深思的重要问题。这里一个值得重点关注的主体——政府——应该考虑如何发挥自身功能，实现资源的有效配置，成就有为政府的期许。然而现实中，很多地方政府把招商引资作为自身重要的工作内容，当然从发展本地经济特别是促进就业角度来说这个本无可厚非，但是面对本地发展比较好的涉农企业是否应该赋予同等的重视程度，特别是针对涉农企业本身，并不是这些涉农企业越好就越好，而是应当更多地关注这些企业的辐射带动能力，真正实现"培育一个、带动一片、致富一方"的良好效果。不得不说，地方政府还有许多工作要做才能达到有为政府的标准。遗憾的是，就在课题组长期关注定西马铃薯产业的过程中，本书的典型案例之一"蓝天集团"已经将主营业务转移到上海，目前在定西的发展投入明显越来越少。像这样一个深受当地小农户拥护的民营企业因无法享受政府的政策支持而转移至其他地方是令人叹息的，只能说当地乡村特色产业发展，尤其是纵向一体化发展可能还任重而道远。

## 五 何以畅达小农户的特色农产品销售：产业意义与政府作为

发展乡村特色产业是实现小农户和现代农业发展有机衔接的重要保证，乡村特色产业既是桥梁，也是抓手，是联农带农的有效载体。发展乡村特色产业的重大意义在于实现农民增收，是解决超过98%小农户的经营模式转向现代农业发展的重要途径。因此，既需要有效市场，也需要有为政府。政府行为事关地区发展，尤其是对于经济欠发达地区，政府拥有比合作社等新型农业经营主体更大的资本配置优势，政府需要主动作为，为乡村特色产业的发展提供良好的环境。

第一，建立农产品合作社或联盟。农民可以组成合作社或联盟，集中销售农产品。通过集中销售，可以增强谈判能力，争取更好的价格和支付条件。第二，寻找多元化销售渠道。不仅依赖于传统的批发市场，还可以探索其他销售渠道，如农产品电商平台、农产品展销会、农产品直播等。这些渠道可以帮助农产品直接面向消费者销售，减少中间环节，扩大利润空间。第三，建立品牌和开展差异化竞争。通过建立农产品品牌，强调产品的独特性和品质，提高产品的附加值和竞争力。可以通过加工、包装、标识等方式进行差异化，吸引和增强消费者的关注和购买意愿。第四，加强农产品质量管理。提高农产品的质量和安全标准，通过认证和检测等方式提高产品的信誉度。这样可以吸引更多的高端市场和合作伙伴，提高产品的销售价值。第五，寻求政府支持和政策优惠。与本地政府合作，争取政府的支持和政策优惠，如补贴、减免税收、贷款支持等。这些政策可以减轻农产品销售的经济压力，提高农产品的竞争力。第六，加强市场调研和营销策略。了解市场需求和趋势，制定相应的营销策略。可以通过市场调研、消费者调查等方式获取市场信息，根据市场需求调整产品定位和销售策略，提高销售效果。

需要注意的是，解决农产品销售困境需要多方合作和努力。政府、农民、农产品加工企业和消费者等各方都应积极参与，共同推动农产品销售状况的改善。

## 第五节 农业产业化经营的产品瞄准与主体联结模式略论

### 一 引言

乡村特色产业纵向一体化的理论构想与实践成效表明,理论上实现乡村特色产业从生产环节到加工环节,再到销售环节等纵向一体化发展有利于实现产业价值增值。从这个角度来看,国家实行农业全产业链的顶层设计符合产业发展的基本原理。然而实践中,依托乡村特色产业赋能小农户增收存在客观的两个阶段,即培育壮大乡村特色产业阶段与构建小农户与合作社等新型农业经营主体紧密的利益联结关系阶段。考虑到前面章节已经详细讨论了第二阶段构建小农户与合作社等新型农业经营主体紧密的利益联结关系问题,本节拟对第一阶段培育壮大乡村特色产业展开简要的讨论,确切来说,从乡村特色产业的产品选择展开讨论。

在以往的研究当中,几乎所有研究都将产品选择作为既定事实,以政府选择或自然选择的地方产业作为分析对象,当然有些产业具有较好的发展成效,而有些产业却走向低迷。那么到底是什么原因导致同样作为乡村特色产业却产生迥然不同的发展结果?前面章节尽管已经从乡村特色产业属性、主体利益联结、产业政策等视角展开了详细论证,但是产品选择同样是一个不容忽视的重要因素,因为从产业链的视角来看,有些乡村特色产业的产品自带产业链,而有些乡村特色农产品的产业化经营只是一个或然选项。值得说明的是,本节只是对农业产业化经营的产品瞄准与主体联结模式展开简要讨论,并未开展较为深入的案例研究或者实证检验。

### 二 农业产业化经营的产品瞄准

之所以首先讨论农业产业化经营的产品瞄准,是因为乡村特色产业

## 第五章 乡村特色产业赋能小农户增收：纵向一体化考察

发展存在如下几个实践问题。一是某地农产品明明具有特定的地域属性，即存在一个确切的乡村特色农产品，比如定西的马铃薯、天水的花牛苹果等，为什么它们的产业链构建如此困难，甚至没有产业链，以至于它们的产品附加值难以实现，进而联农带农的成效甚微。二是为什么有些产品，如茶叶、中草药材等，它们的产业链构建如此简单。综合两者的差异不难发现，一种产品能否产业化经营似乎与具体产品及其属性具有密切关系。

以甘肃省六大特色优势产业中的"菜果薯药"为例，首先蔬菜产业，大部分蔬菜，如芹菜、娃娃菜等，先从大棚或田间采集入库，再进行分拣、包装，然后装车直接运往销售地；其次果类产业，如苹果、桃等也类似蔬菜，主要是采摘、分拣、包装、装车直接运往销售地；再次薯类产业，如马铃薯，也同蔬菜和果类非常相似；最后药材产业，这个与前面三类存在较大不同，中药材虽然经历采摘、分拣的过程，但是不会立即进行包装并直接运往销售，而是需要进行相应的加工，之后进行包装并销售。以定西陇西县的中药材为例，小农户会在采摘、分拣之后，进行适当的加工处理，包括晾晒、切片、包装，再转往销售，与前面三类存在一个明显的不同就是有一个粗加工的过程。从产业链角度来看，这是一个非常重要的环节，即药产业相比"菜果薯"产业自然地增加了一个加工的环节，而"菜果薯"产业虽然也能开展相应的加工，但是该加工环节并不是必然选择。事实上，大部分新型农业经营主体为了缩减成本并保证"菜果薯"的新鲜而选择放弃加工这一环节，毕竟加工不仅需要较大的设备投资成本，而且只有满足一定的规模效应才有可能获得较高（超过成本）的附加值增值。

基于上述分析可知，"菜果薯"三大特色优势产业基本没有形成一个完整的产业链，主要原因在于缺乏加工环节，也就是缺少附加值增值的过程，以至于原产品的销售价格近乎难以得到提升。而药材产业正是多了一个粗加工过程，粗加工后的药材价格明显比原产品直接批发要高一些。那么问题是：什么样的农产品具有发展产业链的禀赋优势？或者说农业产业化经营应该瞄准哪些产品是合适的？笔者认为农业产业化的目标遴选标准是农产品是否消费成品。

如果是消费成品，即可以直接用来消费，那么其产业化经营只是一个或然选项而非必然选项；如果不是消费成品，那么则具有较强的产业化经营的禀赋优势。比如蔬菜、苹果或马铃薯，这些农产品均为消费成品，即生产出来可以直接用来消费，对于它们产业化经营只是一个可能选项而非必然选项。从市场化角度来看，这些农产品更大概率不会出现产业化经营，一方面由于其可直接消费，从生产可以直达销售；另一方面如果将其延伸到加工环节，不仅需要投入较高的加工设备成本，而且加工附加值提升空间有限，从成本收益比较来看，不一定是一项优于由生产直达销售的做法。再比如药材，该农产品的原产品是药材植株，不是消费成品，必须经过一定的加工才能达到相应中药产品的生产规格，产业化经营是一个必然选项，没有产业化经营就没有相应的中药材产品。类似的还有茶叶，该农产品的原产品是茶树叶，也不是一个消费成品，需要经过炒制等加工做成茶叶成品才能消费，可以说自带一个产业化经营模式。

农业产业化经营的产品瞄准对于乡村特色产业发展具有重大的启发意义，政府在甄别产业类别时，特别是选定特色产品以期规模化发展时，目标产品是否具有产业化经营的禀赋优势是值得深思的。

### 三　农业产业化经营的理论框架

基于农业产业化经营的产品瞄准分析，本部分拟进一步构建农业产业化经营的理论框架，以期为乡村特色产业发展及其相应政策支持提供必要的理论支撑。

从产品选择的角度来看，农业产业化经营需要思考的问题次序是：首先，农产品是否消费成品；其次，农产品是直接销售还是加工增值；最后，农产品产业化经营谁来投资。

（1）产品目标遴选标准：农产品是否消费成品。如果不是消费成品，则具备开展农业产业化经营的禀赋优势，因为要想使其变成一个消费成品，就必须进行产业链的相关投资，通过加工渠道将其转换成为一个最终消费成品；如果是，则需要进一步考察。

（2）农产品是直接销售还是加工增值。如果选择直接销售，则需要解决从生产环节直达销售环节的问题，比如产品推广、品牌建设、市场渠道等；如果选择加工增值，需要考虑的是粗加工还是精加工，特别是选择在本地加工还是在外地加工。加工环节既是一个价值增值的过程也是一个投资成本较大的过程，存在较高的经营风险。

（3）农产品产业化经营谁来投资，即投资主体的选择问题。是选择小农户、市场（资本），还是政府？如果选择单个投资主体，则需要从成本收益角度考虑该投资主体的比较优势和约束条件；如果选择多主体合作投资，则需要考虑如何利用各个主体的优势互补性或替代性共同完成农业产业化的投资主体建构。

基于上述分析，在此构建如图5-2所示的农业产业化经营的理论框架。该理论框架事实上也是某种特色农产品能否实现产业化经营的一个识别机制，对于政府，或者合作社等新型农业经营主体来说，也是是否值得政策支持或者资本投入的重要判断标准。

### 四 农业产业化经营的主体遴选

在上述农业产业化经营的理论框架中，一个值得讨论的重要问题是：谁来投资农业产业化经营？从目前乡村特色产业的发展来看，可能成为投资主体的有：小农户、市场（资本）和政府。

首先，对于小农户，投资农业产业化经营几乎是不可能完成的事情。缺乏资金是小农户的成本劣势，甚至可以说是小农户之所以无法突破自身约束的重要原因。反之，即使小农户具有足够的投资资金，所采用的也只是一个附带资本属性的小农经营模式，与现代农业发展还存在一定差距。

其次，从资本投资的角度来看，市场是完全有可能成为投资农业产

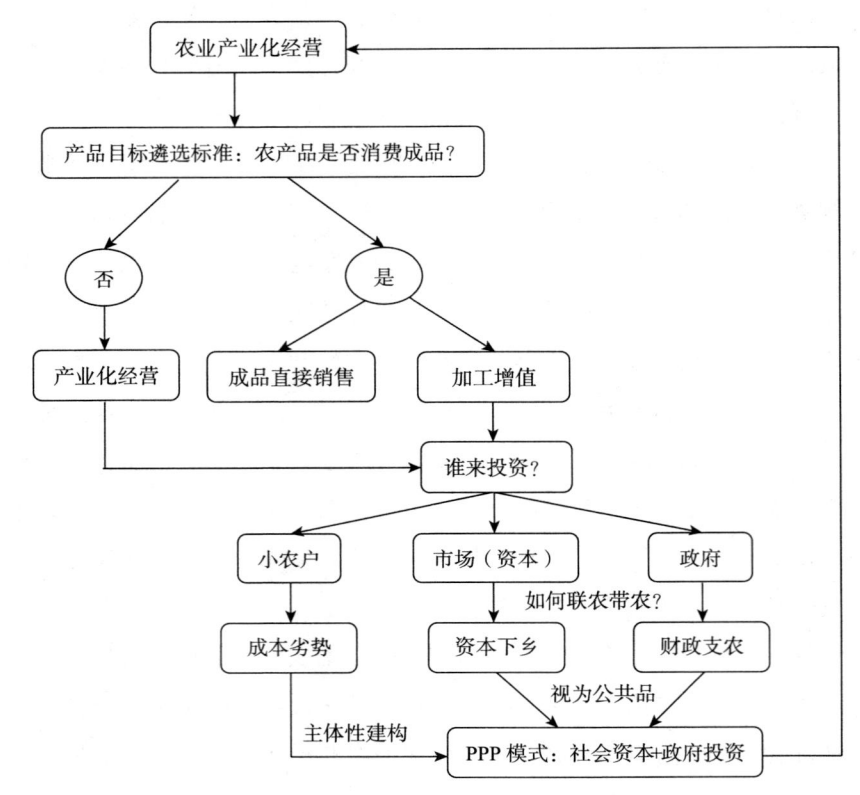

图 5-2 农业产业化经营的理论框架

业化经营的主体，但是资本需要寻找到投资的利润点。资本为了获取利润有时甚至会侵害小农户的合法权益。因此，政府很长一段时间是禁止资本下乡的，但是资本也受到来自政府的任务约束——联农带农，这会降低资本的利润率，可能会成为资本投资农业产业化经营的主要障碍。此外，资本在投资乡村特色产业时可能会因缺乏乡土性受到小农户的排斥。从某种程度上说，小农户与资本是天然对立的，因为他们的利润是统一的，均是来自乡村特色产业，小农户与资本之间是一个零和博弈关系。因此，市场（资本）作为投资乡村特色产业的单一主体至少是不够的。

再次，政府作为乡村特色产业的引导者和支持者是最有动机投资乡村特色产业的,但是政府的职责主要在于保护农民权益,为农民参与乡村特色产业做好服务性工作,而不是全权投入其中,这是政府的本质属性所决定的。

最后,依据小农户的要素优势,同时考虑到市场(资本)的自利性与政府的职责所在具有较好的互补性,依据财政学的基本规律,选择PPP模式投资乡村特色产业可能是一个不错的投资模式,即小农户、市场与政府同时作为乡村特色产业的共同投资主体,其中小农户负责提供产业要素,市场主要解决资本问题,而政府则是负责投资环境(如政策支持等)。这是关于农业产业化经营主体联结模式的富有建设性的思考。

## 五 农业产业化经营的主体联结模式:基于PPP模式的思考

从利益共同体的视角考察乡村特色产业的发展,这种模式的设计初衷是理想的,但实践中存在的主要问题在于小农户与合作社的共益取向缺少来自政府部门的有效监督和财政支持,那么如何纳入政府监督以"震慑"小农户与合作社双方按照利益共同体的构想开展各自的行为,并同时辅以乡村特色产业发展所需的资金支持?财政学中涉及的"PPP模式"或许是一种不错的模式选择。PPP(Public-Private-Partnership)模式指政府与私人组织之间,为了提供某种公共物品或服务,以特许权协议为基础,彼此之间形成一种伙伴式的合作关系,并通过签署合同来明确双方的权利和义务,以确保合作的顺利完成,最终使合作各方获得比单独行动更为有利的结果。

为了加大对农业农村领域的资金投入力度,国家政策持续鼓励社会资本进入农业农村领域。2016年12月,国家发改委联合农业部印发《关于推进农业领域政府和社会资本合作的指导意见》,这是国家部委首次出台专门指导农业领域PPP工作的纲领性文件,该文件明确提出充分发挥市场在资源配置中的决定性作用和更好地发挥政府作用,大力推进农业领域政府和社会资本的合作,提升农业投资整体效率与效益(严华东和丰景春,2020)。相比于其他模式,PPP模式介入乡村特色产业发展至少具有三大优势。一是创新项目管理机制，利用专业的社会资本完成项目的全过程全方位管理集成，减少项目管理的界面和冲突。PPP模式能够防止乡村特色产业发展因为政府缺位而导致合作社弱化小农户的行为发生。二是利用市场机制促使社会资本充分发挥其技术实力、管理经营和专业优势，承担更多的责任、义务和风险。PPP模式能够保证各个主体按照分红设计获得各自的收益，从而规避合作社收益分配扭曲的行为发生。三是实现公共服务民营化，实现政府与社会资本的优势融合，提升公共服务的供给效率。PPP模式能够真正将共益取向贯穿在乡村特色产业发展之中，小农户、合作社和政府三个主体的权利与义务相互监督相互制衡。

如何在乡村特色产业发展中实行PPP模式？一个乡村振兴项目PPP模式的典型交易结构如下（严华东和丰景春，2020）。X县人民政府正式授权X县农委作为项目实施机构，负责乡村振兴项目的前期工作、PPP"一案两评"编制和组织评审工作、社会资本采购工作、与中标社会资本签订投资协议、与PPP项目公司签订PPP项目合同以及运营期的绩效考核工作。X县农委作为项目实施机构通过充分的市场竞争机制选择社会资本，该中标社会资本（或与政府方出资代表合资）成立专一目的项目公司负责乡村振兴项目的投资、建设与实际运营，并获得合理的投资回报。合作期满后，PPP项目公司将项目无偿移交给X县农委或其指定机构。

依照上述交易结构，政府如何与社会资本合作发展乡村特色产业？首先，应由县农委在县人民政府授权下出面与合作社和小农户签订发展乡村特色产业的相关协议，明确各自的权利与义务，特别要明晰奖惩机制。其次，县农委沟通协调县财政局和行业主管部门，由政府出资方代表和中标社会资本（这里主要是合作社等新型农业经营主体）合资设立PPP项目公司，并通过金融机制和社会公众（如小农户）进行相关融资，在政策支持和财政补贴等行政手段的作用下，发展乡村特色产业。再次，PPP项目合同期内，合作社与小农户是政府的代理人，享有合作社收益分配权,并按照协议约定从县农委那里获得相应的分红收益,小农户获得土地和劳动分红收益,合作社获得原材料、经营管理等分红收益。最后,PPP项目合同期满后,合作社和小农户须将乡村特色产业的收益分配权和处置权无偿移交给县农委,或再由县农委交由指定的新型农业经营主体负责,政府发挥产业监管作用。

## 六 结论与讨论

本节从产品选择视角简要讨论了乡村特色产业链式经营的路径和主体联结模式,研究认为对于那些天然具备产业链的乡村特色农产品在推进产业化经营时可以作为优先考虑对象,但同时需要考虑资金问题;对于那些具备地方特色优势的但不具备天然产业链发展情况的乡村特色农产品,可以考虑采用PPP模式推进乡村特色产业的纵向一体化发展。

从初始农产品到最终消费品是否存在加工环节是甄别和推进农业产业化经营的重要标准,然而并不是所有的乡村特色产业都满足自带产业链属性的条件,每个都有自己独特的自然禀赋条件,对于那些不具备产业链属性的乡村特色农产品如何开展产业化经营?事实上,采用PPP模式推进乡村特色产业链式发展仍然具有较好的借鉴意义,因为从实践效果来看,之所以许多乡村特色农产品并没有形成完整的产业链发展模式,是因为缺少加工环节,由此就失去了附加值增值的机会,而附加值增值是有条件的,即需要投入加工设备。正是因为较高的加工设备成本,大部分新型农业经营主体难以承受这一成本转而选择销售初始农产品。所以从以上分析来看,不少地方乡村特色农产品没有形成完整的产业链,是基于生产单一主体的成本约束,如果采用多主体联合生产可能会解决这一问题,而PPP模式就是这么一种解决资金困境的生产模式,因此PPP模式具有一定的推广意义,特别是对于小农户缺乏资金同时又具有全产业链发展前景的乡村特色农产品。

# 第六章　乡村特色产业发展的反思与小农户增收的再思考

从上述章节的研究结论可知，依托乡村特色产业这一重要载体实现小农户和现代农业发展的有机衔接仍存在诸多问题，这些问题主要体现在两个方面：一方面，乡村特色产业发展存在诸多现实困境，包括乡村特色产业的选择与培育、一体化进程中加工缺失等；另一方面，小农户增收成效有限。小农户和现代农业发展有机衔接的终极目标是促进小农户增收，而小农户在乡村特色产业发展过程中之所以增收成效有限是源于小农户的主体性尚未得到充分保障，这主要表现为小农户与乡村特色产业利益联结不紧密，甚至脱钩。

因此，本章分别从乡村特色产业发展和小农户增收两个层面展开进一步讨论，以期为实现小农户和现代农业发展有机衔接提供一定的研究启发。

## 第一节　乡村产业高质量发展：嵌入视角与立体发展构想

### 一　引言

乡村产业根植于县域，以农业农村资源为依托，以农民为主体，以农村三产融合发展为路径，是提升农业、繁荣农村、富裕农民的产业。

第六章　乡村特色产业发展的反思与小农户增收的再思考

2020年发布的《全国乡村产业发展规划（2020~2025年）》指出，发展乡村产业是乡村全面振兴的重要根基，也是巩固提升全面小康成果的重要支撑，更是推进农业农村现代化的重要引擎。然而，乡村产业发展尚存在片面追求产业发展的规模扩张和数量增长，没有顾及地方禀赋约束而缺乏长效增长动力；产业链的价值增值分配不合理，农民在现代农业产业增值收益中分享较少；小农户与现代农业发展有机衔接面临农民主体性缺位和长效产业缺失等严峻问题（黄祖辉和钱泽森，2021）。2019~2022年四个"中央一号文件"分别提出发展彰显地域特色并且优势明显的乡村产业、发展富民乡村产业打造农业全产业链、促进农民分享更多乡村产业价值增值，以及培育优势特色产业集群等一系列连续发力、层层递进的乡村产业发展指导规划。因此，助推乡村产业高质量发展不但是乡村振兴战略稳步推进的重要基础，而且是引导小农户进入现代农业发展轨道，实现乡村产业振兴巩固提升全面小康成果，促进农民增收实现共同富裕的有力之举。

基于此，本节拟在厘清乡村产业高质量发展面临的现实困境基础上，构建一个促进乡村产业内外动力联动发展的嵌入机制分析框架，尝试回答乡村产业如何实现高质量发展这一重要问题。

## 二　乡村产业高质量发展的困境及其成因

### （一）产业链条较短：乡村产业价值增值乏力

2020年"中央一号文件"提出，各地要立足资源优势打造各具特色的农业全产业链，推动农村三产融合发展。这是基于乡村产业链面临第一产业延伸不够、第二产业扩展不足、第三产业发育不全，以至于乡村产业价值增值乏力等现实问题而提出的精准治理指导意见。

（1）第一产业延伸不够。第一产业主要集中在生产环节，向后延伸不充分，多以供应原料为主，从产地到餐桌的链条不健全。一方面，初级产品价值较低；另一方面，基于产业链条延伸而增加的产业价值难以被有效挖掘出来。

（2）第二产业扩展不足。第二产业连接两头不紧密：一方面，农产品缺乏精深加工，农产品基于生产环节扩展的供应链断裂，难以满足消费者的核心价值诉求；另一方面，大部分乡村产业处于简单的筛选、分级、包装等低效的加工环节，副产物综合利用程度较低，产品附加值增值难度较大。

（3）第三产业发育不全。农业社会化服务能够带动小农户进入现代农业发展轨道，推动乡村产业高质量发展。然而，受制于产业基础设施薄弱，道路、网络通信、仓储物流等设施未实现全覆盖等，农村生产生活服务能力不强（钟真等，2021a），甚至以小农户为中心的农业服务体系面临瓦解的风险（周娟，2017）。

**（二）融合层次较浅：经营主体利益联结可持续性差**

继2020年"中央一号文件"提出建立健全农民分享产业链增值收益机制，2021年"中央一号文件"进一步指出，要把农业产业链的主体留在县城，让农民更多分享产业增值收益。经营主体利益联结可持续性差既是乡村产业发展融合层次较浅的主要表现，也是农民分享较少乡村产业价值增值的重要原因。

（1）合作剩余分配不合理。合作动机源于追求潜在利益，农户拥有的土地承包经营权和新型农业经营主体的专用性资产投资是二者合作的基础，而合作的持续性取决于合作剩余的多少及分配比例（邓宏图和王巍，2015）。如果合作剩余的分配是基于"资源禀赋好的利益主体得大利，资源禀赋差的利益主体得小利"的分利秩序（赵晓峰，2015），农户就无法获得更多的产业增值收益，二者的合作关系只不过是以合作表象包装的劳动雇佣关系、要素租赁和产品买卖关系而已，此时的合作是难以持续的。

（2）小农户行为引致信任危机。信任作为维系自发性利益共同体的关键因素之一，能够增强个体公共资源博弈中的合作，为乡村奠定内生和有序的协作基础，有助于契约的实施和集体行动的进行。然而，小农户道德风险、机会主义等行为引致信任危机，小农户与新型农业经营主体的合作变得异常艰难。

（3）小农户主体地位缺失。兼具内生性和差异性的乡村产业具有与小农户对接的天然优势，乡村产业的本土性和农民的主体性特点使得小农户成为乡村产业分工体系中不可缺少的一员。但现实情况是，新型农业经营主体在要素市场、农产品销售市场中比小农户更有影响力，它们获得的政策红利也远远超过小农户。从这一情景出发，新型农业经营主体利用其资源禀赋优势获取更多的产业增值收益，挤压小农生存空间和发展空间。此时，新型农业经营主体进入"三农"领域是代替小农户，而非带动小农户。

### （三）要素活力不足：要素配置缺乏联合效率

生产要素难以在农业部门和非农部门之间实现充分自由流动，城乡要素错配严重（张凤兵和乔翠霞，2019），乡村产业的生产要素缺乏联合配置效率。

（1）土地流转制约多要素的组合生产力。土地要素的合理配置是资金、劳动等生产要素合理配置的基础和前提（史常亮等，2020），脱离土地要素的合理配置，其余生产要素的合理配置难以实现，以至于多要素的组合生产力难以发挥。

（2）劳动要素的整体边际产出降低。经济活动程度比较低的农村难以提供充分的就近就地就业机会，农户无法根据自身的比较优势在农业生产和非农生产中合理分配劳动要素，制约劳动要素的均衡使用，以至于农忙时劳动要素的边际产出很高，而农闲时边际产出很低甚至为零（钟甫宁，2021），从而拉低劳动要素的整体边际产出。

（3）农业生产性服务市场发育迟缓。小农户通过服务外包迈入现代农业发展轨道仍然面临现实约束。第一，土地细碎化和种植分散化导致服务效率损耗，难以实现小农户与农业社会化服务有效对接。第二，服务外包提供者与小农户面临较高的交易成本，签订契约和合同的比例较低，道德风险与机会主义等问题突出（蔡键和刘文勇，2019），二者联结缺乏稳定性和持久性。第三，受到内部管理机制不健全、抵抗风险能力较弱、缺乏市场能力等现实约束，服务外包提供者整体能力不够强，农业社会化服务发展相对滞后（黄迈和董志勇，2014）。第四，农业资产具有高度不可分性，兼具生产和服务属性的经营主体虽然可以将剩余生产能力以服务外包的方式提供给小农户以提高资产利用效率和减少资本沉淀（李宁等，2021），但农忙时总面临供需动态不匹配问题。

### 三 乡村产业高质量发展路径：一个嵌入机制的分析框架

#### （一）乡村产业发展：内生动力及其约束

资源内生、组织认同、本地参与是乡村产业内生发展的三大要素（张文明和章志敏，2018），三者相辅相成、互相强化，不断迭代更新，共同激发乡村价值，推动乡村产业高质量发展。

（1）资源内生。资源内生指能够推动乡村产业发展的自然资源和社会经济资源，内生于农村场域。乡村自然资源是乡村发挥比较优势的基础，具有特色资源和区位优势的村庄发展潜力更大；社会经济资源为乡村产业发展奠定深厚的社会基础（付伟，2018），对人们的思想和行为进行规范和调整，并通过构建联系紧密的合作关系网络，形成乡村发展的强大合力，为乡村产业发展奠定内生有序的协作基础。

（2）组织认同。一方面，组织认同能唤醒主体意识、提供参与动力、提供文化意义，培育和塑造农民对乡村社会的认同感和归属感，实现对乡土文化的传承和重构，处理错综复杂的地方关系和塑造利益基础。另一方面，组织认同通过组织工作和群体活动，为村民提供学习和参与机会，使村民增强同外界沟通与谈判的能力，降低发展过程中个体的脆弱程度和风险。

（3）本地参与。小农户作为乡村产业的主体之一，参与乡村产业是在内生偏好下基于自身发展的"逐利行为"，能够发挥主观能动性，激发内生动力，充分调动劳动技能、知识等相关资源以创造性、能动性的态度参与乡村产业，带来更好的决策效应和情感体验。在本地参与过程中，农户自身知识、技能和资金不断积累，实现内生动力的物质转化。

内生发展模式以资源内生作为禀赋条件，依托乡土社会的组织认同，形成以本地参与为主的合力，推动乡村产业的发展（方劲，2013；张明皓和万文凯，2017）。这种发展模式在农村现代化实践中为乡村发展提供最初的原始资本积累，然而伴随着市场经济改革进程，农村剩余劳动力的持续性大量转移进城，乡村产业发展面临诸多内生问题：首先，乡村特色资源因收益较低而逐渐面临无人经营的困境，资源内生失去基本支撑；其次，市场经济的利益交换机制对乡土社会的渗透导致农村社会的差序格局面临人情信任危机，组织认同难以付诸乡村产业实践之中；最后，本地参与的小农户因其市场经济下的"逐利行为"而产生的道德风险和机会主义等行为带来乡村产业的收益损失或效率降低。

（二）乡村产业发展：外生动力与乡村场域脱嵌

外生发展关注乡村产业低生产率和边缘化的问题，强调依靠外部力量推动乡村发展，倾向于根据目标注入资源和塑造环境，具有逐利性和短期性的特征。政府扶持和下乡资本参与是主要的外生动力。

（1）政府扶持。政府作为资源配置主体之一是推动乡村产业发展的重要主体，产业政策的制定与乡村产业发展进程是一个动态变化的互动过程，政府必须在市场机制之外发挥积极而重要的协调作用，并适时改变自己的角色定位，保持与市场、社会和农民的良性互动。

（2）下乡资本参与。资本下乡是市场利润、政策红利、圈地诱惑等因素共同导致的现象（陈义媛，2019；涂圣伟，2014）。下乡资本携带先进的生产要素和发展模式，这些同时也是小农户发展乡村产业所欠缺的重要资源，可以有效提升乡村产业发展的资源价值和增加就近就地就业机会，推动乡村产业朝着产业化、规模化、集聚化方向发展，并实现农村三产融合发展，成为乡村发展的重要驱动力量。

外生发展模式在乡村产业发展的具体实践中因外生动力脱嵌于乡土场域，而产生村庄造血功能不足、农民失语等负面效应。首先，政府脱嵌于乡土社会表现为基层政府自上而下单向设计的乡村产业政策忽略乡土社会的地域性规范和认同。在以政绩为导向的压力型体制下,基层政府的行为逻辑更倾向于代替市场开展项目建设,市场功能进一步弱化,基层政府与市场主体缺乏良性互动(梁栋和吴惠芳,2019)。这种自上而下单向设计的乡村产业发展模式缺乏与乡土社会的适配性和弹性,形成的农民排斥性和乡土排斥性剥夺了农民和农村的主体性,使乡村产业失去发展的社会基础。

其次,下乡资本脱嵌于乡土场域的表现为下乡资本与乡土社会缺乏互动。下乡资本经营农业不仅面临生产经营风险和市场风险,而且面临与村民直接的利益冲突造成的"社会风险"。一方面,村民、下乡资本、村集体及基层政府有着不同的行动逻辑和互动关系,下乡资本关注非农项目,企业收益与农民收入增长和福利增加关系较弱,丧失主体地位的小农户只得依附于企业生存,产生挤压小农生存空间、损害公共利益和挑战产业安全等负外部性问题。另一方面,熟人社会"边界"塑造"内外有别"的传统,导致形成乡土社会对外人的社会排斥机制,增加下乡资本的社会成本(黄宗智,2018b)。农业生产的诸多要素都是嵌入乡土社会中的,熟人社会能够降低资源识别成本,充当资源集聚的网络(马荟等,2020),提升组织效率(张建雷和席莹,2019)。但是,乡土社会蕴含"对陌生人歧视"的生活逻辑,使得下乡资本容易被乡土社会排斥在以"己"为中心的社会关系网络之外,下乡资本缺乏化解社会困境的"润滑剂",进一步放大了下乡资本与小农户的矛盾(陈义媛,2019)。

**(三)乡村产业发展内外联动:一个嵌入机制的分析框架**

1. 为何联动?

首先,乡村产业根植于乡土社会和城乡经济关系。尽管我国经历了"乡土中国"向"城乡中国"的转变(刘守英和王一鸽,2018),但乡土社会依然为乡村产业的孕育发展提供了深厚的社会土壤和文化土壤(付伟,2018)。因此,乡村产业具有与乡土社会一样的"差序格局",外在的结构性力量需要一定的社会基础作为"营养",需要在激活地方性因素的基础上,进一步加强乡村产业与外部经济的联系,构建村庄发展的基础。

其次,内生动力和外生动力的内在逻辑联系是思考乡村产业发展的重要基础。外生动力具有交易成本高、管理成本低的特点,而内生动力恰好相反,因此要做到内生与外生的平衡,把内部管理成本及外生交易成本降到最低。因此,在内生发展的情况下,需要对外生要素进行"解构"和"重组",以最大限度地保证农业生产符合本地的条件和利益。

最后,乡村产业的发展不能割裂内生动力和外生动力,需要将外生动力嵌入乡土社会。经济行为并不是原子化和非社会化的,而是扎根于社会关系和结构,行为主体的决策与行为不能同具体的社会情景分割,而要依托于现有社会结构及生活方式。乡村产业的发展以及行动者行动边界的确定和调整都是多元主体互动演进的结果,外生资源作为推动乡村内生发展的必要条件,在乡村产业发展过程中需要适时嵌入,与内生动力实现联动,共同推动乡村产业的高质量发展。

2. 如何嵌入?

虽然乡村产业发展具有"内生性"特征,但是乡村产业单独依靠内生力量难以实现长效发展,尤其是在乡村主体缺场的困境下,资源内生面临匮乏、组织认同面临信任危机、本地参与面临道德风险,需要外生动力贯通乡村产业内生渠道,以外生促内生,进而形成乡村产业发展的内生与外生动力的联动发展,助推乡村产业的高质量发展。基于此,本小节构建一个嵌入机制的分析框架,以期探讨实现乡村产业高质量发展的长效机制。在该框架(如图6-1所示)中,外生动力通过嵌入机制实现内生转化,激发乡村产业的多维价值,进而推动乡村产业生产环节、流通环节和创新环节不断优化,助推乡村产业高质量发展。

一方面,基层政府的结构嵌入和制度嵌入:打破"权力悬浮",构建认同。基层政府通过结构嵌入和制度嵌入强化与乡土社会的联系,重构乡村产业发展的组织认同。首先,结构嵌入打破熟人社会的二元性,重塑乡土场域。其一,乡土社会使"圈内人"更加方便地交流信息、

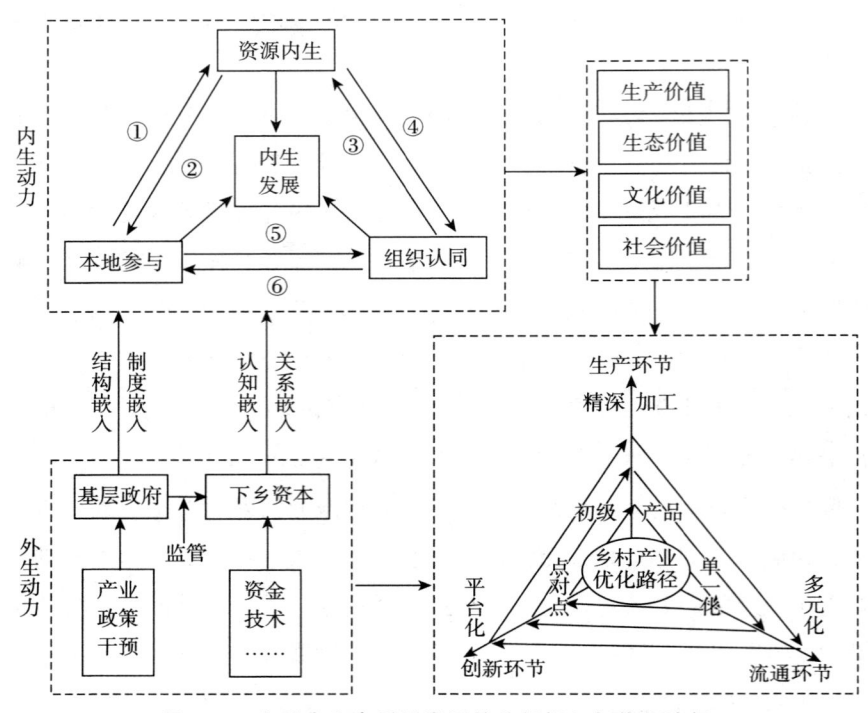

图 6-1 乡村产业高质量发展的分析框架与优化路径

注：①内生动力转化；②提供参与动力；③提供文化意义；④强化地方认同；⑤集体行动达成；⑥增强参与自主性。

经验等隐性或显性知识；其二，如果熟人关系的作用超过政策法规的约束力，那么公共资源便会被私人占有，沦为"人情交易"的商品。基层政府通过结构嵌入改变自身在乡土网络中的位置，打破乡土社会由人情、关系和宗族组成的关系壁垒和改变自身"悬浮"于乡土社会的不利处境，能够弱化熟人关系的负面效应，强化正面效益。其次，制度嵌入在于发挥乡土性的地方性知识和规范，提振内生动力。内生动力形成的前提是有效的制度供给（张社梅等，2020），基层政府的制度嵌入不是替代社会力量和市场力量，其目的在于在尊重乡土社会的地方性知识的基础上整合内外资源，实现非正式制度和正式制度的协同耦合，构建多元参与的乡村产业发展机制，缓解村庄社会资源禀赋的困境，以外生力量激活村庄发展的内生动力，促使"嵌入"乡土社会的制度形成长期稳定的激励机制（谢宗藩等，2021）。

另一方面，下乡资本的关系嵌入和认知嵌入：消解"外来性"，生产信任。信任作为维系利益共同体的关键要素之一，是合作经济行为发生和存在的必要条件。在具体实践中，基于差序格局产生的信任关系是合作的基础，合理有效的利益联结机制是持续合作的保障。下乡资本面临的主要问题是如何打破内生于乡土社会的差序格局，逐渐走进以"己"为中心的社会关系网络，提高信任水平。具体而言，下乡资本可以通过关系嵌入和认知嵌入赋予其"乡土性"，构建与乡土社会的长效互信机制。首先，关系嵌入实现市场逻辑和社会道德逻辑之间的平衡，破解下乡资本"不下乡"的困境。下乡资本的关系嵌入赋予小农户产权动力和信任动力，前者给予小农户更多的剩余索取权和剩余控制权，后者利用"市场""人情"和"面子"机制与乡土社会互动。两者共同缩小下乡资本与乡土社会的经济距离和社会距离，缓解资本与农户之间可能面临的利益冲突，使下乡资本在利润最大化逻辑之下内含人情道义关系最大化，实现市场逻辑和社会道德逻辑之间的平衡，努力增强资本的"乡土性"。其次，认知嵌入能够缓解信息不对称问题，推动形成稳定预期，建立双边信任关系。信任关系建立的最大障碍是信息不对称（李丹和杨建君，2017），信息不对称阻碍信任双方行为预期的形成，进而影响行为主体价值评价的准确性。受"外来性"影响，下乡资本与乡土社会的信息不对称引致的不信任导致双方对彼此的行为预期不尽相同，进而影响乡土社会的行为选择。下乡资本通过认知嵌入将自身的价值、规范、理念等融入乡土社会，形成与乡土社会合作共赢的共同价值认知，强化乡土社会认同感，加强与乡土社会的持续互动，推动形成稳定的乡土社会交往关系，消解"外来性"。

## 四 乡村产业高质量发展路径：基于嵌入机制的链式优化

基于上述构建的嵌入机制分析框架，本小节分别从生产环节、流通环节、创新环节角度针对当前乡村产业链存在的发展困境提出可能的优化路径。

**（一）生产环节优化：由初级产品到精深加工**

生产环节对应农业产业链上生产和加工两个纵向价值增值环节，优化的过程是在满足消费者价值诉求的同时，兼顾产业链上各主体的价值诉求，尤其是要维护好小农户的核心利益，使其分享更多产业增值收益成为可能。

（1）生产行为"去内卷化"。在乡村产业链上游，小农户凭借独特的地理环境和资源禀赋，依靠世代积累的生产经验及要素进行生产，缺乏动力或条件引入新的生产要素，只能投入过密劳动以保证效用最大化，使得劳动投入的边际报酬严重递减，由此出现"自我剥削"。在产业生产过程中需要积极利用乡村产业本身蕴含的用工吸纳机制，吸收无法进入城市的劳动力，解决农村劳动力时空配置不均衡的问题，缓解乡村产业生产的"内卷化"，提高劳动要素的边际产出。

（2）生产格局"网络化"。乡村产业立足乡土社会和区域比较优势，能够在区域分工和产业分工的推动下朝着集群化方向发展，并呈现"点发散"→"线连接"→"网络化"的发展模式。在乡村产业链上游，分散的小农户生产初级产品，产业结构比较单一，集约化、规模化程度低。随着生产环节的进一步优化，产业内部要素联系越发密切，产业结构越发复杂，形成一个多维的生产网络。生产格局的网络化带来知识学习和信息共享的网络化，在不同的空间创造新的联系，有利于注入新的知识流和推动知识多元化，提高人力资本和知识资本水平，进一步缓解生产约束。

（3）产品生产"生态化"。积极推动乡村产业链生产环节的生态化一方面是回应国家生态建设的战略需求，减少农业面源污染，实现化学农业向有机农业的转变，推动农业绿色高质量发展；另一方面是在"隐性农业革命"的背景下，响应农产品消费结构的变化趋势，为消费者提供生态、优质、高效的农产品，提升农产品的附加值和溢价水平。

**（二）流通环节优化：由分散封闭市场到多元市场格局**

流通环节的优化以缓解"小生产"和"大市场"之间的矛盾为目

标。农产品价值的实现离不开市场机制，流通环节是农产品高效地实现从使用价值向货币价值转化的重要途径，激发农民生产积极性和保证农产品稳定供给。

（1）大力发展电商市场。互联网的普及和相关基础设施的不断完善使农村电商成为农产品流通的大趋势。农产品电商市场突破农产品消费的时空限制，促进各主体优势互补、资源共享，形成相互交织、相互补充的供应链，联通农户、消费者与市场，能够有效搜集市场信息，在农产品产销之间筑起对称、开放、透明的交换渠道，有利于小农户获取信息、知识、技术等新生产要素，补齐其在销售渠道上的短板，改善自身不利的市场地位。

（2）不断完善市场体系。商品和要素平等交换的前提是每一个市场主体能够在政策落实、信息获取等方面平等、合理地参与。农产品市场呈现相互对立的交易格局，即中间商人数少但购买规模相对大，农民人数多但生产规模相对小，再加上信息不完全与信息不对称的双重制约，农户作为独立的市场主体，却不能拥有市场的公平交易权（黄祖辉，2000）。通过不断完善市场组织体系、监管体系、基础设施，形成以专业市场为主体，多元市场共同发展的市场格局，能够使市场服务功能更加完善，物流、人流、资金流、信息流更加畅通，进一步推动乡村产业高质量发展。

**（三）创新环节优化：由"点对点"到"平台化"**

创新环节是由多方主体共创价值和共享利益的多层次开放网络。创新是一个非线性过程，创新环节的优化是乡村产业内各主体通过自身的价值主张构成多元协作的利益联合体，共同整合资源要素，以获得创新成果的过程。

（1）知识转化网络化。知识的有效扩散是知识发挥作用的前提与关键，扩散的效果取决于主体转移能力和客体吸收能力。乡村产业根植于乡土社会，与外部经济联系密切。在乡村产业发展过程中，信任互助的人际关系和社会网络有利于推动形成知识共享的区域学习机制，建立良好有效的信息交流平台，并逐步形成内外部联系密切的知识共享网络，能够提高产业系统内各主体的知识位势和知识转化效率，进一步缩小知识位势差，不断提升人力资本和知识资本水平，缓解生产约束。

（2）创新行为平台化。数字经济和互联网发展为创新平台的构建提供了技术支撑，使乡村产业创新摆脱了"点对点"模式的束缚，朝着平台化方向发展。在乡村产业创新平台内，各主体通过平台内的信任合作机制和信息扩散机制以更低的成本引进、消化、吸收外部知识和技术，将平台内的显性知识和隐性知识变成自身专有知识，进而拓展知识的深度和广度，提升自身创新能力，推动产品不断升级，提升产品溢价水平。

## 五 乡村产业高质量发展的进一步讨论："链—群—系统"的立体发展构想

从乡村产业的长期发展来看，突破当前单维、链式的发展思路，打造互利共赢、和谐共生的乡村产业发展新格局具有重大战略意义。因此，本小节尝试提出"链—群—系统"的立体发展构想，以期构建乡村产业高质量发展由链到群再到系统的长效发展的系统性路径（如图6-2所示）。具体而言，"链"是实现乡村产业链的纵向优化，打造现代化农业全产业链；"群"是乡村产业发展的横向升级，推动乡村产业集群化发展；"系统"是乡村产业发展的立体构建，打造乡村产业生态系统，通过价值主张、价值创造和价值共享的实现提升乡村产业整体效益（刘刚等，2020）。

### （一）乡村产业链的纵向优化：三链同构，打造现代化农业全产业链

产业链体现产业竞争力，然而乡村产业缺乏纵向一体化发展的产业链条，农产品附加值生成困难。对此，推动乡村产业链延链、补链、强链三链同构能够优化资源配置，发挥资源协同优势，提高和增强产业链的运作效率和韧性，提升乡村产业发展的整体绩效。

（1）延链：延长产业链，拓展农业多种功能和发挥乡村多元价值。

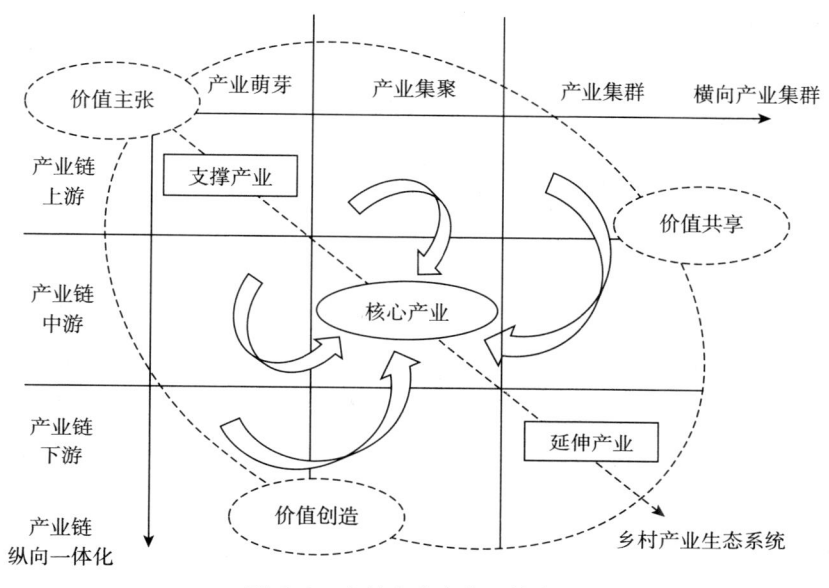

图 6-2 乡村产业生态系统演进

延链的目的在于将乡村产业链更多地留在县域和城镇，将产业增值收益更多地留给农民。首先，扩展本地化加工。积极支持涉农企业、合作社、家庭农场等新型农业经营主体对农产品进行诸如分级、筛选、包装等商品化处理，提高产品质量效益，推动产品保值增值。其次，瞄准中高端市场，强化精深加工。支持各类企业运用新技术、新工艺、新设备生产高附加值产品，满足消费者多层次、多样化的消费需求。最后，大力培育农业产业化联合体，推动产业融合，发展多种形态的乡村产业。

（2）补链：强化供应链，补齐产业链短板，实现"从田间到餐桌"的一条龙服务。强化供应链，补齐产业链短板要从资金链、人才链和科技链着手。第一，补齐资金链。构建政府主导、市场导向、社会参与的多元化资金整合方式能够拓宽农业资金流入渠道，提高农业资金配置效率。第二，补齐人才链。通过教育培训、挂职借调、吸纳利用等方式培养优秀人才，培育普通农户适应乡村产业发展的劳动技能和能动性，助推乡村产业高质量发展。第三，补齐科技链。一方面，通过提高农产品的科技含量推动农业生产标准化、规模化、专业化，以解决科技贡献率低的问题；另一方面，构建政府、企业、学校、科研院所多元化科技创新模式，实现产学研用一体化。

（3）强链：提升价值链，强化产业增值动力，为产业发展蓄势聚能。强链的关键在于推动产业链各环节提档升级，促进乡村产业提质增效。在产前：培育优良种质资源、现代化种业企业和建立高标准的种苗生产基地，推动产学研用一体化发展；同时，优化品种结构及区域布局，不仅要保证供给端数量，也要保证品种和质量契合消费者的核心价值诉求，稳步提升乡村产业的质量效益。在产中：推动标准化生产，加大绿色、有机和地理标志农产品的认证力度，积极建设标准化生产基地；同时，强化质量安全监管体系，将质量安全监管贯穿于生产全过程。在产后：首先，改变重生产、轻品牌的定式思维，充分重视公共品牌、企业品牌和产品品牌，将品牌与独特的地理环境、历史传统、风俗习惯、乡土人情等联系起来，把地域属性、文化属性和质量信誉凝结到品牌中，提升品牌形象、品牌效益、品牌价值；其次，建立高效的农产品流通体系，实现生产和消费的高效对接。

**（二）乡村产业发展的横向升级：乡村产业集群**

2022年"中央一号文件"指出，要培育优势特色产业集群。乡村产业集群突破了单维、线性的链式模式，能够提高乡村产业的综合竞争力。在遵循市场规律的基础上，需要政府提供相应的公共产品以推动乡村产业集群发展。

（1）克服生产瓶颈，满足多样化市场需求。在乡村产业发展初期，政府可以从创新层面和需求层面制定产业政策使行业实现由供给不足到规模化发展的转变，以消除乡村产业难以突破的外部性增长瓶颈。同时，考虑到农户缺乏引入新的生产要素和生产方式的动力和能力，政府可以通过建立和改造标准化、专业化生产示范基地，并加大对农户的培训力度，使农户适应新的生产条件，从而能够突破生产瓶颈，满足多样化市场需求。

（2）推动建立专业产业组织，为农户还权赋能。提高农民的组织化程度是实现农业产业化的基础,小农户以独立个体身份参与农产品生产和销售,缺乏商业技能和议价能力,加之市场竞争混乱,容易引发内生质量危机,严重影响本地产品的声誉和农户利益。政府制定诸如培育多种类型的新型农业经营主体等相关产业政策,能够提高小农户的组织化程度,为乡村产业高质量发展奠定一个长效、内生的发展基础。

(3)建立专业市场,使农产品高效地实现价值转化。农户自发形成的分散、封闭市场面临严重的信息不对称问题,使农户无法根据市场信息及时调整生产策略,并且不利于农产品质量和品牌的统一。政府可以通过建立专业市场推动形成以专业市场为主体,多元市场共同发展的市场格局,促进每一个市场主体在政策落实、信息获取等方面平等、合理地参与,实现商品和要素平等交换,吸引农户和贸易商进行交易。在专业市场的辐射带动之下,农户一方面可以依托专业市场收集市场信息,缓解信息不对称问题,提升议价能力;另一方面可以利用专业市场弥补知识缺口,提升商业技能,减少外部商人的垄断,使获得更多利润成为可能。

(4)进行品牌推广和管理,提高农产品溢价。乡村产业具有显著的地理根植性,如果不能形成区域性品牌,就无法获得较高的产品溢价。可以尝试采用以下方式推广和管理区域品牌:第一,积极支持农民和企业参加各种博览会、推介会,搭建推广平台,扩大品牌影响力和影响范围;第二,将区域品牌推广与区域旅游、文化相结合,赋予产品更深层次的地理特性和文化属性;第三,制定相关政策,强化品牌管理机制,提高品牌进入门槛和滥用成本,以进一步保护区域品牌。

**(三)乡村产业发展的立体构建:乡村产业生态系统**

产业生态系统是在一定的时空范围内,由产业群体和外部环境构成的具有自组织和自协调功能的有机系统(施晓清,2010)。较于乡村产业链和乡村产业集群,乡村产业生态系统具有更为丰富的内涵和外延。首先,乡村产业生态系统贯穿于从生产到消费的价值实现全过程,涵盖产业链上下游各节点各要素,更加强调共生共存、协调演化的特征,有着形态更丰富、产业链条更长的产业价值链。其次，乡村产业生态系统不仅能盘活生产要素，缓解生产约束，促进农民增产增收，还能实现产业环境互联互通，完善利益联结和价值共享机制（刘刚等，2020）。再次，乡村产业生态系统是一种产业融合发展模式，一方面连接新的生产要素，能够突破原有生产边界和提高乡村产业的供给能力，进一步创造农民收入的新增长点；另一方面能够对原有的生产要素进行重组和创新，带来更先进的生产方式和新的产业形态。最后，乡村产业生态系统不仅强调系统内各要素的和谐共生、协同演化，也关注产业发展过程中的绿色导向、生态环保，可以同时实现村庄的生产价值和生态价值，并在发展过程中与村庄的社会资本、文化资本相互关联，进一步激发村庄价值，推动乡村社会有序、稳定与持续健康发展，不断为村民生产和社会实践供给各类资源。

乡村产业生态系统通过价值主张、价值创造和价值共享的迭代演进机制实现经济效益、生态效益和社会效益的统一（刘刚等，2020）。首先，价值主张是供给端和消费端双向传递核心价值特征的重要桥梁，由乡村产业生态系统内部生产者的价值愿景和生产主体对消费者的价值承诺两个部分构成，二者在动态互构的过程中逐渐形成价值共鸣点，实现供给端和消费端的有效对接，缓解供给端和消费端的结构性矛盾。其次，价值创造通过整合诸如国家行政系统、下乡资本、村集体和小农户等异质性主体提供的异质性生产要素和资源，并依托系统内高效的信息流实现生产要素的供需匹配，提高生产要素的联合配置效率，进而提升乡村产业的整体效益。最后，价值共享是指乡村产业生态系统内部各利益相关者进行兼顾效率和公平的价值分配行为，能够在增加经济效益的同时实现社会效益，充分调动系统内利益相关者的积极性，为进一步提升乡村产业整体效益奠定内生基础。

在价值主张、价值创造和价值共享的实现过程中，乡村产业生态系统利用自身的仿自然生态系统特征，响应国家政策号召和顺应消费结构变迁趋势，不断寻求产业生态化和生态产业化，实现经济效益和生态效益的耦合。乡村产业生态系统内各主体相互依赖、复杂连接,扮演着不同的角色,通过多元主体的互动演进提升产业生态系统的效益和确定主体的行动边界,使得各主体与外部环境共同构成一个有机系统,进而实现价值共创和共享,更好地推动乡村产业高质量发展。

## 六 边际贡献与政策含义

针对现有研究,本节研究的边际贡献可能有以下两个方面:第一,提出一个促进乡村产业高质量发展的嵌入机制分析框架,力图解决乡村产业外生动力与内生动力如何实现内外联动发展的现实问题,并在该嵌入机制分析框架下分别从生产环节、流通环节和创新环节角度讨论乡村产业高质量发展的链式优化路径;第二,在乡村产业高质量发展链式优化路径的基础上,构想了一幅乡村产业高质量发展"链—群—系统"的立体图景,以期构建一套助推乡村产业高质量发展的系统性长效机制。

论及乡村产业何以实现高质量发展,本节研究的政策含义如下。(1) 对于政府而言,应该制定积极的产业政策,使乡村产业的资源优势转化为经济优势。首先,政府要根据市场发展情况和乡村产业比较优势提供功能性产业政策,也可以根据乡村产业发展阶段提供选择性产业政策,特别是在产业发展初期,亟须推动乡村产业实现由供给不足到规模化发展的转变。其次,政府产业政策制定应该是一个动态的过程,要根据乡村产业发展的不同阶段存在的产业特征和区域特征提供适当的公共产品,使乡村产业始终保持竞争力。

(2) 对于下乡资本而言,要在充分保障农民自主权、收益权以及农业主体性的前提下,为乡村产业发展带来红利。同时,也要关注小农户在乡村产业中如何获得更多产业增值收益的利益分配问题,缓解小农户与新型农业经营主体合作失范的问题,构建符合小农户利益的利益联结机制,以实现农业经营向工业生产的转变和经营性收入向工资性收入的转变,从内部拓宽门路和外部开辟渠道两个方面促进小农户增收。

（3）对于农民而言，乡村产业具有显著的地理根植性，只有农民掌握主动性和主导权，发展的红利才能够留在本地。同时，乡村产业由于兼具内生性和差异性而具有与小农户对接的天然优势，乡村产业具有的本土性和农民的主体性特点使得小农成为乡村产业分工体系中不可缺少的一员。所以，在乡村产业高质量发展过程中，不能忽视农民的主体地位，必须构建合理有效的利益联结机制，使农户获得更多产业增值收益。

## 第二节  全过程视角下小农户分享产业增值收益的逆向判定与主体建构

### 一  引言

党的十九大提出，实现小农户和现代农业发展有机衔接。2019年发布的《关于促进小农户和现代农业发展有机衔接的意见》指出，延长产业链、保障供应链、完善利益链，将小农户纳入现代农业产业体系。2021年"中央一号文件"进一步提出，依托乡村特色优势资源，打造农业全产业链，把产业链主体留在县城，让农民更多分享产业增值收益。然而在小农户和现代农业发展有机衔接的实践中，特别是在农业全产业链利益分配的过程中，小农户无法更多分享产业增值收益。究其原因，主要有两点：一是小农户参与乡村产业利益分配不合理；二是小农户主体性被排斥在乡村产业链之外。针对这两点，本节拟在全过程视角下，运用逆向判定法探讨如何构建小农户参与乡村产业利益分配的有效机制，以及如何保障小农户参与乡村产业的主体地位。需要说明的是，此处只是为小农户和现代农业发展有机衔接提供解决现实困境的一般设想，并没有展开实际研究。

### 二  小农户分享产业增值收益：全过程视角

复盘小农户和现代农业发展有机衔接的生产模式"小农户+合作

## 第六章 乡村特色产业发展的反思与小农户增收的再思考

社"可知，小农户与合作社利益联结的两种情形：一是小农户将自家土地流转给合作社，获得合作社的土地租金，合作由此获得用于生产的规模化土地（基地）；二是小农户在合作社经营的基地内部打工获得务工收入。在土地流转过程中存在一个关键问题，即土地租金如何确定。根据实地调研情况得知，在小农户与合作社经营主体商议租金时主要依据小农户以往一亩土地种植的传统农作物的年收益情况。这样的租金议价在土地流转实践中一般都能获得成功，究其原因在于以下两个方面。一方面，小农户在不用花费任何成本的情况下，一亩土地仍能获得与以往一样的年收益，相当于在除去种子成本、人工成本、管理成本的情况下，仍能获得同样的收益。因此，除去那些种植面积较多的农户，大部分小农户流转动机较为强烈。另一方面，合作社按照小农户经营传统农作物的年均亩收益作为土地租金的确定标准，明显降低了合作社流转土地的成本，因为合作社一般不会再继续种植传统农作物，而是转为种植经济价值更高的农作物。与此同时，土地的规模效应进一步降低了合作社的经营成本。综合起来，小农户与合作社经营主体一般较为容易达成土地流转协议。

上述合作机制存在的一个关键问题是合作社经营主体与小农户之间达成的土地流转协议事实上存在一个隐性不平等问题，即在相同的土地上，合作社经营主体与小农户种植的农作物存在经济收益的差异；即使与小农户种植相同的农作物，合作社经营主体也因规模效应而具有成本优势。那么问题是：应该是按照以往种植的农作物的年均亩收益，还是按照当前种植的农作物的年均亩收益作为土地租金的确定标准？笔者认为小农户之所以被合作社边缘化，正是源于小农户与合作社经营主体之间的隐性不平等问题。因此，为了缓解小农户与合作社经营主体之间的收益分配扭曲问题，应当按照合作社当前种植的农作物的年均亩收益作为土地租金的确定依据。进一步，为了达成这种新的利益分配模式，则需要从乡村特色产业全产业链视角来重新评定小农户的参与价值。

基于上述分析，本节拟构建在全过程视角下探讨小农户分享产业增值收益的逆向判定与主体建构的理论框架（如图6-3所示）。在全过程视角下，小农户分享产业增值收益的逆向判定与主体建构是指将小农户作为主体，通过分享产业增值收益的方式实现逆向判定和主体建构的过程。为了实现小农户分享产业增值收益的逆向判定与主体建构，需要建立相应的机制和平台。这包括建立信息共享和沟通渠道，提供技术培训和支持，制定公平的收益分配机制等。同时，还需要加强政府的支持和引导，为小农户提供政策支持和市场保障，调动他们参与产业链的积极性和主动性。因此，在该理论框架下需要厘清包括但不限于以下四个重要内容。

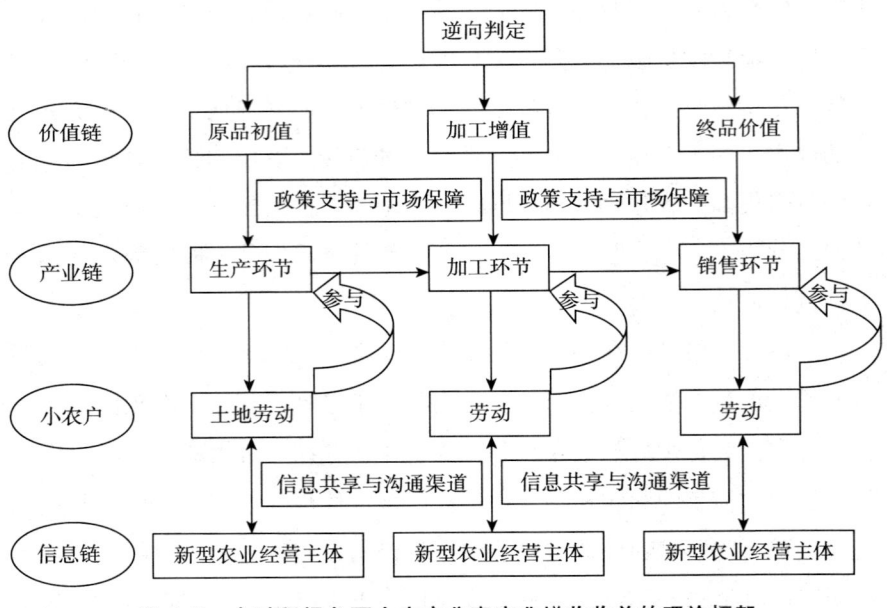

图6-3 全过程视角下小农户分享产业增收收益的理论框架

（1）逆向判定方法。研究如何从产业增值的结果出发，逆向推导出小农户在产业链中所创造的价值。这涉及对产业链各个环节的价值流动进行分析和测算，以及确定小农户在其中所扮演的角色和所做出的贡献。

（2）主体建构机制。研究如何将小农户作为产业链中的主体进行建构和发展。这包括探索小农户参与产业链的方式和途径，建立相应的组织和平台，提供技术培训和支持，以及制定公平的收益分配机制等。

（3）信息共享与沟通渠道。研究如何建立小农户与产业链其他参与者之间的信息共享和沟通渠道。这包括利用信息技术手段，建立数字化平台，促进信息的流通和交流，提高小农户的信息获取能力和决策水平。

（4）政策支持与市场保障。研究如何加强政府的支持和引导，为小农户提供政策支持和市场保障。这包括制定相关政策和法规，提供财政资金和补贴，建立市场准入机制和质量标准，以及加强农产品的品牌建设和营销推广等。

综上所述，为了有效解决小农户和现代农业发展有机衔接当中的小农户脱钩问题，首先需要承认小农户在乡村产业链各个环节当中发挥的作用与产生的价值；其次需要在乡村产业利益分配当中体现小农户的作用与价值；最后乡村产业才能真正起到联农带农的效果，促进小农户增收，推进中国农业现代化发展。

## 三　全过程视角下小农户分享产业增值收益：逆向判定

在全过程视角下，针对第一个问题（即如何构建小农户参与乡村产业利益分配的有效机制？）的解决方案是：全过程+逆向判定。

传统上，小农户往往只是作为生产者参与到产业链中，他们的价值创造主要体现在农产品的生产环节，其利益分配也只是考虑到产业链的生产环节，同时利益分配时仅考虑到农民土地、劳动等要素在当前环节的价值情况，而忽视了农民参与在整个乡村产业链当中的基础性作用。在全过程视角下，一方面小农户可以通过参与产业链的各个环节，如生产、加工、销售等，分享产业增值收益；另一方面逆向判定是指从产业增值的结果出发，逆向推出小农户在产业链中所创造的价值。通过逆向判定，可以明确小农户在产业链中所创造的价值，并为他们提供相应的回报和激励机制。因此，从全过程视角考察农民参与乡村产业更加符合农情，并从产业链逆向判定农民要素价值更能体现农民参与乡村产业的实际贡献。

如何重新构建小农户分享产业增值收益的分配机制？首先破除只看生产环节的衡量范畴，需要从产业链全过程视角去审视小农户的参与行为及其价值创造；其次根据产业增值的最终结果，逆向推导小农户在产业链中所创造的价值，并依据小农户在各个环节的参与程度与价值贡献进行收益分配。如此，才能构建以小农户为主体的"小农户+合作社"生产模式，才能真正发挥合作社联农带农的作用。当然，这里也存在另外一个问题，即相较于传统的"小农户+合作社"生产模式的分配机制，全过程视角下小农户分享产业增值收益的分配机制全面保障了小农户的权益，但势必影响了合作社等新型农业经营主体的收益分配，进而削弱了它们参与乡村产业发展的积极性。

需要说明的是，"小农户+合作社"生产模式原来就是期望小农户与合作社经营主体之间各自发挥自己的比较优势，实现要素互补，发挥合作社联农带农的有效作用，扶持和提升小农户发展现代农业的能力，加快推进农业农村现代化，夯实实施乡村振兴战略的基础。但事实上是合作社经营主体利用自己的市场信息、议价能力、社会资本等优势严重破坏了"小农户+合作社"生产模式的公平公正，导致合作社内部利益分配扭曲，小农户被边缘化，甚至脱离乡村产业发展。全过程视角下小农户分享产业增值收益的分配机制正好迎合促进小农户和现代农业发展有机衔接的本质要求，是"小农户+合作社"生产模式本应具有的利益分配机制。与此同时，为了有效推进全过程视角下小农户分享产业增值收益的分配机制需要政策介入其中，发挥政策支持和市场保障的作用。因为调研过程之中出现的困境正是因为政府参与不够，导致合作社经营主体一方独大，按照市场激励机制进行收益分配而造成的乡村特色产业发展困境。全过程视角下小农户分享产业增值收益的分配机制也是"有为政府+有效市场"的体现。

## 四 全过程视角下小农户分享产业增值收益：主体建构

在全过程视角下，针对第二个问题（即如何保障小农户参与乡村产业的主体地位？）的解决方案是：全过程+主体建构。

在传统的农业生产模式中，小农户往往处于较为被动的地位，缺乏对产业链的控制和话语权。然而，在全过程视角下，小农户可以通过分享产业增值收益的方式，成为产业链中的重要主体。主体建构是指将小农户作为产业链中的主体进行建构和发展。通过主体建构，小农户可以获得更多的利益和回报，同时也能够参与决策和规划，发挥自身的主体作用。因此，从全过程视角评定农民参与乡村产业的实际贡献不仅更能调动农民参与乡村产业，融入产业利益共同体的积极性，而且能够有效减少下乡资本对农民要素的隐性剥削，有利于进一步缩小城乡居民收入差距，为实现共同富裕提供重要保障。

如何重新保障小农户分享产业增值收益的主体地位？首先，需要在全过程视角下厘清小农户在产业链中各个环节的参与行为与价值创造；其次，保障小农户在各个环节的参与行为是体现小农户主体性的重要基础；再次，收益分配体现小农户在各个环节的价值创造，是体现小农户主体性的根本要求。因此，此处拟借鉴第三章第一节"个益-互益-共益"的主体建构模式进行剖析。在"小农户+合作社"生产模式下乡村特色产业之所以不能赋能小农户实现有效增收，深层次原因在于小农户参与合作社的身份转换与利益转向不兼容。小农户身份从独立到嵌入再到融入相对比较容易，而涉及合作社内部各个主体切身利益的利益转向却往往难以达成，但在全过程视角下小农户的身份转换与利益转向能够实现真正兼容，从而彻底解决"合作社内部分利失序或扭曲"的现实困境。

## 五 结论与讨论

在全过程视角下，小农户分享产业增值收益的逆向判定和主体建构至少可以（部分）解决如下两个问题：第一，提高小农户对乡村特色产业的参与度，缓解其不断被边缘化的现实困境；第二，促使小农户分享更多产业增值收益。逆向判定的分配方法需要考察小农户在产业链的任何一个环节的价值创造，而不再如以往顺推判定的分配方案那样容易忽略小农户在某些环节的参与价值，特别是对于一些不那么明显的参与，进而导致小农户较少，甚至无法分享产业增值收益。

此外，在全过程视角下，探讨小农户分享产业增值收益的逆向判定和主体建构还具有如下可能的创新性。

（1）强调全产业链价值共享。传统上，小农户在农业产业链中往往处于较低的位置，只能获得有限的利润。通过逆向判定，可以将小农户视为产业链中的重要环节，强调他们在产业链中的价值贡献，并通过共享增值收益的方式，使小农户能够分享更多的收益。

（2）建立多元化的合作关系。逆向判定可以促使小农户与产业链中的其他主体建立更紧密的合作关系。通过与上游供应商、下游销售商以及其他农户之间的合作，实现资源共享、风险分担和技术创新，从而提高整个产业链的效益。

（3）引入新的技术和管理模式。逆向判定可以激发创新思维，推动小农户引入新的技术和管理模式。例如，通过数字化技术和物联网技术，实现农业生产的精细化管理和智能化决策，提高农产品的质量和产量。

（4）建立品牌和市场渠道。逆向判定可以帮助小农户建立自己的品牌和市场渠道，提高产品的附加值。通过品牌建设和市场推广，小农户可以将自己的产品与其他农产品区分开来，提高产品的竞争力和溢价能力。

（5）政策支持和金融服务。逆向判定需要政府和金融机构的支持。政府可以通过制定相关政策，提供资金支持和技术指导，为小农户提供更好的发展环境。金融机构可以提供贷款和保险等金融服务，降低小农户的经营风险。

## 第六章 乡村特色产业发展的反思与小农户增收的再思考

总之,逆向判定和主体建构可以为小农户分享产业增值收益带来创新点。通过强调全产业链价值共享、建立多元化的合作关系、引入新的技术和管理模式、建立品牌和市场渠道,以及提供政策支持和金融服务,促进小农户的可持续发展和增加小农户在产业链中的收益。

# 参考文献

包宗顺，伊藤顺一，倪镜．2015．土地股份合作制能否降低农地流转交易成本？——来自江苏300个村的样本调查［J］．中国农村观察，（1）：59-70+95．

蔡键等．2017．要素相对价格、土地资源条件与农户农业机械服务外包需求［J］．中国农村经济，（8）：18-28．

蔡键，刘文勇．2019．农业社会化服务与机会主义行为：以农机手作业服务为例［J］．改革，（3）：18-29．

蔡荣．2011．"合作社+农户"模式：交易费用节约与农户增收效应——基于山东省苹果种植农户问卷调查的实证分析［J］．中国农村经济，（1）：58-65．

陈超，徐磊．2020．流通型龙头企业主导下果品产业链的融合与培育——基于桃产业的理论与实践［J］．农业经济问题，（8）：77-90．

陈航英．2019．小农户与现代农业发展有机衔接——基于组织化的小农户与具有社会基础的现代农业［J］．南京农业大学学报（社会科学版），（2）：10-19+155．

陈航英．2022．行政、资本与乡土社会：农业经营模式的形塑机制——基于宁夏南部地区蔬菜产业发展的思考［J］．西北农林科技大学学报（社会科学版），（3）：112-120．

陈军亚．2019．韧性小农：历史延续与现代转换——中国小农户的生命力及自主责任机制［J］．中国社会科学，（12）：82-99+201．

陈林．2018．习近平农村市场化与农民组织化理论及其实践——统筹推进农村"三变"和"三位一体"综合合作改革[J].南京农业大学学报（社会科学版），（2）：1-11+157.

陈晓华.2020.突出扶持重点，切实增强新型农业经营主体发展带动能力[J].农业经济问题，（1）：4-7.

陈义媛.2016.资本下乡：农业中的隐蔽雇佣关系与资本积累[J].开放时代，（5）：92-112+8.

陈义媛.2019.资本下乡的社会困境与化解策略——资本对村庄社会资源的动员[J].中国农村经济，（8）：128-144.

陈奕山，钟甫宁，纪月清.2017.为什么土地流转中存在零租金？——人情租视角的实证分析[J].中国农村观察，（4）：43-56.

陈云，朱莹莹.2021.多重资本运作下乡村特色产业发展路径——以宣恩伍家台村茶产业为例[J].中南民族大学学报（人文社会科学版），（9）：47-54.

陈志刚，严海成.2020.农村金融与家庭农场基础设施投资——基于微观数据的倾向得分匹配分析[J].农业技术经济，（11）：43-55.

程郁，万麒雄.2020.集体经济组织的内外治理机制——基于贵州省湄潭县3个村股份经济合作社的案例研究[J].农业经济问题，（6）：43-52.

崔宝玉，孙倚梦.2020.农民合作社的贫困治理功能会失灵吗——基于结构性嵌入的理论分析框架[J].农业经济问题，（12）：17-27.

崔宝玉.2010.农民专业合作社治理结构与资本控制[J].改革，（10）：109-114.

邓衡山，孔丽萍，廖小静.2022.合作社的本质规定与政策反思[J].中国农村观察，（3）：32-48.

邓衡山等.2016.真正的农民专业合作社为何在中国难寻？——一个框架性解释与经验事实[J].中国农村观察，（4）：72-83+96-97.

邓宏图，王巍.2015.农业合约选择：一个比较制度分析[J].经济学动态，（7）：25-34.

邓宏图，赵燕，杨芸.2020.从合作社转向合作联社：市场扩展下龙头企业和农户契约选择的经济逻辑——以山西省太谷县某龙头企业和土地合作社为例［J］.管理世界，(9)：111-128.

杜鑫.2013.劳动力转移、土地租赁与农业资本投入的联合决策分析［J］.中国农村经济，(10)：63-75.

杜晔，何雪松.2023.从个益、互益到共益：骨干居民的身份建构与基层"公共性"的成长［J］.学习与实践，(7)：108-117.

杜吟棠.2005.农业产业化经营和农民组织创新对农民收入的影响［J］.中国农村观察，(3)：9-18+80.

樊增增，邹薇.2021.从脱贫攻坚走向共同富裕：中国相对贫困的动态识别与贫困变化的量化分解［J］.中国工业经济，(10)：59-77.

方劲.2013.乡村发展干预中的内源性能力建设——一项西南贫困村庄的行动研究［J］.中国农村观察，(4)：31-41+95.

冯猛.2014.基层政府与地方产业选择——基于四东县的调查［J］.社会学研究，(2)：145-169+244-245.

冯猛.2015.项目制下的"政府-农民"共事行为分析——基于东北特拉河镇的长时段观察［J］.南京农业大学学报（社会科学版），(5)：1-12+137.

符平.2018.市场体制与产业优势——农业产业化地区差异形成的社会学研究［J］.社会学研究，(1)：169-193+245-246.

付伟.2018.城乡融合发展进程中的乡村产业及其社会基础——以浙江省L市偏远乡村来料加工为例［J］.中国社会科学，(6)：71-90+205-206.

傅利平，梁璐.2021.居家养老背景下邻里效应对家庭医疗支出的影响分析［J］.天津大学学报（社科版），(5)：436-442.

盖庆恩等.2023.从小农户经营到规模经营：土地流转与农业生产效率［J］.经济研究，(5)：135-152.

高海.2014.农地入股合作社的组织属性与立法模式——从土地股份合

作社的名实不符谈起［J］．南京农业大学学报（社会科学版），（1）：83-92．

龚锋，李智，雷欣．2017．努力对机会不平等的影响：测度与比较［J］．经济研究，（3）：76-90．

龚为纲．2015．项目制与粮食生产的外部性治理［J］．开放时代，（2）：103-122+5-6．

龚为纲，黄娜群．2016．农业转型过程中的政府与市场——当代中国农业转型过程的动力机制分析［J］．南京农业大学学报（社会科学版），（2）：73-83+154．

桂华．2014．项目制与农村公共品供给体制分析——以农地整治为例［J］．政治学研究，（4）：50-62．

郭红东．2002．浙江省农业龙头企业与农户的利益机制完善与创新研究［J］．浙江社会科学，（5）：179-183．

郭倩倩，王金水．2021．乡村振兴背景下农民主体性提升的困境及其纾解［J］．江海学刊，（5）：146-153．

郭庆海．2018．小农户：属性、类型、经营状态及其与现代农业衔接［J］．农业经济问题，（6）：25-37．

郭熙保，冷成英．2018．我国家庭农场发展模式比较分析——基于武汉和郎溪调查数据［J］．福建论坛（人文社会科学版），（11）：171-180．

郭熙保，吴方．2020．家庭农场经营规模、信贷获得与固定资产投资［J］．经济纵横，（7）：92-106+2．

郭忠兴，罗志文．2012．农地产权演进：完整化、完全化与个人化［J］．中国人口·资源与环境，（10）：123-130．

韩喜艳，刘伟，高志峰．2020．小农户参与农业全产业链的选择偏好及其异质性来源——基于选择实验法的分析［J］．中国农村观察，（2）：81-99．

何安华．2015．土地股份合作机制与合作稳定性——苏州合作农场与土地股份合作社的比较分析［J］．中国农村观察，（5）：51-61．

何宇鹏，武舜臣.2019.连接就是赋能：小农户与现代农业衔接的实践与思考［J］.中国农村经济，(6)：28-37.

贺雪峰.2019.乡村振兴与农村集体经济［J］.武汉大学学报（哲学社会科学版），(4)：185-192.

洪名勇，何玉凤.2020.邻里效应及其对农地流转选择行为的影响机制研究——基于贵州省540户农户的调查［J］.农业技术经济，(9)：4-19.

胡祎.2020.巩固脱贫攻坚成果衔接乡村振兴战略——《中国农村经济》《中国农村观察》第四届"三农论坛"征文研讨会综述［J］.中国农村经济，(12)：130-138.

黄迈，董志勇.2014.复合型现代农业经营体系的内涵变迁及其构建策略［J］.改革，(1)：43-50.

黄振华.2021.国家治理的农户逻辑：基于田野政治学的分析进路［J］.学术月刊，(7)：91-104+178.

黄宗智，彭玉生.2007.三大历史性变迁的交汇与中国小规模农业的前景［J］.中国社会科学，(4)：74-88+205-206.

黄宗智.2012.小农户与大商业资本的不平等交易：中国现代农业的特色［J］.开放时代，(3)：88-99.

黄宗智，龚为纲，高原.2014."项目制"的运作机制和效果是"合理化"吗？［J］.开放时代，(5)：143-159.

黄宗智.2016.中国的隐性农业革命（1980-2010）——一个历史和比较的视野［J］.开放时代，(2)：11-35.

黄宗智.2018a.怎样推进中国农产品纵向一体化物流的发展？——美国、中国和"东亚模式"的比较［J］.开放时代，(1)：151-165.

黄宗智.2018b.中国新时代小农经济的实际与理论［J］.开放时代，(3)：62-75.

黄宗智.2020.中国的新型小农经济：实践与理论［M］.广西师范大学出版社.

黄宗智.2021.再论内卷化,兼论去内卷化[J].开放时代,(1):157-168.

黄祖辉,钱泽森.2021.做好巩固拓展脱贫攻坚成果同乡村振兴有效衔接[J].南京农业大学学报(社会科学版),(6):54-61.

黄祖辉,吴彬,徐旭初.2014.合作社的"理想类型"及其实践逻辑[J].农业经济问题,(10):8-16+110.

黄祖辉.2000.农民合作:必然性、变革态势与启示[J].中国农村经济,(8):4-8.

黄祖辉.2018.中国农业产业组织的发展与若干问题[J].中国合作经济,(8):14-15.

黄祖辉.2020.农业农村优先发展的制度体系建构[J].中国农村经济,(6):8-12.

姜安印,陈卫强.2019.小农户存在的价值审视与定位[J].农业经济问题,(7):73-83.

蒋淑晴.2021.中国共产党农业合作化道路的百年回溯:理论创新及经验启示[J].经济学家,(10):5-13.

焦长权,周飞舟.2016."资本下乡"与村庄的再造[J].中国社会科学,(1):100-116+205-206.

孔祥智.2003.西部地区优势产业发展的思路和对策研究[J].产业经济研究,(5):58-69.

孔祥智.2017.健全农业社会化服务体系实现小农户和现代农业发展有机衔接[J].农业经济与管理,(5):20-22.

李丹,杨建君.2017.关系嵌入的二元性及其对机会主义基础假设的调节机理研究[J].南开管理评论,(4):129-139.

李明月,罗小锋,余威震等.2020.代际效应与邻里效应对农户采纳绿色生产技术的影响分析[J].中国农业大学学报,(1):206-215.

李宁等.2019.自购还是外包:农地确权如何影响农户的农业机械化选择?[J]中国农村经济,(6):54-75.

李宁等.2020.新型农业经营主体的角色转变研究:以农机服务对农地

经营规模的影响为切入点［J］.中国农村经济,（7）：40-58.

李宁,汪险生,陆华良.2021.新型农业经营主体农机作业服务的双重角色及其动态转变：一个初步的分析框架［J］.农业经济问题,（2）：38-53.

李实.2021.共同富裕的目标和实现路径选择［J］.经济研究,（11）：4-13.

李耀锋.2016.农村治理中"项目进村"的村庄回应：理论意涵与现实问题［J］.农业经济问题,（12）：48-54+111.

李莹,吕光明.2019.中国机会不平等的生成源泉与作用渠道研究［J］.中国工业经济,（9）：60-78..

李祖佩.2015.项目制基层实践困境及其解释——国家自主性的视角［J］.政治学研究,（5）：111-122.

梁栋,吴惠芳.2019.农业产业扶贫的实践困境、内在机理与可行路径——基于江西林镇及所辖李村的调查［J］.南京农业大学学报（社会科学版）,（1）：49-57+164-165.

梁海兵,姚仁福.2023.从摆脱贫困走向共同富裕：合作社赋能小农户增收的机制与限度［J］.南京农业大学学报（社会科学版）,（6）：40-52.

梁巧,黄祖辉.2011.关于合作社研究的理论和分析框架：一个综述［J］.经济学家,（12）：77-85.

廖小静等.2016.收入效应与利益分配：农民合作效果研究——基于农民专业合作社不同角色农户受益差异的实证研究［J］.中国软科学,（5）：30-42.

廖晓明,方婷,邱俊柯.2023.农民合作社发展：社会资本与合作参与——基于多案例比较研究［J］.南京农业大学学报（社会科学版）,（2）：83-93.

林万龙,纪晓凯.2022.从摆脱绝对贫困走向农民农村共同富裕［J］.中国农村经济,（8）：2-15.

刘闯等 . 2019. 小农户现代农业发展的萌发：农户间土地流转和三种农地经营方式并存的村庄考察——以安徽省D村为个案分析［J］. 中国农村经济，（9）：30-47.

刘凤芹 . 2003. 不完全合约与履约障碍——以订单农业为例［J］. 经济研究，（4）：22-30+92.

刘刚等 . 2020. 价值主张、价值创造、价值共享与农业产业生态系统的动态演进——基于德青源的案例研究［J］. 中国农村经济，（7）：24-39.

刘军强，鲁宇，李振 . 2017. 积极的惰性——基层政府产业结构调整的运作机制分析［J］. 社会学研究，（5）：140-165+245.

刘俊文 . 2017. 农民专业合作社对贫困农户收入及其稳定性的影响——以山东、贵州两省为例［J］. 中国农村经济，（2）：44-55.

刘蓝予，周黎安 . 2020. 县域特色产业崛起中的"官场+市场"互动——以洛川苹果产业为例［J］. 公共管理学报，（2）：116-127+173.

刘明兴，侯麟科，陶然 . 2013. 中国县乡政府绩效考核的实证研究［J］. 世界经济文汇，（1）：71-85.

刘培林等 . 2021. 共同富裕的内涵、实现路径与测度方法［J］. 管理世界，（8）：117-129.

刘守英，王一鸽 . 2018. 从乡土中国到城乡中国——中国转型的乡村变迁视角［J］. 管理世界，（10）：128-146+232.

刘守英 . 2022. 农村土地制度改革：从家庭联产承包责任制到三权分置［J］. 经济研究，（2）：18-26.

刘同山 . 2018. 农民合作社在乡村振兴中大有可为［J］. 中国农民合作社，（8）：37.

刘同山，苑鹏 . 2020. 农民合作社是有效的益贫组织吗？［J］. 中国农村经济，（5）：39-54.

刘愿 . 2008. 农民从土地股份制得到什么？——以南海农村股份经济为例［J］. 管理世界，（1）：75-81.

卢青青 . 2021. 嵌入性干预：农业现代化发展中的政府行为——基于甘

肃城县苹果产业发展的经验阐释［J］．南京农业大学学报（社会科学版），（1）：64-73．

陆文荣，卢汉龙．2013．部门下乡、资本下乡与农户再合作——基于村社自主性的视角［J］．中国农村观察，（2）：44-56+94-95．

罗必良．2017．论服务规模经营——从纵向分工到横向分工及连片专业化［J］．中国农村经济，（11）：2-16．

罗必良．2020．小农经营、功能转换与策略选择——兼论小农户与现代农业融合发展的"第三条道路"［J］．农业经济问题，（1）：29-47．

马荟等．2020．熟人社会、村庄动员与内源式发展——以陕西省袁家村为例［J］．中国农村观察，（3）：28-41．

马太超，邓宏图．2022．从资本雇佣劳动到劳动雇佣资本——农民专业合作社的剩余权分配［J］．中国农村经济，（5）：20-35．

马彦丽．2019．农地股份合作社的固定租金契约优于分成契约——兼论农地股份合作社的功能定位和发展空间［J］．农业经济问题，（3）：108-120．

马彦丽，孟彩英．2008．我国农民专业合作社的双重委托-代理关系——兼论存在的问题及改进思路［J］．农业经济问题，（5）：55-60+111．

潘劲．2011．中国农民专业合作社：数据背后的解读［J］．中国农村观察，（6）：2-11+94．

钱忠好，曲福田．2006．农地股份合作制的制度经济解析［J］．管理世界，（8）：47-55．

阮文彪．2019．小农户和现代农业发展有机衔接——经验证据、突出矛盾与路径选择［J］．中国农村观察，（1）：15-32．

尚旭东，吴蓓蓓．2020．农业产业化联合体组织优化问题研究［J］．经济学家，（5）：119-128．

施晓清．2010．产业生态系统及其资源生态管理理论研究［J］．中国人口·资源与环境，（6）：80-86．

史常亮，占鹏，朱俊峰．2020．土地流转、要素配置与农业生产效率改进

[J]. 中国土地科学, (3): 49-57.

史新杰等. 2018. 中国收入分配中的机会不平等[J]. 管理世界, (3): 27-37.

孙生阳, 胡瑞法, 张超. 2021. 中国农户的农药施用存在邻里效应吗?——基于1113个稻农的实证分析[J]. 农村经济, (12): 81-89.

孙圣民, 陈强. 2017. 家庭联产承包责任制与中国农业增长的再考察——来自面板工具变量法的证据[J]. 经济学(季刊), (2): 815-832.

孙早, 侯玉琳. 2021. 工业智能化与产业梯度转移: 对"雁阵理论"的再检验[J]. 世界经济, (7): 29-54.

谭智心, 孔祥智. 2011. 不完全契约、非对称信息与合作社经营者激励——农民专业合作社"委托-代理"理论模型的构建及其应用[J]. 中国人民大学学报, (5): 34-42.

唐煜金, 唐重振. 2022. "权力-利益"视阈下的乡村产业治理逻辑——基于L村罗汉果产业开发的个案考察[J]. 公共管理与政策评论, (6): 96-110.

陶郁, 侯麟科, 刘明兴. 2016. 张弛有别: 上级控制力、下级自主性和农村基层政令执行[J]. 社会, (5): 107-130.

仝志辉. 2009. 专业合作社发展中的小农困境[J]. 中国老区建设, (2): 10-12.

仝志辉, 温铁军. 2009. 资本和部门下乡与小农户经济的组织化道路——兼对专业合作社道路提出质疑[J]. 开放时代, (4): 5-26.

仝志辉等. 2023. 乡村特色产业的嵌入式内源发展路径——以四川省石棉县坪阳合作社黄果柑产业为例[J]. 农业经济问题, (8): 31-43.

涂圣伟. 2014. 工商资本下乡的适宜领域及其困境摆脱[J]. 改革, (9): 73-82.

涂圣伟. 2020. 脱贫攻坚与乡村振兴有机衔接: 目标导向、重点领域与关键举措[J]. 中国农村经济, (8): 2-12.

万俊毅, 曾丽军. 2020. 合作社类型、治理机制与经营绩效[J]. 中国农村经济，（2）：30-45.

万俊毅 . 2022. 发展乡村特色产业，拓宽农民增收致富渠道 [J]. 农业经济与管理，（6）：19-22.

王海娟，夏柱智 . 2015. 农业治理困境与分利秩序的形成——以中部 W 省 H 市为例 [J]. 南京农业大学学报（社会科学版），（3）：43-50+122-123.

王敬培，任大鹏 . 2016. "典范"标准：农民专业合作社示范社评选标准的研究 [J]. 中国农业大学学报（社会科学版），（3）：26-32.

王图展 . 2016. 农民合作社议价权、自生能力与成员经济绩效——基于 381 份农民专业合作社调查问卷的实证分析 [J]. 中国农村经济，（1）：53-68+82.

王伟 . 2019. 乡村振兴视角下农村精准扶贫的产业路径创新 [J]. 重庆社会科学，（1）：27-34.

王星，周重礼 . 2023. 农业产业化过程中的技能重组与小农主体性建构——基于 M 村制茶产业变迁的过程分析 [J]. 社会学研究，（2）：115-134+228-229.

王亚华，臧良震 . 2020. 小农户的集体行动逻辑 [J]. 农业经济问题，（1）：59-67.

王艺明 . 2022. 乡村产业振兴的发力点和突破口 [J]. 人民论坛，（1）：22-25.

王雨磊，苏杨 . 2020. 中国的脱贫奇迹何以造就？——中国扶贫的精准行政模式及其国家治理体制基础 [J]. 管理世界，（4）：195-209.

王真 . 2016. 合作社治理机制对社员增收效果的影响分析 [J]. 中国农村经济，2016（6）：39-50.

王志刚，于滨铜 . 2019. 农业产业化联合体概念内涵、组织边界与增效机制：安徽案例举证 [J]. 中国农村经济，（2）：60-80.

王竹泉，杜媛 . 2012. 利益相关者视角的企业形成逻辑与企业边界分析 [J]. 中国工业经济，（3）：108-120.

魏后凯.2020."十四五"时期中国农村发展若干重大问题［J］.中国农村经济,（1）：2-15.

魏后凯.2023.加快构建中国特色的农村经济学［J］.中国农村经济,（7）：2-20.

温涛等.2015.新形势下农户参与合作经济组织的行为特征、利益机制及决策效果［J］.管理世界,（7）：82-97.

吴曼等.2020.农业公司与农户契约形式选择行为机制研究——基于水生蔬菜产业的多案例分析［J］.农业经济问题,（12）：74-86.

肖卫东.2023.特色产业赋能乡村振兴的内在逻辑与行动路径［J］.理论学刊,（1）：117-126.

谢地,李梓旗.2021."三权分置"背景下农村土地规模经营与服务规模经营协调性研究［J］.经济学家,（6）：121-128.

谢宗藩,肖媚,王媚.2021.农村集体经济组织嬗变：嵌入性视角下发展动力机制变迁［J］.农业经济问题,（12）：92-103.

徐健,汪旭晖.2009.订单农业及其组织模式对农户收入影响的实证分析［J］.中国农村经济,（4）：39-47.

徐秀英等.2015.农村社区股份合作经济的治理——以浙江省为例［J］.现代经济探讨,（10）：69-73.

徐旭初,吴彬.2018.合作社是小农户和现代农业发展有机衔接的理想载体吗？［J］.中国农村经济,（11）：80-95.

徐宗阳.2016.资本下乡的社会基础——基于华北地区一个公司型农场的经验研究［J］.社会学研究,（5）：63-87+243.

许惠娇,贺聪志,叶敬忠.2017."去小农化"与"再小农化"？——重思食品安全问题［J］.农业经济问题,（8）：66-75+111.

许建明.2022.合作社、康德式社会契约与何瓦斯剩余分配制［J］.经济社会体制比较,（3）：110-118.

燕继荣.2020.反贫困与国家治理——中国"脱贫攻坚"的创新意义［J］.管理世界,（4）：209-220.

严华东, 丰景春. 2020. 乡村振兴背景下我国农业农村领域 PPP 模式的适用范围、交易设计及政策建议 [J]. 农村经济, (2): 14-22.

杨可. 2021. 乡村产业振兴中的劳动者技能形成——以费达生的蚕丝业改革为例 [J]. 妇女研究论丛, (5): 13-24.

杨团. 2017. 综合农协: 中国三农改革的突破口 [J]. 西北师大学报 (社会科学版), (3): 5-13.

杨团. 2018. 由乡村基层治理到国家治理——韩农协结构性市场化改革的根源与中国启示 [J]. 探索与争鸣, (2): 95-105+143.

杨亚东等. 2020. 乡村优势特色产业发展动力机制研究——基于系统分析的视角 [J]. 农业经济问题, (12): 61-73.

姚洋. 2000. 中国农地制度: 一个分析框架 [J]. 中国社会科学, (2): 54-65+206.

叶敬忠, 豆书龙, 张明皓. 2018. 小农户和现代农业发展: 如何有机衔接? [J]. 中国农村经济, (11): 64-79.

叶敬忠, 贺聪志. 2019. 基于小农户生产的扶贫实践与理论探索——以"巢状市场小农扶贫试验"为例 [J]. 中国社会科学, (2): 137-158.

叶敬忠, 张明皓. 2020. 小农户为主体的现代农业发展: 理论转向、实践探索与路径构建 [J]. 农业经济问题, (1): 48-58.

应瑞瑶等. 2017. 中国农民专业合作社为什么选择"不规范" [J]. 农业经济问题, (11): 4-13+110.

于福波, 张应良. 2021. 基层党组织领办型合作社运行机理与治理效应 [J]. 西北农林科技大学学报 (社会科学版), (5): 54-64.

于海龙, 胡凌啸, 林晓莉. 2022. 小农户和现代农业有机衔接需要何种媒介 [J]. 经济学家, (9): 108-118.

余丽丽, 詹宇波. 2018. 家庭教育支出存在邻里效应吗? [J]. 财经研究, (8): 61-73.

虞紫燕, 孙琛. 2007. 江西省水产龙头企业和农户利益联结机制的选择——基于农户的角度 [J]. 农业经济问题, (S1): 100-103.

袁迎珍.2004.农业合作组织：历史变迁和制度演进——推进我国农业经营组织化的新制度经济学分析[J].经济问题,(2)：49-51.

苑鹏.2017.农民合作社：引导小农生产进入现代农业轨道[J].中国农民合作社,(7)：16-17.

张凤兵,乔翠霞.2019.基于要素配置的城乡利益格局"断裂"与"重构"：文献梳理与展望[J].农业经济问题,(6)：85-93.

张德海等.2020.现代农业价值共创：社会动员与资源编排——基于新会陈皮产业的案例观察[J].中国农村经济,(8)：13-26.

张红宇.2019.大国小农：迈向现代化的历史抉择[J].求索,(1)：68-75.

张继焦,崔钰卿.2023."二元社会"结构视域下乡村特色产业发展路径分析——以贵州省刺梨产业的发展为例[J].青海民族大学学报（社会科学版）,(2)：50-58.

张建雷,席莹.2019.关系嵌入与合约治理——理解小农户与新型农业经营主体关系的一个视角[J].南京农业大学学报（社会科学版）,(2)：1-9+155.

张晋华,冯开文,黄英伟.2012.农民专业合作社对农户增收绩效的实证研究[J].中国农村经济,(9)：4-12.

张露,罗必良.2018.小农生产如何融入现代农业发展轨道？——来自中国小麦主产区的经验证据[J].经济研究,(12)：144-160.

张明皓,万文凯.2017."共生式积累"：乡村内生资本积累形态研究——以豫南李村"小大户"土地经营实践为例[J].现代经济探讨,(3)：50-54.

张森,叶敬忠.2023."项目跑步机"上的村庄发展：自主性与可持续性探析[J].中国农业大学学报（社会科学版）,(2)：86-100.

张社梅等.2020.公证嵌入下农业高质量发展的路径探讨——基于新型农业生产经营主体微观视角[J].农业经济问题,(6)：66-74.

张文明,章志敏.2018.资源·参与·认同：乡村振兴的内生发展逻辑与路径选择[J].社会科学,(11)：75-85.

张文明.2019.内生发展：自主性对农村家庭收入的影响——基于上海市郊9个村的实证研究［J］.人民论坛，(10)：48-60.

张五常.2017.佃农理论［M］.姜建强译.中信出版社.

张晓山.2004.促进以农产品生产专业户为主体的合作社的发展——以浙江省农民专业合作社的发展为例［J］.中国农村经济，(11)：4-10+23.

张晓山.2019.我国农村集体所有制的理论探讨［J］.中南大学学报（社会科学版），(1)：1-10.

赵晓峰.2015.农民专业合作社制度演变中的"会员制"困境及其超越［J］.农业经济问题，(2)：27-33+110.

赵晓峰，赵祥云.2018.新型农业经营主体社会化服务能力建设与小农经济的发展前景［J］.农业经济问题，(4)：99-107.

郑晓书，王芳.2021.一个不完全契约履约效率的案例研究——基于农业循环经济项目的实践逻辑［J］.农业经济问题，(10)：64-77.

张益丰，孙运兴.2020."空壳"合作社的形成与合作社异化的机理及纠偏研究［J］.农业经济问题，(8)：103-114.

张正岩等.2022.何以破解特困合作社的集体行动困境——基于社会资本视阈的多案例分析［J］.农业经济问题，(11)：77-96.

赵黎.2022.集体回归何以可能？村社合一型合作社发展集体经济的逻辑［J］.中国农村经济，(12)：90-105.

赵晓峰，邢成举.2016.农民合作社与精准扶贫协同发展机制构建：理论逻辑与实践路径［J］.农业经济问题，(4)：23-29+110.

郑淋议等.2020.中国为什么要坚持土地集体所有制——基于产权与治权的分析［J］.经济学家，(5)：109-118.

钟甫宁.2021.从要素配置角度看中国农业经营制度的历史变迁［J］.中国农村经济，(6)：2-14.

钟真等.2020.农村产业融合的"内"与"外"——乡村旅游能带动农业社会化服务吗？［J］农业技术经济，(4)：38-50.

钟真，李琦.2021.新型农业经营主体的异化：程度、效应与根源［J］.经济与管理研究，(5)：98-111.

钟真等.2021a.社会化服务能推动农业高质量发展吗？——来自第三次全国农业普查中粮食生产的证据［J］.中国农村经济，(12)：109-130.

钟真，涂圣伟，张照新.2021b.紧密型农业产业化利益联结机制的构建［J］.改革，(4)：107-120.

周娟.2017.土地流转背景下农业社会化服务体系的重构与小农的困境［J］.南京农业大学学报（社会科学版），(6)：141-151+166.

周娟.2020.农村集体经济组织在乡村产业振兴中的作用机制研究——以"企业+农村集体经济组织+农户"模式为例［J］.农业经济问题，(11)：16-24.

周应恒，胡凌啸.2016.中国农民专业合作社还能否实现"弱者的联合"？——基于中日实践的对比分析［J］.中国农村经济，(6)：30-38.

Abebe, G. K., Bijman, J., Kemp, R. 2013. Contract Farming Configuration：Smallholders' Preferences for Contract Design Attributes［J］.*Food Policy*, 40（C）：14-24.

Arouna, A., Michler, J. D., Lokossou, J. C. 2021. Contract Farming and Rural Transformation：Evidence from a Field Experiment in Benin［J］.*Journal of Development Economics*, 151：1-52.

Bandiera, O., Best, M. C., Khan, A. Q., et al. 2021. The Allocation of Authority in Organizations：A Field Experiment with Bureaucrats［J］.*The Quarterly Journal of Economics*, 136（4）：2195-2242.

Banerjee, A., Mookherjee, D., Munshi, K., et al. 2001. Inequality, Control Rights, and Rent Seeking：Sugar Cooperatives in Maharashtra［J］.*Journal of Political Economy*, 109（1）：138-190.

Bellemare, M. F. 2010. Agricultural Extension and Imperfect Supervision in Contract Farming：Evidence from Madagascar［J］.*Agricultural Eco-*

*nomics*, 41 (6): 507-517.

Bellemare, M. F. 2012. As You Sow, So Shall You Reap: The Welfare Impacts of Contract Farming [J]. *World Development*, 40 (7): 1418-1434.

Bellemare, M. F., Bloem, J. R. 2018. Does Contract Farming Improve Welfare? A Review [J]. *World Development*, 112: 259-271.

Bogetoft, P., Olesen, H. B. 2002. Ten Rules of Thumb in Contract Design: Lessons from Danish Agriculture [J]. *European Review of Agricultural Economics*, 29 (2): 185-204.

Carter, M. R., Singh, I., Squire, L. 1986. Agricultural Household Models: Extensions, Applications, Policy [J]. *American Journal of Agricultural Economics*, 69 (2): 498-500.

Chagwiza, C., Muradian, R., Ruben, R. 2016. Cooperative Membership and Dairy Performance Among Smallholders in Ethiopia [J]. *Food Policy*, 59: 165-173.

Checchi, D., Peragine, V. 2010. Inequality of Opportunity in Italy [J]. *The Journal of Economic Inequality*, 8 (4): 429-450.

Glover, D., Kusterer, K. 1990. *Small Farmers, Big Business: Contract Farming and Rural Development* [M]. New York: Martin's Press.

Grossman, S. J., Hart, O. D. 1986. The Costs and Benefits of Ownership: A Theory of Vertical and Lateral Integration [J]. *Journal of Political Economy*, 94 (4): 691-719.

Hsieh, C. T., Klenow, P. J. 2009. Misallocation and Manufacturing TFP in China and India [J]. *The Quarterly Journal of Economics*, 124 (4): 1403-1448.

Key, N., Runsten, D. 1999. Contract Farming, Smallholders, and Rural Development in Latin America: The Organization of Agroprocessing Firms and the Scale of Outgrower Production [J]. *World Development*, 27 (2): 381-401.

LeVay, C. 1983. Agricultural Co-operative Theory: A Review [J]. *Journal of Agricultural Economics*, 34 (1): 1-44.

Lewbel, A. 2012. Using Heteroscedasticity to Identify and Estimate Mismeasured and Endogenous Regressor Models [J]. *Journal of Business & Economic Statistics*, 30 (1): 67-80.

Ma, M., Lin, J., Sexton, R. J. 2022. The Transition from Small to Large Farms in Developing Economies: A Welfare Analysis [J]. *American Journal of Agricultural Economics*, 104 (1): 111-133.

Mojo, D., Fischer, C., Degefa, T. 2017. The Determinants and Economic Impacts of Membership in Coffee Farmer Cooperatives: Recent Evidence from Rural Ethiopia [J]. *Journal of Rural Studies*, 50: 84-94.

Ochieng, D. O., et al. 2017. Farmers' Preferences for Supermarket Contracts in Kenya [J]. *Food Policy*, 68: 100-111.

Oster, E. 2019. Unobservable Selection and Coefficient Stability: Theory and Evidence [J]. *Journal of Business & Economic Statistics*, 37 (2): 187-204.

Schipmann, C., Qaim, M. 2011. Supply Chain Differentiation, Contract Agriculture, and Farmers' Marketing Preferences: The Case of Sweet Pepper in Thailand [J]. *Food Policy*, 36 (5): 667-677.

Sexton, R. J. 1986. The Formation of Cooperatives: A Game-theoretic Approach with Implications for Cooperative Finance, Decision Making, and Stability [J]. *American Journal of Agricultural Economics*, 68 (2): 214-225.

Staatz, J. M. 1983. The Cooperative as a Coalition: A Game-theoretic Approach [J]. *American Journal of Agricultural Economics*, 65 (5): 1084-1089.

Zhang, X. 2020. Building a Moderately Prosperous Society in all Respects—Revitalizing the Countryside [J]. *China Economist*, 15 (1): 26-47.

# 附录 调研问卷

村距离农贸市场____里　　村距离市区/县城____里　　村人均土地规模____亩

村主要种植农产品：□马铃薯　□苹果　□蔬菜　□其他____

种植该农产品由来：□传统种植　□政府配给　□自选

过去是否有涉农合作社/企业？

- □是，为何现在没有？□倒闭　□搬迁　□其他____
- □否

农产品是否销售给涉农合作社/企业？

- □否
  1. 原因：□价格过低　□欠账不给　□对方不收
  2. 过去是否卖过？□否；□是，卖过____年
- □是
  1. 是否压价：□是，收价____；□否，收价____
  2. 是否按时结账：□按时　□延期　□欠账　□大约定
  3. 是否签订合同：□正式合同　□头口约定
  4. 签订意愿：□自愿　□政府鼓励　□与合作社协商
  5. 到目前为止，销售过____年

土地是否流转给涉农合作社/企业？

- □否
  1. 原因：□土地少自己种　□土地细碎　□租金太低
  2. 过去是否流转过？□否；□是，流转____年
- □是
  1. 租金：____元/亩，流转____亩
  2. 支付方式：____年结　□多年结　□其他____
  3. 是否签订流转合同：□是　□否
  4. 流转意愿：□自愿　□政府鼓励　□与合作社协商
  5. 到目前为止，土地流转____年

村（或附近）当前是否有涉农合作社/企业　□有，公有□　私营□　□无

续表

| 村（或附近）当前是否有涉农合作社/企业 | □有，公有 □ 私营 □ | | □否 |
|---|---|---|---|
| | 是否在涉农合作社/企业打工？ | | □是 1. 原因：□欠账 □年龄大 □非贫困户 □种地 2. 过去是否打过工？□否；□是，打工_____年 |
| | 涉农合作社/企业主观评价 | | 1. 打工工资：男工_____元/天；女工_____元/天 2. 年均打工天数：_____天 3. 支付方式：□日结 □月结 □年结 □包干 □计件 4. 是否按时结账：□按时 □延期_____ □欠账 5. 到目前为止，打工总收入_____元 |
| | | 1. 是否信任合作社/企业负责人？ | □信任 □不信任 |
| | | 2. 是否与合作社/企业负责人存在人情往来？ | □是 □否 |
| | | 3. 是否愿意与合作社/企业继续合作？ | □愿意 □不愿意 |
| | | 4. 在合作社/企业打工收入能否满足日常开销？ | □能 □否 |
| | | 5. 在合作社/企业打工收入能否买车/翻修房屋？ | □能 □否 |
| 村两委主观评价 | | 1. 村两委是否曾完善过村里公共基础设施（例如道路、灌溉设施等）？ | □是 □否 |
| | | 2. 村两委是否开展过关于鼓励种植【马铃薯/苹果/蔬菜】的相关宣传？ | □是 □否 |
| | | 3. 村两委是否提供关于种植【马铃薯/苹果/蔬菜】的技术指导和培训？ | □是 □否 |
| | | 4. 村两委是否提供关于【马铃薯/苹果/蔬菜】种苗、农药、化肥等支持？ | □是 □否 |
| | | 5. 村两委是否提供关于生产【马铃薯/苹果/蔬菜】的补贴支持？ | □是 □否 |
| | | 6. 您觉得村两委提供的公共服务对您家农业生产是否具有促进作用？ | □是 □否 |
| 性别 | □男 □女 | 年龄 | _____周岁 | 受教育程度 | □小学及以下 □初中 □高中 □大学及以上 |
| 党员 | □是 □否 | 婚姻 | □已婚 □未婚 | 建档贫困户 | □是 □否 | 健康 | □是 □否 |
| 家庭总人口数：_____人，其中未成年人_____人，老人_____人；留守_____人，外出_____人 |

219

续表

| | 自家土地 | 租入土地 | 租出土地 |
|---|---|---|---|
| | ___亩 ___块 | ___亩 ___块 | ___亩 ___块 |
| 转入价格/转出价格 | | ___元/亩 | ___元/亩 |
| 转入原因/转出原因 | | □没有非农收入来源 □规模化经营 □其他原因 | □无人耕种 □政府征地 □其他原因 |
| 地力评价（自家土地） □好 □中 □差 | | | |
| 转入时长/转出时长 | | ___年 □好 □中 □差 | ___年 □好 □中 □差 |
| 土地流转对象 | | □个体 □合作社 □企业 | □个体 □合作社 □企业 |
| 与土地流转对象关系 | | □同村人 □外村人 | □同村人 □外村人 |
| 是否签订土地流转合同 | | □是 □否 | □是 □否 |
| | | 是否有人情往来：□是 □否 | 是否有人情往来：□是 □否 |

家庭耕种规模 ___亩

| 种植农作物 | 马铃薯 | 苹果 | 蔬菜 | 玉米 | 花椒 | 其他___ | 总计 |
|---|---|---|---|---|---|---|---|
| 种植规模（亩） | | | | | | | |
| 种植时长（年） | | | | | | | |
| 总产量（斤） | | | | | | | |
| 种植成本 | 化肥（元） | | | | | | |
| | 农药（元） | | | | | | |
| | 人工（元） | | | | | | |
| | 农业机械 | 旋耕机___ | 三轮车___ | 除草机___ | 打药机___ | 其他___ | /日薪___ |

续表

| 项目 | | | | |
|---|---|---|---|---|
| 是否购买合作社/企业农机服务：□是，年总费用＿＿＿元；□否，私人农机费＿＿＿元 | | | | |
| 种植补贴（元） | □是 □否 | | | |
| 是否政府保护价 | □是 □否 | □是 □否 | □是 □否 | □是 □否 |
| 销售渠道（选择） | | | | A 自给<br>B 客商收购<br>C 自卖<br>D 合作社/企业收购<br>E 电商销售 |
| 销售收入（元） | □是 □否 | □是 □否 | □是 □否 | |
| 明年是否继续种植 | □无 | 过去是否有？□否；□是，为何现在没有？□倒闭 □搬迁 | | |
| 当地有无涉农加工合作社/企业？ | □有 | 加工产品 | 土豆粉/宽粉 | 果汁/果醋 | 其他：＿＿＿ |
| | | 产品价格 | | | |
| | | 加工企业 | | | |
| | | 企业性质 | □国有 □私有 | □国有 □私有 | □国有 □私有 |
| 非农经营净收入＿＿＿元 | | 本地零工收入＿＿＿元 | 外出打工收入＿＿＿元 | 其他 |
| 年均随礼金额＿＿＿元 | | 过年访亲＿＿＿家 | 村里人情关系 □好 □一般 □差 | |
| 村里闲暇时间是否有人打牌、喝酒等？ | | □有 □无 | 您是否参与打牌、喝酒等？ □是 □否 | |
| 您对当地（特色）产业（马铃薯/苹果/蔬菜）的发展预期：□逐渐兴旺 □逐渐凋敝 □转向其他产业 | | | | |
| 问卷编号：　　　　　　　　　　　　调研地点：　　　　　　　　　　　　调研时间： | | | | |

图书在版编目（CIP）数据

乡村特色产业赋能小农户增收：理论与实践／梁海兵著. -- 北京：社会科学文献出版社，2024.6.
ISBN 978-7-5228-3760-4

Ⅰ.F323

中国国家版本馆 CIP 数据核字第 2024MN6869 号

## 乡村特色产业赋能小农户增收
### ——理论与实践

著　　者／梁海兵

出 版 人／冀祥德
组稿编辑／李真巧
责任编辑／田　康
责任印制／王京美

出　　版／社会科学文献出版社·经济与管理分社（010）59367226
　　　　　地址：北京市北三环中路甲29号院华龙大厦　邮编：100029
　　　　　网址：www.ssap.com.cn
发　　行／社会科学文献出版社（010）59367028
印　　装／三河市龙林印务有限公司

规　　格／开　本：787mm×1092mm　1/16
　　　　　印　张：14.5　字　数：206千字
版　　次／2024年6月第1版　2024年6月第1次印刷
书　　号／ISBN 978-7-5228-3760-4
定　　价／98.00元

读者服务电话：4008918866

版权所有 翻印必究